日本近代書誌学細見

谷沢永一

和泉書院

目次

御案内

人形浄瑠璃の太夫を真似て、紙魚《しみ》少掾《しょうじょう》と名乗っていたのは、人も知る愛書家の統領、斎藤昌三であった。昭和六年七月から二十六年八月まで、書物雑誌『書物展望』を主宰して書痴の世界に君臨し、華やかな一時代を作った活躍は語り草である。

戦後の晩年は不遇であったが、何とか適宜に出版活動を続けた。そのなかに桝形本の『書痴漫談』があって、各所に於ける講演を集める。ふと見開いて第七章の標題に、「近代書誌学について」とあるのに注意を惹かれた。昭和三十三年八月二十八日、神奈川県公共図書館長講習会での講演である。しかし内容は言い古された書物談議に終始する。それゆえ、近代書誌学という呼称を、はじめて用いたのは、或は斎藤昌三であるかもしれないが、昭和三十三年のこの時は、言葉だけが極く便宜的に用いられたのみであって、意味内容は空白であったと言わねばならぬ。そこで斎藤翁には特に遠慮なく、近代書誌学の意味するところを、皆の衆に納得されるよう穏健に定めなければならぬであろう。

ただし、その前におことわりしておくべきは、『日本国語大辞典』をはじめ、各種の代表的な辞書類に、近代書誌学、という見出し語が見えないということである。近代書誌学という語は文化界に未だ市民権を得ていない。それが現状であるとすれば、一般に言うところの書誌学と、学問の方法に於て異なること明白な、日本近代書誌学の分野が、認定されるよう成立経路の事情を解明しなければならぬ。

最も明瞭な現象は、現行の、書誌学を標目とする書物のすべてが、定型として近世までを扱うが、必ず近代には一切触れられていないことである。たくさん並べるのみが能ではないから、昭和五十年以前と翻訳書とを省略して大体の趨勢をうかがうとしよう。

長沢規矩也　古書のはなし―書誌学入門―〈昭和51年〉
山岸徳平　書誌学序説〈52年〉
長沢規矩也　図書学辞典〈54年〉
幸田成友　書誌学の話〈54年〉
川瀬一馬　日本書誌学用語辞典〈57年〉
藤井隆　日本古典書誌学総説〈平成3年〉
中野三敏　書誌学談義 江戸の板本〈7年〉
井上宗雄他　日本古典籍書誌学辞典〈11年〉
杉浦克己　書誌学〈11年〉
川瀬一馬　書誌学入門〈13年〉

すべて古典籍のみが対象となっている。

尤も、古典籍書誌学を十分奥深く身につけて、その成果を近代に応用すればよいとの、手短かで安直な考え方もあるだろう。しかし、それでは実際に埒があかないのである。嘗て『露伴全集』の遺漏を増補すべくとりかかったことがある。そのとき雑誌の切り抜きがかなり出てきた。内容は露伴に間違いないが、何に載ったのか突きとめなければ書誌が書けない。そこで浦西和彦と私とは、紙の質と古び工合から推して、ほぼ掲載紙誌を知ることができた。古典籍の時代と近代とでは、刊行物の種類と部数とが圧倒的に違う。近代を専攻すると決めたものなら、莫大な量の書物を扱わねばならぬ。これは『太陽』の初期に於ける紙質であり、これは『文章世界』創刊当時の組み版である、という程度の区別くらいは、少なくともまあ知り得るに越したことはない。

漢籍と近世の版本とは、版型および本文の用字など、つまり外形に従って内容もわかる。すなわち物の本と戯著との区別が明白である。しかし近代では性格の異なる書物の造本が混淆して外見に頼れない。『婦系図』は教科書と見間違うし、『三太郎の日記』は、初巻と第弐と合本とで判型を異にするし、『二千五百年史』は、初版と訂正十八版および増補訂正版とに著者の手が入る。司馬遼太郎の『歳月』の初版になかった「あとがき」が再版につく。記載の内容は重要である。しかし文庫版では省かれる。今は『司馬遼太郎が考えたこと』で見るしかない。出版界が栄えて何でも手に入ると高を括ったら塀にぶつかるので、植松考昭の『明治史伝』や坂本四方太の『夢の如し』みたいな稀覯本もある。近世の珍本は資を惜しまなければ何とかなるであろうが、近代の稀本はひたすら僥倖を待つしかない。近代には天下一本が眠っている。近世と近代とでは蒐書の心構えを変える必要がある。

書誌学の基本は目録の作成である。

倉石武四郎　目録学〈昭和48年〉

志村尚夫　目録学序説〈53年〉

というような書物も出ているくらいである。しかし日本近代書誌学の、とりあえず理念という言葉を用いるとすれば、目録編纂を、決して目標であるなどと認識してはならぬという心掛けが必須の理念である。目録の作成は手段である。目的ではない。目録は梯子である。目録は自転車である。目指す場所へ着くための便法である。何故そのように念を押して強調するのか。そこに近代という時代の特色があるゆえである。

近代社会の特色は猥雑である。資本主義社会には歴史の必然として、道徳の頽廃という現象が避けられない。資本主義は闇雲に生産力を発展させると同時に、何をしようと俺の勝手という仕たい放題の自棄《やけ》っ八《ぱち》を多量に生む。したがって文化界学界の道義が頽れるのである。

古典籍の研究者は、よほどの俊秀が集まるし、学界の雰囲気も厳しいから、変梃な論文は出てこないし数も少ない。しかし近代の分野では、独創も鋭気もない読むだけ損という腐った御馳走が出る。そういう下痢のもとに近づかないためには弁別法に長《た》けなければならぬ。

ついせんだってのことである。清純で篤実なひとりの研究者が、或る作家についての研究文献を、如何なる断簡零墨をも洩らさぬほど、あたかも地曳き網で湜いとるように集成し、厖大な文献目録を編纂した。その分厚い雑誌が御好意によって着いたとき、私は溜息をついたものの、直ちに酷《むご》い返書を書いた。拝見するに大兄がお仕事に注がれた労力には想像を絶するものがある。しかし残念ながら率直に言う。大兄の精進は殆どすべて無駄なのだ。人気があって尊敬されているこの作家の、大兄が微細に列挙した研究文献を、目録に拠って片端から読み尽くすことが、いったい何処の誰にとって可能であるか。例えば誰かが漱石の参考文献目録を作ったとせよ。その気が遠くなるほど積みあげられた文献を、読みにかかったところで果して何の効果があるか。

大兄の目録に一人前《いっちょまえ》の面《つら》をして並んでいる文献の、まあ大体九割までは、大学の紀要に書かねばならぬ順番が来たので、やむをえず即席に走り書きした作文なのだ。本人も他《ほか》の人に見てもらいたくないと願っている、まあその程度でしかない無意味な紙屑なのである。近代社会は多量の無駄を放出するようにできている。

忌憚なく申しあげるが、大兄は怠け者である。目録に登載した論文のひとつひとつを、もし丹念に読んでみたら、こんな詰らんものの目録を作っておれるかと、直ちに筆を投じて停止したであろう。

故に私は世の目録作成者に告ぐ。読め。読んで判断せよ。書誌学の基軸としての目録学は、この、読む、という勉強から、此処から第一歩を踏みだすのである。読む以前の目録は書誌学ではない。それは部屋の片付け程度の準備作業にすぎない。書誌学は学問である。作業ではない。学ビテ時ニ之ヲ習フ、になぞらえて言えば、学ビテ後ニ書誌ヲ編ム、とでも言おうか。最も避けるべきは、内容も知らない文献を、いちおう恰好よく並べるペテンの業《わざ》である。これからの書誌学は評価あるのみ。書誌学は写真屋ではないのである。

日本近代書誌学が学問として認められるとすれば、その機能は次の如くであるだろう。

一　日本近代書誌学は独立した学問である。しかし近代文学研究の補助学である。

二　書誌学の根幹である古典籍書誌学の方式を出来るだけ継承して近代に適応する。

三　日本近代書誌学は印刷の現場へ赴き、近代印刷の技法を体得する。

四　日本近代書誌学に於ける目録は、文献の内容を熟知してから取りかかる。

五　近代書目は無原則な並列を避け、研究に役立つ文献だけ摘出する。

六　文献を丸裸で羅列するのではなく、各項ごとに簡潔な注記を付するのが望ましい。

七　著書の目録は書影にばかり執着せず、書誌的事項の記載を詳しく努めるべきである。

八　日本近代書誌学が、すでに果している役割としては、著作目録と年譜と年表、研究文献目録があってますますの発展を期待する。

九　萌芽を十分に育て得ないまま立枯れになっているのが雑誌の細目である。志ある方の奮起を望む。

十　天野敬太郎が、これからは索引の時代であると提唱してから半世紀以上、この方面だけは未だに進まない。他所《よそ》で出版された全集に、進んで索引を付する気力が欲しい。
十一　資料発掘は徐々に進みつつあるが、費用がネックになっている。打開法はないか。
十二　資料発掘がそれだけで終ったら単なる道楽、水汲みのような汗かきに終る。その資料を有効に活用して、文学史的考証を為し得れば、考証書誌学が成り立つであろう。それが日本近代書誌学の究極のすがたではあるまいか。

本書は以上のような趣旨にしたがい、日本近代書誌学の性格と存在理由を略述した。一般によくある書誌学の書は、抽象的でいささか説教臭が感じられる。そこで本書は全篇悉くに具体例をあげ、その項目ごとに書誌学の問題を考えることにした。もっと多くの方々に登場していただきたかったのだけれども、私の体力の加減から、この程度で打ちきらざるをえなかった。なにとぞ御諒承願いたい。

天野敬太郎㈠

天野敬太郎は日本近代書誌学の父である。昭和二年、二十七歳、鬱然たる処女作を世に問うてから、ライフワーク『日本書誌の書誌』全四巻を刊行した昭和四十九年まで、その間に書誌作成の手を片時も休めることなく、終始、他をひきはなして、書誌学界の先頭走者をつとめ通した。この分野では比較すべき者なく、百歩さがっても、業績のうえで後継者がない。一般に、相撲取りを批評する場合、双葉山を基準に持ちだしてはいけないと言われる。双葉山があまりにも卓越しているため、物指として妥当を欠くという意味である。天野敬太郎は書誌学界の双葉山であった。

不世出の角聖になぞらえる資格が天野にあるかと問われれば、躊躇《ためら》うことなく次の如く答えよう。まず、五十数年間いささかの息抜きもなく、書誌一筋を貫いた耐久力は比類がない。ついでは、仕事の範囲があまりに広く、到底一人の手になるとは肯《うべな》い難い程である。古典経済学派に数えられるアダム・スミス、リカード、マルサス、J・ミル、マカロック以上五名の国際的書誌五巻の内容たるや、スミスをはじめとする傑物たちの、本人の著作を網羅するのみならず、この五人を論じた研究文献を世界中から探し蒐め、それぞれ各編を原語で記してあるのだから、瞥見した者は絶句せざるをえない。

更にはまた、次から次へと休みなく、書誌の新しい主題《テーマ》を見つけだす触角が鋭い。一般に慣らして言うなら、書誌に興味を持つ人のかなり多くが、仕事はしたたし精励はしたたしの思いは募りながらも、如何なる対象に着手したらよいか、徒に迷っている姿も珍しくない。そういう場合にはとりあえず、「天野敬太郎教授著作目録」を通覧して、そこからヒントを得るよう努めるべきであろう。最後に、天野敬太郎の作成する書誌の原稿がなるや、それが最も解り易い簡明な形式で印刷されるよう、掲載が予定されている刊行物の性格に即して、原稿にワリツケを加えておくのが常であった。赤インキで細く、しかし清潔に、活字の組み方を指示してある原稿を、はじめて見た時のショックは忘れない。書誌学者のうちのかなり多くが、カードを採る操作にのみ夢中になって、刷りあがった書誌の、読み難いことを案じる心遣いを忘れている。以上の如く一応のところ、天野敬太郎のプロ意識を数えあげてみたので、書誌学者としての凄みを、その一端なりとも御理解いただけるであろうか。

すでに遠い昔の挿話《エピソード》であるが、『日本古書通信』に天野敬太郎が「近代作家書誌案内」の連載をはじめた。たいへん有難い仕事なので、毎号愛読したのはもちろんである。そのうち私の所蔵している書誌文献で、天野書誌案内に姿を現さない資料のあることに気がついた。私はとても一人前ではないものの、近代の書誌に限って執着があり、古書店の目録から逃さず探しだして蓄えている。幸い天野敬太郎は私の勤務校で図書課長の職にあるゆえ懇意である。そこで私の収蔵品から役立ちそうな資料を抜き出し、天野方式を真似てカードに必要事項を記載して届けた。もちろん天野は丁寧に会釈して受け取った。

それから多分二カ月のちであったろうか、『日本古書通信』が着いたので「近代作家書誌案内」の頁を開け、一瞥した時の強烈な衝撃は今に忘れない。天野敬太郎は、私が提供したカードの資料をすべて掲載したが、その各項目ひとつ残らずに、未見、とはっきり注記したのである。まことに痛烈な教訓であった。他人の情報など相手が誰であっても一切信用できない。書誌学者は直接に自分の目で確かめた以外のデータを絶対に記載すべからず。天野敬太郎は無言の裡に、書誌学の第一原則を否応なく教えてくれたのである。

現物を確かめるのを怠ると、どんな怪我をするかの実例がある。戦後のことである。本多顕彰の『漱石山脈』を引用して、刊行の日付を昭和二十二年五月三十日と注記した人がいた。お気の毒ながら、そういう版は此の世にないのである。この本は初版の書名が『孤独の文学者』であった。ところが収録論文中、「漱石山脈」一篇のみが世評を得たので、改題した旨を一言もことわらず、二十三年十月十五日の再版から、書名を『漱石山脈』と改めた。故に昭和二十二年版『漱石山脈』なるものはありえないのである。

書誌学においては、重版本の奥付に初版の日付が記し添えてあったとしても、それを丸写ししてはならない。以上もまた天野敬太郎の与えた無言の訓誡であった。考えてみればあくまでも当然の心得である。正確でない情報は、情報杜絶より悪質で、まことに迷惑も甚だしいであろう。

天野敬太郎㈡

天野敬太郎の処女出版は、『法政経済社会論文総覧』〈昭和2年3月20日初版未見〈3年11月1日再版所見〉刀江書院〉および追篇〈3年10月15日〉のセットである。四六判クロス装、本文の合計は千九百四十三頁、まことに使い易い手になじむ造本である。

書名に謳っているように、この本は、法律、政治、経済、社会に関する専門雑誌にあらわれた論文の総索引である。つまり単なる論文目録ではないことに注意を促したい。世に発表された論文のすべてにわたり、網羅した論文目録を作成すべく、手に唾して取りかかる人が今も絶えないが、昔も今も蒐めただけの目録は、実際に当って殆ど利用価値はないのである。書誌を作成しようと思い立つならば、何を措いても使用者の利便を考えなければならない。

この明快な論文総覧は、採録の対象を九十六種の雑誌に定め、それぞれの創刊号から、大正十五年六月号までとする。ただし、『中央公論』や『改造』の如き評論雑誌はすべて省くと決めている。遥かな昔ならいざ知らず、大正も八年ともなれば、姉崎正治、牧野英一、美濃部達吉など、現役の東京帝大教授が『中央公論』に執筆しているくらいなのだから、何故また排除したのか、それだけが些か不審である。

それは扠置くとして、論文総覧のイノチは分類と索引である。すべての論文を主題に即して細かく仕分けするのはさぞ骨であったろう。分類項目を、監査役、株主総会、鉱業権、小麦粉、という風に、細かく分けて小見出しをつける。その整理が行届いているものだから、項目索引は不要とし、論文執筆者名の索引を付す。まことに至れり尽くせりではあるが、執筆者索引が果して必要であったかどうか疑問は残る。執筆者本人の自己満足に資するのみではないか。

とは言うもののこの総覧は、我が国に近代的な学問の機構が出来て以来、はじめて実現した画期的な業績である。それが好い加減なチャランポランではなく、天野敬太郎という厳密の権化によって成し遂げられたのは幸せである。何事も最初が肝心と言われる。天野敬太郎は、日本近代書誌学の嚆矢となった。その栄光は書誌学界に輝き続けること間違いなかろう。

少し間をおいて天野敬太郎は、重ねて斯界の先駆となる仕事を出す。『本邦書誌ノ書誌』〈昭和8年11月20日・間宮商店〉三百七十頁である。国初以来の書誌はすべて見逃すまいとの気迫が伝わってくる。最も古くは建治三年、御請来目録、次いで応安年間、弘法大師請来録、などと続くのを読み進めば、凡そ飽きることはあるまいと思われる。

近代期に入ると点数が増えるにつれて記載も詳しい。明治大阪文化界の重鎮、平瀬露香の売立目録を探したが、見当らぬのは発行されなかった故か。昭和六年から七年にかけて、予約出版の一覧が何種も出ているのは御時勢である。

天野敬太郎の著作目録を見てゆくと、昭和十三年『図書館総覧昭和十三年版』、同年『図書館学及書誌学関係文献合同目録』をピークとして、啓蒙的な活動が続き、その延長線上に、二十四年『洋書目録の作り方』、二十六年『洋書目録法入門』、二十六年『図書館総覧』、二十八年『著者及び書名記入の目録規則』、二十九年『学習百科件名目録』という調子の、これは自分の本領ではないと、ひそかに考えていた筈の概論概説に、やむをえず精励していたのは、本来の個別書誌を発表する場所が、当時は見当らなかったせいであろう。

昭和十五年二月から「最近の書誌図書関係文献」を『日本古書通信』に連載開始、長く続いて『古通』の呼物となった。その博捜は例によって徹底的、あらゆる分野に発表される精粗さまざまの書誌すべてが、天野の堰に洩れなくかかった。平行して「昭和九年中の書誌学（図書・書目・出版）に関する図書及論文」が『出版年鑑』に登場し、これまた年刊の常設となる。この前後から天野は大岡越前守の如く、書誌学界の全体を見渡して是非を断じる世間通の粋判官となった。

その間、個別研究としては、まず「各銀行の沿革史の書物」〈昭和9年〉が先駆的である。東京大学経済学部研究室が『社史・実業家伝記目録』を刊行するのが昭和三十九年であるから、天野は一般的気運より三十年早く着手していたのである。

天野敬太郎㈢

戦後、天野敬太郎の仕事ぶりはますます活発となり、積年の課題である『河上肇博士文献志』〈昭和31年3月25日・日本評論新社〉が刊行された。個人書誌として編成の明細に完備すること近代最高の名作である。

著作目録としてただ編年体に羅列するのみでは検索の便に欠ける。『文献志』は全十章を以て成り、第一章「著書目録」は百十四点に達する全著書について一冊ごとに平均十行程度に内容解説をまとめる。長いのは二十行を越すので敬遠し、短く要約してあるのを一例として掲げる。

(54) **階級闘争の必然性と其の必然的転化**　河上　肇著

1926 (京都) 弘文堂書房　大正一五・四・一〇　四六判　序二頁、本文八四頁　紙装　定価五十銭

(マルキシズム叢書　第三冊)

(序) 本篇は大正十四年十二月末に起草し、大正十五年一月発行の『改造』に掲載したものである。(中略) マルクスの価値論そのものについては、既に幾多の論争が行はれた。本篇は、顧みてその価値論が如何に現代社会の諸現象を統一的に説明し得るかを明かにす

ることにより、この論争に対する間接の参加を企てたものである。
（備考）目次はなく、章節の区分もない。第六版には最後に五行の追記がある。
大正一五・四　再―三版、大正一五・五　四版、大正一五・六　五版、大正一五・八
六版（55）（66）（五四三）参照
戦後版は（100）を参照
（中国訳）労資対立的必然性　汪伯玉訳　北新書房

書誌の編纂とは、機械的にカードを採って自動的にノートへ書き入れる作業ではない。当該書物の内容あるいは存在理由を把握し、その枢要を読者に伝達する学問的手続きである。

第二章は「論文随筆目録」に当てられる。必ずしもすべてについてではないが、必要と思われる項目には注を付し、殊に内容が重複している場合や、のち著書に収められている論文についてはその旨を示す。

第四章「未刊本目録」第五章「編纂書及び他人著作への序跋目録」を経て、第六章が「論争目録」であり、これは河上の場合に必須である。ひとつひとつの論争に区切って、その応酬に参加した全員の記述を並べる。

第七章「河上肇博士関係文献」にもそれぞれ簡潔な注が付く。第八章「年譜」に第九章「索引」はもちろん項目索引であり、五十音順などの平板な羅列ではなく、項目を約三十種類に分類してあるか

ら迷うことはない。以上のように完璧を期しているのだから、個人書誌の作成に意欲ある者は、須く『河上肇博士文献志』を手許に置いて参照すべきであろう。

齢《よわい》を加えてなお矍鑠《かくしゃく》たる老学究の古稀を記念して『図書館学とその周辺』〈昭和46年6月30日〉が贈られた。そこには竹内市子「天野敬太郎教授略年譜」および「天野敬太郎教授著作目録」併せて百十五頁の業績一覧が載っているので、四方八方に手を伸ばした天野のことであるから、読者は自分に志す書誌の主題《テーマ》がある場合、もしやすでに天野が手を着けているのではないかと、その著作目録を一覧する必要があるのではないか。

戦後すぐ、「H・G・ウェルズと日本」を皮切りに、同じ要領で、モリエール、ヴィクトル・ユゴー、ラ・フォンテーヌ、と数えあげてゆけばきりがない。もちろん『日本マックス・ヴェーバー書誌』〈47年1月20日・新泉社〉も忘れてならないし、書誌に関する講話も数えきれない。

その方面に於ける天野書誌学理論を蒐めたのが『書誌索引論考』〈昭和54年4月5日・日外アソシエーツ〉である。

昭和二十二年の時点で天野敬太郎の提唱するところ、目録の時代を経て今や索引の時代に進んでいると判定される。我が国の目録学を切り拓いた天野が、敢て目録の時代は終ったと言い出さねばならぬほど、時代が進展したとも言えるし、にも相変らずいまだに目録作成を以て金科玉条とする人が多いと見ることができるであろう。しかし世に先駆者は居るもので、松井簡治は明治二十九年、我が国に於ける索引を回顧して、その重要性について述べた由である。そして『国史辞典』〈昭和18年12月8日・冨山房〉に索引の項を設け、索引のある書の主要な文献を、その所在まで明記してあるのがゆかしい。天野は太田為三郎による旧時代の随筆索引を継承して、現代の随筆索引が現れないのを遺憾としている。

天野は『雑誌総目次索引集覧』〈41年1月1日・日本古書通信社、増補44年1月25日〉を完成してのち、いよいよ宿願の『日本書誌の書誌』にとりかかった。四冊〈昭和48年11月26日〜59年5月25日〉が刊行されはしたものの予定を果し得ず未完に終ったのではないかと思う。『総載編』の「個人著作家の書誌」にはかなり欠落があるので例によって補充を書き送った。範囲を広げすぎるからそうなるので、ツマラナイ人はどんどん削ってゆけばよいのにと思ったものである。主題編となれば洪水の如しで、短歌雑誌などによくある「前月論文散文鈔」などという同人間の睦み合いまで採っていたらキリがないだろう。

結局、天野敬太郎は、書誌や書誌らしいもののすべてを採ろうとして混乱した。書誌にせよ索引にせよ、キキメだけ採って後は顧みない見切りが常に必要なのではなかろうか。

天野敬太郎(四)

天野敬太郎が書誌の表記に意を用いること綿密周到であった代表的な完成度に於ては「日本におけるリルケ文献」〈昭和32年〉を挙げることができる。選集、詩という風に分類すること七項目、最後に、人との関係、をリルケのみの研究と別置した。リルケとヴァレリーを論じた六篇が記録されているので、塚越敏が『リルケとヴァレリー』〈平成6年〉に先行文献の継承について黙しているのは妥当かと疑問を残す。

活字を如何に駆使するかの思案が、天野にとっては苦しみであり楽しみであった。文献のカード目録の大勢が調った頃、天野は首を傾げて考えこむのを常とした。まずカードの蒐集量と、掲載刊行印刷物の寸法段落および許容紙幅の範囲とを測定する。全体の構成がほぼ定まったら、次に活字の配分に工夫を凝らす。この時はあとで遺憾なきよう十分に時間をとって急がない。

腹案が成ると、印刷予定と同質の用紙に三種類ほどの見本刷を出させ、そのなかから検討して一種を選ぶ。最後に想定される活字の数に即して、出来上がりと同様の姿かたちに漸く原稿用紙に書きこんでゆく。

その庶幾するところ、目録は見て美しく見易く、そして肝心なのは探し易いことである。また索引は本文頁の三分の一が適当であるとのことであったが、これには私の理想に基づいて異議があり、『中村幸彦著述集』が、本文約六千頁に事項索引約百五十頁というような例もありうると思う。

各種多数の活字を使いこなしたのであるが、まず字母が同型であることを前提として、細身の8ポと六号との組み合わせを好んだ。その代表例が「日本におけるリルケ文献」である。これは四六倍判十五頁三段組みの『関西大学学報』に掲載されたので、その誌面にぴったり合うように原稿が出来ていた。当時この編集に当っていた傲岸な事務職員に天野は慇懃たらざるをえず、私は書誌発表の困難を痛感した。見本としてリルケの第一頁を掲げる。

日本におけるリルケ文献（上）

天野敬太郎

最近までのリルケ（Rainer Maria Rilke, 1875–1926）の著作の邦訳と邦文のリルケ研究文献とを収めた。BとCは大体リルケが著わした年代順に列べ、邦訳は邦訳の発表順によった。○は単行本

本稿を作るに当って、富士川英郎著「リルケ—人と作品」附載のリルケ文献に負うところが多く、又、宮中市子、品川力、谷沢永一の三氏から文献の教示を得た。ここに四氏に対して、厚く感謝申上げる次第である。

A 選集
B 詩
C 戯曲、小説
D 評論、その他
E 書簡
F リルケ文献
 1 邦人著作
 2 欧人著作
 3 人との関係

A 選集

○マルテの手記・ロダン

大山定一、外訳
新潮社（現代世界文学全集6）
昭二八1

○リルケ選集（創元文庫）
創元社
【全十三冊予定中、次の三冊発行】
4 オルフォイスのソネット
高安 国世訳 昭二九5
6 最後の人々、他
高安 国世訳 昭二八7
10 風景画論
谷 友幸訳 昭二八10

○リルケ選集 四冊 新潮社
Ⅰ 詩 集1 三七六頁 昭二九10
Ⅱ 詩 集2 二四八頁 昭二九4
Ⅲ 散文集 三九八頁 昭二九12
Ⅳ 書簡集 三七二頁 昭二九7

○リルケ読本 長谷川四郎編
（河出新書） 二三一頁 昭三一12

B 詩

○リルケ詩抄 茅野 蕭々訳
第一書房 四〇九頁 菊判 昭二3

○リルケ詩集 同 上
第一書房 昭一四6

○訳詩集青白赤 の中
堀口 大学訳
第一書房 一八六頁 菊判 昭 五9

○訳詩集檳榔 の中 堀口 大学訳
青磁社 二一七頁 A5 昭一八5

○新訳リルケ詩集 片山 敏彦訳
新潮社 昭一七2

○ドイツ詩抄 の中 大山 定一訳
養徳社 二四頁 B6 昭一九11

○リルケ詩集
ピエール・デグロープ編
大山定一、伊吹武彦、芳賀檀訳
創元社（世界現代詩叢書）
昭二六8

○薔 薇（リルケ詩集）
山崎栄治、富士川英郎、堀辰雄
訳
人文書院 一九一頁 B6 昭二六11

○詩 集 1 2 二冊
新潮社（リルケ選集ⅠⅡ）
昭和二九10 4
1 時禱詩集、形象詩集、新詩
集
2 鎮魂歌、マリアの生涯、ド
イノの悲歌、オルフォイス
を讃へるソネット、一九一
二—一九二六年の詩から

○リルケ 二八四頁 高安 国世訳
筑摩書房（鑑賞世界名詩選）
昭二九7

○リルケ詩集 手塚 富雄訳編
（河出新書） 一九三頁 昭三〇4

○リルケ詩集 星野 慎一訳

（岩波文庫） 三六頁 A6 昭三〇4
○現代世界詩選 の中
高安国世、外訳
三笠書房（現代世界文学全集
27） 昭三〇8
リルケ 富士川英郎訳
○世界詩人全集（河出書房）第
五巻 二十世紀詩集 上
昭三〇9
○リルケ詩集 尾崎 喜八訳
角川書店 二七〇頁 B6 昭三〇12
（研 究）
リルケの詩 石中 象治
○芸術家の精神（圭文社）
昭三二2
動物詩について 大山 定一
カスタニエン 第一二冊
昭一〇7
○リルケ雑記（創元社） 昭二二10

○リルケの薔薇（創元社）
昭二七9
リルケの詩について 片山 敏彦
○新訳リルケ詩集（新潮社）
昭一七5
○リルケ（角川書店） 昭三三10
リルケの詩 坂本 越郎
詩 学 第一一号 昭三三9
リルケの詩について 茅野 蕭々
文 庫 第一巻九号 昭一六11
リルケの詩 星野 慎一
潮 音 第三六巻一号 昭二五1
リルケの詩 同 上
文 庫 第四二号 昭三〇3

Larenopfer. 1896.
（研 究）
「家神奉幣」の性格について
高木 文雄
人文論究（函館）第一三号

昭二九12

Traumgekrönt. 1897.
（研 究）
「夢を冠に」について 高木 文雄
人文論究（函館）第一六号
昭三一6

Das Buch der Bilder. 1902.
○画 帳 青山 郊汀訳註
（大学書林文庫）三七頁 昭一二9
形象詩集〔抄〕 高安国世他五名訳
○リルケ選集（新潮社）I
昭二九10

Das Stunden-Buch. 1905.
時禱詩集
谷友幸、高安国世、大山定一訳
○リルケ選集（新潮社）I
昭二九10
（研 究）
「時禱詩集」について

佐々木斐夫訳
文　庫　第一巻八号　昭六10
リルケの Stunden-Buch に就いて
富士川英郎
エルンテ　第六巻第二号
昭九3（研　究）
リルケ作「時禱篇」の詩想
安田　晃

ブルンネン　第七号　昭一三7
Neue Gedichte. 1907.
新詩集〔抄〕　高安国世他四名訳
○リルケ選集（新潮社）I
昭元10
即物詩「新詩集」について
笹沢　美明

○リルケの愛と恐怖　昭六10
リルケの「物」に就いて—「新詩集」の場合　氷上　英広
エルンテ　第七巻三号　昭一〇8
リルケの「新詩集」に就いて
富士川英郎
エルンテ　第六巻六号　昭九11

天野敬太郎は関西大学図書館図書課長であったから、職務として『関西大学図書館シリーズ』を、四六倍判の見るからにスマートな姿で刊行した。シリーズのNo.1からNo.7までは、それぞれに活字の使用と配分に変化を見せ、和文および欧文の雑誌目録としては、水際立った仕上がりを見せている。

雑誌の取扱いは図書館の試金石であるから、天野敬太郎は「雑誌目録について」〈昭和32年〉を講演し、雑誌目録の先例を数えあげている。のち『雑誌総目次索引集覧』〈昭和41年〉を出し、増補版〈44年〉では付録として「雑誌新聞総目録集覧」を加えた。

『本邦書誌ノ書誌』〈昭和8年〉にはじまる書誌の書誌は天野敬太郎のライフワークである。その後『維新以来本邦書目ノ書目』を第三冊まで見るを得た。

最終版として『日本書誌の書誌』の刊行がはじまる。まず『総載編』〈昭和48年〉が出た。前半は公共設備の書目、後半は個人の蔵書の記録であるが、その多彩なのに畏れ入るとともに、古書店販売目録にまで及んでいるのには感嘆する。次は『主題編Ⅰ』〈56年〉と『主題編Ⅱ』〈59年〉とがセットになっているが、このような並列だけではそれぞれの文献の価値が判断できないうえに索引の欠如が惜しまれる。そして『人物編Ⅰ』〈59年〉が最終巻となった。

忌憚なく言えば、「目録の時代を経て今や索引の時代に進んでいるのである」〈昭和22年〉と天野敬太郎は言った。それに唱和して私は、書誌並記の時代を経て今や書誌解題の時代に進んでいるのである、と言わなければならない。例えば、日本思想日本精神の書誌として約二十二点を挙げているが、大井正編「近代日本思想史年表」が日本精神と関係ありと思えないし、その他あまりにも片々たるゆえ、参照に値しないであろうものも加わっている。やはり書誌文献と雖も、それが何を研究するのに役立つかを、明示しなければ使い物にならないのではなかろうか。

青山毅

青山毅は、その長からぬ病気がちの生涯を、書誌学一筋に生き通した。傍目もふらずに没頭したその日々は、彼を知る人々すべてを感動させずにはおかなかったのである。

歿後に散佚を避けるため寄贈された蔵書は山梨県立図書館によって整理され、『青山毅現代文学コレクション目録』〈平成8年2月〉として刊行された。そのなかで重きを占める文学者は、高見順、吉行淳之介、島尾敏雄、平野謙の四人である。その理由を語ることから話をはじめよう。

青山毅の書誌学は大きくふたつの筋道に分かれる。その第一が作家の書誌である。ところで青山毅の場合は、面識のない親しく接するに至らなかった作家の書誌を、編集者の紹介などで引き受ける、機械的な作業には一切手を出さぬのが特色であった。その作家あるいは著作権継承者との間に、心の通い合いがあった場合にのみ乗り出すのである。自ら恃すること強く固く、当節珍しい職人気質であった。

最初の仕事として選んだのは『高見順全集』別巻〈昭和52年9月30日・勁草書房〉の「参考文献目録」である。編年体で分類はないが、文藝時評を丹念に採録し、『月刊新福井』や『財界』や『大法輪』その他の埒外誌に及ぶのが目につく。年譜と著作目録を他者に任せているのは、すでに『高見順書目』Ⅰ〈45年8月17日・高見晶子〉を完成していたからであろう。菊判クロス装函入、本文五百余頁、三百部限定、青山毅の編纂である。

『書目』は全著書の簡潔だが正確な書誌で、主要な単行本の序跋を録し、また詳細な解題を加え目次索引を付す。解説は刊記のずれている異版に注意深い。『昭和名作選集』はじめ高見の採録された全集類の全体像を調べて注記した。

『平野謙全集』十三巻〈昭和50年12月25日・新潮社〉の「平野謙書誌」には青山毅の思案と苦労が秘められている。全集には制約があってかなり削除される。しかし書誌学者としては全作品を録したい。そこで今までになかった新機軸を打ち出した。すなわち、

第一部　全集収録作品初出一覧

第二部　全集未収録著作一覧

と並記したのである。恐らく今後は広く踏襲されるであろう。書誌学者が与えられたスペースを形式的に埋めて能事畢れりとせず、出来るだけ完璧な情報を盛りたいと願うとき、今後もなお行き届いた表記法が案出されるであろう。

続けて青山毅は「吉行淳之介書誌」〈全集別巻三・昭和60年1月10日・講談社〉次いで「島尾敏雄書誌」〈全集十七巻・昭和58年1月20日・晶文社〉を作成している。いずれも作家との深い交流から生まれたこと例の如しである。

それから青山毅は円本全集の月報を研究対象に選んだ。同じ円本の月報でも流布保存の程度が違う。『現代日本文学全集』の月報は名称が『改造社文学月報』である。これは以前なら古書店によく見かけた。なかには手造りの合本もある。最も手に入り易い。ところが『現日』と張り合って刊行された『明治大正文学全集』の『春陽堂月報』はどうしたわけか手に入れ難いのであった。どちらも今から見て参考になる記事が一杯詰まっている。後者には高須芳次郎が「明治大正小説発達史」を二十五回連載し、各号がその巻に収載した主要作家の小特集にまとめるなど、両者いずれも知名人を動員して趣向を競っている。

文藝の場合には年月を経て資料を揃えた研究論文もさることながら、同時代を現役として生きた御当人の実感に裏づけられた証言が何より貴重である。円本各種の多彩な記事は一級資料としてなまなましく、研究だけではよくわからない機微を伝えていること疑いを容れない。

そこで青山毅は猛然と月報の蒐集に乗り出し、その成果を個人雑誌『ブックエンド通信』〈昭和53年12月から昭和55年9月まで6号、57年2月再刊1号から59年9月まで通刊9号〉に記載していたところ、それが九号に達したあたりで『文学全集の研究』〈平成2年5月25日・明治書院〉を刊行することができた。内容は円本に限らず『新日本文学全集』に至る約十三種の文学全集に挿みこまれた月報の総目次であり、『世界大衆文学全集』が巻末のオマケのように加えられているのが御愛嬌である。この一巻は近代文学探索に於ける七つ道具のひとつに数えうると私は評価する。

青山毅は『総てが蒐書に始まる』〈昭和60年11月16日・青英舎〉の一節に、「削除を削除とわりきらずに、常に前向きの姿勢で完本を探すことが、プロレタリア文学研究のうえでは何より大切なことである」と注意し、『古書彷徨』〈平成元年3月27日・五月書房〉では、内容見本、記念誌、刊行書目録、ビラ・チラシの効用を説いている。

朝倉治彦

日本近代書誌学の父を天野敬太郎とすれば、朝倉治彦は長兄にあたる。『明治世相編年辞典』〈昭和40年・東京堂出版〉は『明治文化全集』以来の快挙であり、その後、〈雑誌〉『近代文学の環境百科事典』〈41年〉や森銑三の『明治人物逸話辞典』上下〈東京堂出版〉および『明治東京逸聞史』１２〈44年〉等を引き出す機運をつくった。それに先立つ『神話伝説辞典』〈38年・東京堂出版〉は未見である。

『明治文化資料叢書』十二巻十三冊は『明治文化全集』の補遺として貴重であるが、朝倉治彦は打ってつけの第七巻書目編を担当し、明治三年の『新刻書目一覧』から二十二年の『諸官庁訳書目録』までを掩《おお》っているが、目玉は何と言っても『版権書目』二十七号で、明治九年から十六年にわたり、我が国の学問が自立に至らぬ過渡期、如何なる書物を必要としたかがうかがえる。はじめ『十八史略』の訳注が比較的多かったが、やがて田口卯吉の『日本経済論』がちらりと顔を出すようになる。

朝倉治彦の鋭意これ努めたのが『明治官制辞典』〈昭和49年〉である。本来なら切れば血の出る切実な事項が並んでもおかしくないのだけれども、山城屋事件を以て万事を代表させ、尾去沢鉱山事件も、江藤新平の梟首についても官制の問題としては取りあげず、僅かに北海道開拓使官有物払下事件を略述するにとどまるが、この記事だけでは大隈ひとりがなぜ免官になったのか不明である。このとき払下げなかったゆえに、以後の北海道がどれほど高価《たか》くついたか考えてみるべきであろう。

所得税法についての説明は明快である。松方正義が創設して明治二十年三月に公布された。所得高一カ年三百円以上の者は納入義務ありとするものの、所得を一等から五等までに分類する。このように細かく分けて差をつけながら取るいじましい税務署の、これだけはやめられない嬉しい小細工は、明治二十年からすでにはじまっている。そして三十二年二月には名目を種別課税に変更して、実質では税率を引き上げた。明治末期には、酒税と並んで所得税が国税の二大根幹をなすに至った。それはさておき、『明治官制辞典』は明治研究の必携書である。

書痴を以て任ずる臍曲がりが、全国にどれほど散らばっているかはわからないが、今までは斎藤昌三の『書物誌展望』〈昭和30年〉を頼りにするしかなかったところへ、朝倉治彦を代表とする書誌研究懇話会から、『書物関係雑誌細目集覧』一二〈昭和51年〉が刊行されたのは、心身ともに興奮して体温の上がる朗報であった。音に名高いそれぞれ特色のある銘柄が、ずらりと見事に揃って豪華な雰囲気である。この顔触れにもし縁あって、鹿田松雲堂の『書籍月報』〈改題『古典聚目』〉および彙文堂の『冊府』が加わっていたら、その光輝も至れりであったろうにと思う。有名な『集古』は些か渋く高尚に過ぎるので、ひとまず別格扱いに重んずるとするなら、書物雑誌をしてコクがあると感じさせ、それ以後に斯界が発展するよう、巧みに仕向けた功労者は、『書物往来』の石川巌ではなかろうか。書物雑誌の為し得る編集方式のすべてが、全十九冊に埋めこまれている如くである。本書では省略された微小な雑誌に、『図書世界』〈明治34年〉『文献』〈昭和3年〉『古本之友』〈昭和9年〉『書物倶楽部』〈昭和9年〉『著作出版界』〈昭和10年〉がある。

『幕末明治研究雑誌目次集覧』〈昭和43年〉は柳生四郎との共著、盛大な出版記念会が行われた旨、挿み込みの文書で知り得る。私は『新旧時代』以後の読者であるから、『史談会速記録』から『旧幕府』『武士時代』『江戸』と続く話題が殊に新鮮である。まことに有難い贈り物と感謝する。

『書庫縦横』〈昭和62年〉は朝倉治彦が単行出版した学術エッセイ集である。書物について書いた本の題名に書庫を持ちだすのは率直簡明だから、先人の誰かが試みているのではあるまいかと探したら、金沢に、書庫総目、という本が一冊あるきりとわかった。どっしりと動かない書名である。

「明治初期の職員録」によれば、官版の公務員名簿としては明治十九年十二月まで遡り得る由である。『官員録』は明治元年の刊行で京都版と江戸版とが出ているのは何故だろう。三年からは『府県職員録』、四年からは『袖珍官員録』が登場する。改変異動の激しい時代であった。朝倉治彦による以上の調査とは別に、官版ではなく民間の版であるらしいが、山本慶造編刊『明治官員録』〈明治14年7月1日〉が出ている。横本で丁付なしの厚さ約六糎、太政官、元老院、外務省、内務省、の順に記載する。

生田源太郎

明治の懐かしい一流の文藝書から、伝説的に評価の高い、珍本美本を選り抜いた、二十年をかけての一大蒐集が、華やかに展示されて入札売立会が古書業界の奔走によって行われた。蒐集書を固めて放出する例は、前後に珍しくはないけれど、これほど保存のよい逸品揃いは、後にも先にも姿を現さないものだから、反町茂雄〈『蒐書家業界業界人』昭和59年〉は、何分この分野の草創のことですから、目新しさ、珍しさで、人気がたかまりました、と回想し、また業界人の座談〈『紙魚の昔がたり昭和篇』62年〉でも話題になっている。

さて『生田源太郎氏所蔵明治文藝書売立目録』は四六判十六頁、本文黄色用紙の小冊子である。札元の一人は尾上蒐文洞〈政太郎〉で、時に若冠二十九歳。周防町に店を構えて六年目の壮挙であった。片翼をになって万事に気を配ったカズオ〈伊藤一男〉書店は、明治文藝では大阪一番の老巧、両者の組合せは絶妙で、当事者の多くがのちのちまで、大阪の古書の歴史に残ると喜びを伝えたものである。

入札売立の会場は道頓堀倶楽部、といっても説明しなければならない。御堂筋ができるまで大阪の中心道路は堺筋、南から来て日本橋を渡る手前の東西道路が道頓堀筋、東へ行くと二ツ井戸、そこに天牛書店が隣のキャバレーの敷地を借りたので併せて広さ日本一の店舗が出来、そのまた無闇に広い二階を全部、素人浄瑠璃の会などに貸す。それがすなわち道頓堀倶楽部で、私も嘗て算盤の決勝大会のため二階へ上がり、そのとてつもない広がりにびっくりした。

入札の期日は昭和十四年一月十三日、午前中が展観、食指の動いた名品があれば、懇意の古書肆に依頼して、買手はいくらまで出せるかよく打合せ、いよいよ正午から入札がはじまる。

さあ目玉の出品は値をどこまで上げる力があるか。翌十四日の大阪朝日朝刊は、「古雑誌七冊で二千円也」との見出しで、有名な筆者回覧時代の『我楽多文庫』が高値を呼んだと伝え、「天下一？の落札」と囃し立てた。落札したのは現八木書店の八木敏夫、入れた札は二千一円である。それが勝本清一郎の蔵に帰したことは周知であろう。参考までに昭和十四年の物価を見ると、日雇労働者の賃金が一円九十七銭、白粉《おしろい》は八十銭、鶏卵は三十四銭、野球のバットが三円五十銭乃至五円、というところ。

肉筆本『我楽多文庫』が最上であるとすれば、それに次ぐ人気のあるのは、尾崎紅葉著書九十四冊という、滅多に出ることのない大揃いである。この目録には解説を加えてはいないのだが、こればかりは別格である。

【六七】尾崎紅葉著書　　九十四冊

「浮木丸」、「不言不語」、「紫」、「裸美人」、「冷熱」、「金色夜叉」、「笛吹川」、「多情多恨」、「隣の女」、「三人妻」、「なにがし」等の全著書全部に、句稿、遺稿、原稿類を合せて、八十種の多きに及んでゐます。就中、「東西短慮の刃」には紅葉の署名があり、「京人形」は異本四種を集め、「紅鹿子」は上製と並製あり、「紅葉遺稿」には編者石橋思案の署名があります。尚、本は極美本揃にて、外装や袋付のもの多く、単行本は殆んど見事に初版本をとり揃へられてあります。生田家本中、最も苦心の蒐集品で散逸を惜しみ、全部一口に入札したく思ひます。

さて、これはいくらで落ちたか。尾上政太郎は若いときから、書物に関する記録を倦まず弛まず書き続け、厖大な『古本屋日記』を残し、その遺志により今は関西大学図書館に収まっている。以下はその記載に拠るのだが、

69　尾崎紅葉著書　九十四　二六四六　時代や〈落札〉

となっている。生田源太郎の希望通り、散逸しないでいるかどうか気がかりである。

蒐集に努めた生田家は、大阪市南区高津十番丁で質屋を営む古い暖簾であったが、長男の源太郎は、元来病身なので、文学を好み、短歌を作り、同人雑誌も発行していたらしい、大阪によくある物持のボンチである。尾上蒐文洞とは親しかったが、生田の蒐集は大変むつかしく、初版本で、函入り、カバー付き、署名入、又は識語入、特製本、配り本〈饅頭本〉、いずれも極美本しか買わない。

特に尾崎紅葉を愛好し、その全著書を蒐めた。すべての著書を蒐めるというにとどまらず、手許にある本が世に蔵されている同じ本の、一番の極美本でなければ気が済まない。そこで何処かの古書店に、『多情多恨』の美本が出たとする。早速我が所持する『多情多恨』を持って店に赴く。そして二

冊のどちらが美本か較べた揚句、もし売りに出ている方が上位なら、直ちにそれを買って喜ぶ。つまり筋金入りの蒐書家にとっては、それくらいは必要手続きであり当然の必要経費なのである。

さてその他にも人気のあるのは、

37　山上湖上　一三三〇　窪川
40　うた日記　一三〇一　天牛
41　小野のわかれ　三三一三　ロゴス
63　鉄幹子・うもれ木　九四四　時代や
69　竹久夢二著書　一四一五一　川上
116　愛書趣味　揃　一〇五六　窪川
〈目録外〉212　文壇照魔鏡　一冊　一三六八　京都若林

なお『我楽多文庫』の落札価は新聞が簡略化して書いているので、正しくは、二〇〇一、一〇であった。

売立目録をじっくり読むのも楽しみのひとつである。

石川巌㈠

『明治初期戯作年表』〈昭和2年11月10日・従吾所好社〉は石川巌による解題書誌学の傑作である。四六判右横綴厚紙装函入、本文百十六頁。年表とは謙遜した書名で、ところどころ関心のある書物には、気の済むよう十分に評論の筆を用いている。

まず「例言」の前半を引こう。

例言

一、本年表は明治元年以降二十年前後迄の戯作雑著を五種（翻訳小説、合巻式草双紙、新旧小説、花街風俗、戯文雑著）に類別して、一部の明治初期文化の一大鳥瞰図たらしめんと期したものである。

一、各部門の類別に就てはその都度各部類の首めに二三の詞書を費してあるから再説を省く。挿画の取材はなるべく代表的の物を撰びたかつたが、実物が手許になかつたり、有名なものでも余り知れ亘つたものは割愛し、代りに有名ならざる珍奇なもの、得難きもの、保存よきものは努めて採つた傾きがある。

一、所収書目は原則として単行本となつて発表されたものゝみを採り新聞雑誌丈の所載に止まるものは本年表には採らなかつた。但し新聞雑誌のみをもつてやゝ年表らしき既刊類書に高木文氏の「明治全小説戯曲大観」と号する書名と内容のそぐはぬ嫌な本だが、この方面で多少の参考にはならうから、併見する必要はあらう。

このように分類したところにも編者の真摯な用意がうかがえる。

丹羽純一郎訳『欧州奇事花柳春話』〈明治11年〉は人気作であったから、成島柳北の題言を参考として引いている。大久保勘三郎訳『欧洲情譜群芳綺話』〈15年〉は稀本であるが、現在では初編しか見当らない、と愛書家に語りかけることも忘れない。

佐野尚訳『ボカース翁十日物語想夫恋』〈19年〉については、殊に詳しく説明する。

　本書は仏訳を重訳したものであるが、訳述の良否は別として本その物の体裁から見て、明治初期反訳文学の珍品として特記するに足りる。それは重に数葉のビゴーの挿画あるが為めである。訳述者の他に、校定に菊亭静、合評に高瀬鉄窓、笹島蜻洲、田島任天等の諸豪が珍妙な評語を加へてゐる。因に本書巻末広告に矢張同人等署名のデカメロンの一部たる「仏国女皇春遊伝」全一冊定価七十銭右十一月上旬発兌とあるは発売されたに相違なからうが、いろ〳〵聞きもし尋ねもしたがまだ見当らない。或は未刊で終つたのかも知れない。

　序に校閲者或は実際の訳述者であつたかも知れない菊亭静は高瀬真卿の雅号であるが、たゞ不審なのは二十年イーグル書房発兌の矢張デカメロンの抄訳「密夫之奇獄」の訳者として菊亭静とあつて奥附に訳者茨城県平民当時東京府本郷区湯島両門町寄留近藤東之助とあるは後人を惑はすの甚しき一例として特に記して識者の教を乞ふものである。且つその緒言に余嚢に臥牛楼主人を補けて伊太利の碩学ボッカス翁著十日物語の中ビウランド女の情話を抄訳補述して「想夫恋」と題せり。其書出づるの後ち書肆某余が忍岡の書屋に来り云々」とあるので、近藤東之助＝菊亭静も軽視出来ない問題となる。又当時同人を二人に使ひ分する例も珍しくないが此男も平気でそれをやつてゐる。本書にも高瀬真卿先生、又菊亭静先生校定と済してゐる先生である。因に「想夫恋」巻尾に菊亭曰くとして本書訳述態度を一寸述べてゐる。——静曰、ボッカス翁の十日物語珍奇怪談凡そ一百、而して中につき最も絶妙なるは「女皇春遊記」なり。亜ぎては此の想夫恋となす。然ども本伝の如きは原文僅に二葉、之を直訳するに至ては吾冊子として十余枚を出ず、此に於て臥牛楼主人余に請て曰、希は訳纂増補して以て吾国の人情に適合せしめよと。余曰、本伝二葉に過ぎずと雖も、首尾相応し前後相照し、其の文章亦極て完全なり。若し此に加ふるに余が筆を以てせば、恐らくは東海浪を画くの笑を買んと余辞す。主人亦強て請ふ。此を以て主人を輔けて諸書を参観し、纂記補述して此書をなす。亦消閑の一戯筆なり。

デカメロンの人気は相当なもので、菊亭静『泰西情譜密夫之奇獄《デカメロン》』〈19年〉に続いて、近藤東之助『鴛鴦奇観《デカメロン》』〈20年〉が出ている。但し、近藤東之助も菊亭静も高瀬真卿も同一人であるらしい。

磯野徳三郎『王の名残《サクソン》ハロールド物語』〈20年〉には大和田建樹が新体詩で序文を書いている由である。

わだのとろみという名乗りで、シェークスピアの喜劇「終りよければすべてよし」を『みなれざを』〈21年〉と題して訳したのは和田万吉であるという。

魯文の『高橋於伝夜叉譚』〈12年〉と勘造の『其名も高橋毒婦の小伝東京奇聞』〈12年〉をめぐって、

両書ともに当時洛陽の紙価を高からしめた人気作で、而も同時に競争的に発売されたとのことであるが、勝敗何れにあったかは興味ある問題であるが、寡聞にして知るを得ないのは遺憾である。内容の事実に多少の相違がある。因に東京奇聞第七編芳川春濤の序文を抄録して見よう。

あら面白の春雨やナ花を散さぬ程にふれとは茶道の梅林が豊太閤の物に溺るゝを諷諫したる口吟にて凡そ物を愛する其度に過れば之を惑溺といふて害を暁らぬ者なり殊に女色を愛するが如きは少く其度を過る時は身を誤り溺るゝ時は家を亡すに至る痛く戒めずんばあるべからず今此書を閲するに阿伝が色に溺れて身を害せし者幾人ぞ是阿伝が奸智陽に貞操節義を飾り陰に姦悪邪毒を逞しうし巧に人を欺き輒く財を奪ふて其人自ら暁らざるは徒らに其色に溺れて本心を失ふによるとは雖も亦阿伝が尋常の婦人と異なる所あるは此書に於て判然たれど只其記事の淡泊にして興の薄きは勉て其実蹟を綴り毫も架空の説を雑へざる我新聞記者の本色にして彼戯作者流が事実に関せず無稽妄誕奇説珍事を附会せし草紙物語と異なる所あればなり且岡本子が本業の余暇之を草創し余も亦燈下に之を訂正潤色し些か看客をして倦ざらしめん事を要せしが同時に類板の世に出るを以て書肆其発兌を急ぎ全部七帙僅か六旬にして業を卒ふ斯の如く迅速なる

が故に十分校閲の暇に乏しく其履歴のまだ悉さゞる所あるも亦編帙其度に過てあら面白やと喝采玉ふ看客の退屈を招かん事を恐れ花をちらさぬ程に其局を結ぶ事とはなりぬ。明治十二年四月上旬

今度は至って生臭く、作者不明の『今浄海六波羅譚』〈17年〉。

本書は発行当時問題を惹起した事件物で、海上王の称ある岩崎弥太郎や大隈などが出て来るといふ豪気なモデル小説であつたので、禁止為たとか為ないとか、岩崎が売収するといふので、続々偽版が横行したと噂されてゐるが、然し偽版がそんなに出たとすれば、モ少し出てゐる筈であるが、それがない所を見ると評判程偽版が出た訳でもなからう。最近愛書趣味の斎藤君も辛うじて入手したといふ位であるから、本書　稀本なる事推して知るべしである。

最後には口直しに品のよい作品、菊亭香水『惨風悲話世路日記』〈17年〉

当世書生気質より一歩前に未だ戯作気質全盛期に兎も角新らしき文体と新らしき思想のほの見ゆる政治小説（其実家庭）の先駆を為すものとして重視されてゐる。明治二十年前後から三十年前後にかけての文学青年第一の愛読書の一つであつたことは宮崎湖処子の帰省と共に異版累版の多いことは世路日記に及ぶものはあるまい。尚ほ本書の異版に就ては拙編輯「東京新誌」第五号を参照されたい。

盃でちびちび飲《や》るような呼吸の解題もまた宜しいではないか。

石川巌(二)

個人書誌の嚆矢をなしたのは瀧田貞治である。ただ時代の制約には抗し難い。『鷗外書志』〈昭和8年〉は五十頁弱に収めなければならなかった。『逍遙書志』〈昭和12年〉は書誌的注記にとどめ、個々の解説には至らない。

このように先学が略した記載を、完璧に近く充実させたのが、石川巌の『藤村書誌』〈昭和15年2月17日・大観堂書店〉である。戦後は書誌の豪華版が出現するようになり、私の乏しい接触によれば、橘弘一郎編『谷崎潤一郎先生著書総目録』全四巻〈昭和41年10月10日・ギャラリー吾八、限定二百三十四部〉、伊東一夫編『藤村書誌』〈昭和48年10月15日・国書刊行会、愛蔵版〉、山田朝一著『荷風書誌』〈昭和60年11月10日・出版ニュース社、限定百五十部〉、程原健編著『書影 花袋書目』〈平成12年5年13日・上毛新聞社、限定二百五十部〉などの手触りを辛うじて楽しむことができた。また、個人書誌ではないが、小寺謙吉・佐々木嘉朗編『現代日本詩書綜覧昭和戦後編』〈昭和46年5月8日・名著刊行会〉も貴重な貢献である。

以上のような趣味のよい豪華版の盛行は喜ばしいが、その先鞭をつけた石川巌の『藤村書誌』は、何事につけ先駆者の苦労は格別なのであるから、書誌学史上の金字塔と讃えてもよろしかろう。書物の容量は四六倍判百八十七頁、尊重して扱うのにちょうどよい判型である。書誌は祭りあげておく飾り物ではないのだから、あまりに大型では疎遠になるだろう。限定三百五十部というのもほぼぴったりの線であろう。柳田国男の『退読書歴』〈昭和8年7月20日・書物展望社〉を限定千部としたのは、斎藤昌三にあるまじき手違いである。限定とは厳しく言うなら三百部、せいぜいのところ五百まではあるまいか。

本書の校了後に見つかったからとて、佚文を巻頭に掲げたのは余計であると思う。書誌は書誌として明快単純であるのが宜しい。

それはとにかく単行書の部は、外装袋の写真が嬉しい。もちろん挿絵も然りである。はじめて見る袋の意匠を喜んで、それから一冊一冊の詳しい書誌と内容説明に入り、解説の序跋から、著者の心象を語る文章を引用する。『家』について藤村は思い出を何回も書いているが、『書誌』は最も有名な「すべてを屋内の光景にのみ限らうとした」という前後を引いている。『夜明け前』の場合も然りであるが、藤村は自己弁明に巧みな人で、『書誌』はすっかりその手に乗っている観がある。

随筆及童話篇に入ると『書誌』はこの種の述作を解説するのが苦手らしく、殆ど引用でお茶を濁している。

纂輯篇の藤村詩集の項に入ると、これだけ多くの異版があったのかと驚く。『早春詩抄』〈昭和12年5月5日・草木屋出版部〉という本は残念ながら見たことがない。百部限定の特装版と聞けば食指が動く。それよりもっと欲しいのは『若菜集以前』〈昭和12年5月10日・日本書荘〉であるが、いずれにせよ五十年間お目にかからずに過して来た。

『水彩画家』〈大正5年4月15日・春陽堂〉、「水彩画家」は読んだが、この本は見ていない。「名家傑作集」シリーズの第四編とあるので、他にどんな作品が入っているのか、『春陽堂書店発行図書総目録』〈平成3年6月30日・春陽堂書店〉を開けて見たら、名家傑作集は(2)からはじまっていて(1)がない。そこで紅野敏郎の『大正期の文藝叢書』〈平成10年11月20日・雄松堂出版〉を見ると、1紅葉山人　不言不語、と載っている。目録も信用できないようだ。翌大正六年五月十日から新潮社が「新進作家叢書」四十五冊の刊行をはじめる。

大正十一年一月から『藤村全集』全十二巻が、藤村全集刊行会から刊行がはじまる。新潮社、国民図書、春陽堂の三社合同である。

個人全集と言えば、一葉、透谷、紅葉、眉山、樗牛、独歩、二葉亭、抱月、啄木、漱石、泡鳴、と今まですべて歿後の出版であった。生前の全集は、大正七年十二月の永井荷風が最初であろうか。次いで、大正十一年一月の藤村と、大正十二年一月の花袋と、大正十四年六月の鏡花が続く。いずれにせよ藤村全集は画期的なのだから、書誌的事項として加えてもよかろう。

時代は円本時代となる。こういう場合は巻数だけでなく、第何回の配本かを明記し、挿み込みの月報についても記入すべきであろう。

第四部掲載雑誌篇の写真も有難い。

第五部研究篇は期待に反してあまりにも手薄である。押し出しのよい論文だけが採られていて、文藝時評や雑評や挿話《ゴシツプ》や陰口など、文壇にありふれた資料の類いがすっかり削られているのは物足りない。

稲村徹元

田中菊雄の『現代読書法』〈昭和17年1月6日・柁谷《かじたに》書院〉が戦後にも刷を重ねて決定版となったとき、読書に関する文献ありったけの詳細な目録が巻末に付加された。私の本は震災で失われたけれど、今もそれを凌駕する書誌はないと保証できる。編纂者は稲村徹元で、国立国会図書館に在って、『雑誌記事索引』の編纂その他重要職務の柱となっているうち定年をむかえた。その在職中に纏めたのが『索引の話』〈昭和52年3月10日・日本図書館協会〉である。

天野敬太郎が、「目録の時代を経て今や索引の時代に進んでいるのである」〈昭和22年〉と喝破して以来、近代書誌学の進路は明確になったものの、肝心の索引編纂法が朦朧としている。したがって『索引の話』は旱天の滋雨であるべきだった。残念ながら、著者の取り扱う文献が雑誌に偏って普遍性に弱いのと、索引編纂者の立場を重んずるあまり、索引利用者への同情があとまわしになっている嫌いがある。

恐縮ながら、索引という言葉の由来などどうでもよろしい。況んや図書館の業務などお勝手にどうぞ。内容索引と題名索引とに分類する必要は有りや無しや。一般に役立つのは内容索引であり、題名索引つまり文献索引は新聞社に任せておけばよい。『記念論集』が研究上有効であったのは昭和初年までであろう。新進の学徒に発表の機会がないので執筆者の意欲が高かったからである。今は御義理に持ち寄った薄味の凡作ばかりであるから、目録も索引も作る手間は要らぬ。「索引は一国の書物文化のバロメーターである」と紀田順一郎が言ったそうである。一体なにを証拠の大法螺か。世には索引の要る本と要らない本とがある。日本人が索引を面倒臭がる癖は直らないであろう。

　総索引というのを引いてみたら、役に立たないことをたちどころに実感するであろう。岩波書店は不精を決めこんで、総索引一点張りであるから不便このうえもない。『定本柳田国男集』の総索引を、稲村徹元が持ちあげているのは、一度も利用したことがないからである。田舎という語の出て来る九十箇所を頁数のみ並べ、そのあとに漸く、田舎と何々、という表現が続く。前者の場合は九十箇所をいちいち調べねばならぬ。日本という語はおお何百箇所、そのあとに、日本の赤子塚、という言葉が現れる。なぜ前者の日本を個々に分類して項目に立てないのか。やる気がないのなら引き受けるな。範例として藤井貞文の辛苦になる第一次『折口信夫全集』の索引を見よ。両者には天地の差が認められる。ただし、第二次折口全集の索引は落第である。

　柳田集索引には至って甘い稲村徹元は、今度は人が変ったように、法政大学の『日本人物文献目録』を痛烈に批判し、「個人の興味本位のアト・ランダムな採取に終始している」と罵る。もちろん然りであるのだろう。しかし我が国には本格的な大部の人物辞典がないのだ。なければ代替物に頼る。法政版の容量ぐらいの程度の判型に、完璧な記載があると誰が信じるか。どうせ欠陥は多かろうが、とりあえず手掛りの便法とする。それがこの辞書の使い道であろう。不足はいくらでもあろうけれど、たとえば遠藤元男編『日本史研究書総覧』〈昭和50年12月27日・名著出版〉のように、見栄も外聞もなく左翼を持ちあげる党派性に較べれば、法政版がまだしも中立的《ニュートラル》であることだけは認めざるをえないであろう。

文献目録の編纂については、殆ど同じ主題《テーマ》で書かれた論文が続出したりする場合は、記号活字を用いて重複を避けるとか、連載、修正、改題、圧縮、等々、いずれも記号を活用する方法を考えよう。稲村徹元が注意を促すところ、総合雑誌などでは必ずしも本文の頁の順と同じには構成せず、読者にアッピールしそうな特集や特種の記事を大きく扱った目次を作る。また近年、藝術雑誌などには目次の構成そのものがデザインであるという考え方で、論題の記載などを書誌的に正確でない表示のものが作成されている場合もある。実は江戸時代から、どの表記を正規の書名として採るかの選択は頭痛の種であった。近代の印刷物がそれほどややこしくなっているとすれば、とにかく原則を立てなければならない。そのときは最も動かない場合に刷られている題名を重んじるとして、本文のはじまるそのアタマに据えられている題名を、正規の標題と認定すれば如何であろうか。

なお、よく出来た内容索引として『幸田成友著作集』別巻を例示してあるのは全く賛成である。

岩城之徳

石川啄木の伝記考証は、戦後に関する限り、岩城之徳の独擅場であった。もちろん啄木研究は各方面に盛んであり、中野重治、窪川鶴次郎、国崎望久太郎、桑原武夫、春日敏晴、小田切秀雄その他によって推進され、恰も日本近代文学研究に於ける目玉の如き存在に祭あげられてゆく。しかし、それだけ沢山の愛好家崇敬家が四方八方から取りかかっても、要するに礼讃の意向を美辞麗句によって囃し立てるのみ、つまりは一家言の評論であり、事実を掘り下げる研究にはなっていなかった。

そのとき『啄木歌集研究ノート』〈昭和26年〉一冊を携《ひっさ》げて、慧星の如く現れたのが若かりし日の岩城之徳であった。岩城啄木の呼称が定着した頃、大冊の『石川啄木伝』〈30年〉が刊行され、『石をもて追はるゝ如く』〈31年〉がこれに続き、学界全体を見渡して、伝記研究の精緻をきわめた戦後の到達点と見做される。

岩城之徳はその前後やや調子に乗って、明治四十年代という近代文学の成熟期に於ける文学的業績であるから、それゆえ啄木周辺を調べる意味があるのだと啖呵を切ったが、伝記研究にそれほど軽重があるのなら、野口富士男『徳田秋声伝』〈昭和40年〉や川口松太郎『久保田万太郎と私』〈昭和58年〉などは、骨折り損の草臥儲けと評されるのであろうか。岩城之徳は早くも我が仏尊しの弊に陥ろうとしていた。

意気軒昂たるこの先頭走者は更に語を継いで、伝記研究と併行して、伝記研究の成果を十分利用した作品研究や啄木の統一的人間像の把握が期待される、と今後の研究方向をおもむろに指示した。言うは易くして世は甚だ行い難しである。到底そのような捌き方は出来なかった後年、あの頃はどんな研究でも可能であると、高を括っていた昔を思い出して、人知れず赤面したであろうかどうか。

近代作家の個人全集が、戦前の版ではいずれも不十分であることがわかり、戦後は用意周到な新編集が進んでいる。啄木の場合も当然の要請を受けて、小田切秀雄の誠意ある推挙により、筑摩書房から二度にわたり、啄木全集を実質上の単独編集として、言うなれば岩城は自分の思い通りに編集することができたのである。

ついでながら小田切秀雄は、何の縁故もない後生《こうせい》に手を差し伸べて、引き上げる親切を生涯続けた。小原元、菊池康郎、西田勝、和泉あき、伊藤成彦、相馬庸郎、谷沢永一、小笠原克、千葉宣一、岩城之徳、その他、その他、一体どれくらいの人数に達するかわからない世にも稀な、まことに稀な人格であった。啄木全集では大切な資料を秘蔵して、腹に一物、頼んでも容易に提供しない変物がいる。岩城が交渉をまとめえないと見るや、小田切はひとり遠方まで足を運び、ちゃんと借り出してきては岩城に預ける、というような処理もあったという。私の所へも、資料を握っているという触れ込みの男が訪れ、婉曲に報償を求められたことがある。

『石川啄木伝』の余波として『啄木評伝』〈昭和51年〉、更に『石川啄木全歌評釈』〈昭和60年〉が出る。他に若干の編著もあるが省略し、遂に、岩城之徳啄木研究三部作、が完成した。第一巻『石川啄木伝』、第二巻『啄木歌集全歌評釈』、第三巻『啄木全作品解題』、以上であり、それと同じ重さの『石川啄木全集』全八巻である。なにはともあれ努めたるかなと感嘆する。戦後の復興が示した世の活気を身に体して、百人ほどの学徒が日本近代文学研究の分野へ進んだが、いちはやく頭角をあらわして、最も見事に完成したのが岩城であった。

その研究成果の最後を飾ったのが『啄木全作品解題』である。全生涯にわたる啄木の、作品成立にかかわる事情と環境と人事とを、調べ得た範囲の限りを記録する。明治以来、多数の作家について全集や選集が刊行されるとき、若干の解説を付するのが習いであるが、大方は世評の繰り返しか、或は気楽な随想か、または思いきって大袈裟な頌辞となる。文庫本の解説なら比較的熱が入るようだ。

ところで岩城之徳の解題は、調べて調べつくした材料であるだけに、一行一行、中味が埋まっている。その細やかで詳しいことは史上最初である。伝記とか評伝とか呼ばれる筆致と異なって、記されている事柄が彫りこまれたように動かない。今後の解題は須く斯くの如くであって欲しい。作品に対する批評性が稀薄であるとの評もあろうが、啄木の歌についてとやかく月旦するまでもなかろう。そこまでねばりつけば却ってしつこいのではないか。

上野正治

書誌を編纂するに当っての方針が、中立的《ニュートラル》であることを要請されるのは当然である。然るに戦後の特徴であろうか、偏頗に徹した党派的書誌が罷り通っているのは慨嘆にたえない。それがどこまでヒドイ企みであるか例を挙げて解明しよう。

上野正治編著『大塚久雄著作ノート』〈昭和40年2月15日・図書新聞社〉が、大塚久雄著作目録だけであるなら、取り立てて特に文句はない。ただ、凡例にことわっているように、日刊商業紙に発表されたものを採らなかった原則には賛成できない。新聞掲載原稿に価値ありやなしやを読者が判断できるように、資料の網羅を目指すのが書誌学者の心得ではないのか。

ところでこの本は著作目録だけでなく、編著者上野正治執筆の、「大塚史学と批判の系譜」を併載する。このあまりにも偏った邪念の文章は珍無類である。大塚久雄とその追随者たちにとって、都合の悪い批判文献のうち、比較的に流布していない考察については、容赦なく全面的に黙殺するという、強固な原則が一貫している。上野正治は御殿女中も顔負けの奸策を弄したのだ。

巻頭に松田智雄が、「呼ばわる者の声」と題し、例によって例の如き頌辞《オマージュ》を捧げている。松田がそのなかで、「大塚史学」という呼称の「名づけ親」であるとはっきり言及している信夫清三郎の、その当該文章である「大塚史学の実践的課題」〈昭和21年10月『学生評論』再刊1号〉を編者が採っていないのは、「系譜」をあげつらう者として書誌学者失格である。

大塚の「現代社会の経済史的考察」〈東大協同組合『学問と政治』22年4月〉に関する参照文献として、編者は二篇を挙げている。ひとつめは、楫西光速・大内力らの『日本資本主義の成立Ⅰ』〈30年11月・東京大学出版会〉、明示してないが第二章第二節である。しかし、この部分と全く同じ志向に基づくヨリ詳しい大塚批判が、大内力の『日本資本主義の農業問題』〈23年4月・日本評論社〉第四章第二節に記されていること、および、大内がそこで、大塚の当該文章に対する先行の批判として、大島清の「絶対主義に関する一考察」〈『評論』16号・22年11月〉を挙げていることなどについて編者は触れもしない。つまり上野正治は大内力と大島清をあっさり黙殺したのである。

編者が挙げたうちのもうひとつは、白杉庄一郎の『絶対主義論』〈32年1月・日本評論社〉第三章である。しかるに、白杉はこの本の序で、「旧著の復刻部分―第一章から第五章―までに関するかぎり、内容には全然変更はない」と明記しているではないか。通常の論文執筆であるなら、版の前後に拘らなくてよかろう。しかし上野正治は「系譜」を研究しているのだ。内容が同じなら、いや、同じであればこそ、いわゆる旧版の『絶対主義論批判』〈25年11月・三一書房〉にまでさかのぼらねばならぬ。そこで白杉庄一郎が、「大塚氏の絶対主義観が講座派的水準を出るものでないことは、なかんずく、戦後の論文において明白である」と、いちはやく指摘した発言を「系譜」にくりいれることになるであろう。

要するに編者の小細工は、この二篇の批判文献出現の日時を、大内一党についても白杉についても、七年おくらせて見せる手品であった。

飯淵敬太郎が、昭和十年から十一年にかけて発表した論文をまとめ、『日本信用体系前史』〈23年1月・学生書房〉として刊行したのは周知である。この本の「序言」には、二十六頁に及ぶ書き下ろしの大塚久雄批判があるけれども、上野正治は黙殺した。

大塚は嘗て宇野弘蔵の『経済政策論』上巻〈11年5月〉を書評した。宇野は同書を再刊〈23年2月・弘文堂書房〉するに当り、「再刊に際して」を書き加え、十頁を費して大塚に反論している。上野正治はこれもまた黙殺した。

どうしても黙殺できないほど学界に著名な文献の場合は、その論旨の、大塚にとって致命的な核心から目を逸らして、極く形式的に分類するというひねくれた手を用いる。矢口孝次郎の『資本主義成立期の研究』〈27年11月・有斐閣〉は、大塚の理論が、アンウインおよびマントウー〈邦訳『産業革命』39年10月・東洋経済新報社〉の誤読誤解の上に立脚している錯誤を、初めて明白に立証した。その学問的貢献をもまた上野正治は頭から理解しないふりをするのである。

日本近代書誌学の系譜には、かくも卑劣な実例があることを、記録せねばならぬのを深い嘆きとする。

内田穣吉

一九一九年、レーニンによって結成された国際共産主義運動の指導を建前とする機関の略称をコミンテルンという。スターリンが糸を引くようになってからは、ソ連の国益に資するための指令を発する共産党の大本山となった。我が国を深く怖れるスターリンは、日本を帝国主義侵略国家と罵るため、二七年テーゼなるものを日本共産党に与え、革命を起させて国家を崩壊に導こうとした。テーゼを鵜呑みにした日共の指導者野呂栄太郎は、岩波書店を口説いて『日本資本主義発達史講座』〈昭和八年完結〉の刊行を実現した。追っかけてコミンテルンは日本近代史を暗黒の罪悪と決めつける三二年テーゼを送ってきたので、講座の諸論文を三二年テーゼ寄りに敷衍する学派が発生して講座派と呼ばれた。それはあまりにも極端であると批判し、近代史をより実証的に解釈する学派が生まれて労農派と称された。コミンテルンを絶対視する公式主義の講座派が優勢で大塚久雄にまで及んだが、戦後は大内兵衛が輩下を率いて東京大学経済学部を占拠したので労農派の天下となった。

このような対立に発して盛んに応酬された理論闘争を、はじめて要領よく解読して解り易くほぐしたのが内田穣吉の『日本資本主義論争』〈昭和12年2月18日・清和書店〉で、それまで半封建論争とか封建遺制論争とか呼ばれていたのが、この本を契機に日本資本主義論争の命名《ネーミング》が定着したのではないかと思われる。戦後はこの論争を扱った書物が棚からはみだすほど出ているが、すべて例外なくこの書名に従っている。

野呂栄太郎の『日本資本主義発達史』〈昭和10年6月5日・岩波書店〉は実証性に欠けるテーゼ盲従で、また、自分より先に『日本資本主義発達史』〈昭和3年8月25日・日本評論社〉を出した高橋亀吉に嫉妬して当り散らすなど、一向に取柄のない本であるが、共産党の指導者というだけで、何がなんでも野呂が正しいと言い張るなど、内田穣吉には権威主義の側面が見てとれる。

この時期の相互内部に錯綜した論争に於て、比較的に成果を齎したのはマニュファクチュア論争であったかもしれない。しかし内田穣吉は一方的に服部之総の肩を持ち、土屋喬雄の現実的な是正の見解に耳をかさない。その拠りどころは近世日本社会の実状調査ではなく、レーニンの『ロシアにおける資本主義の発展』に書きこまれた論理であるのだから無茶苦茶である。

工業形態に於ける資本主義の発展過程を、土屋喬雄は、

第一　資本制手工業

第二　問屋制的家内工業もしくは資本制家内労働

第三　マニュファクチュア

と規定した。一方、レーニンは、発展の主要三段階を、

第一　小商品生産（主として農民的な、小営業）

第二　資本家的マニュファクチュア
第三　工場（大機械工業）

と明示している。このように対照したうえで、内田穣吉は、土屋是か、レーニン非か、レーニン是なりとすれば、論争に入るに先立って、土屋は早くも躓いてしまったことになる、と凱歌をあげる始末だから話にならない。

講座派の御大将として、この時代に屹然として君臨したのは、山田盛太郎の『日本資本主義分析』〈昭和9年2月21日・岩波書店〉であった。その難解屈曲の漢字を貨物列車の如く連結した組み立ては、日本近代悪文史の横綱である。内田穣吉は、この時代の聖典であった万人難読困惑の書を取り上げ、可能な限り要旨を把握できるよう力を尽くして努めている。何故それほどの解読が必要であるか。『分析』の一節を例示してみよう。

B　問題の限定　本編、即ち『生産旋回＝編成替。マニュファクチュア・家内工業の諸形態』は、第二編『旋回基軸。軍事機構＝鍵《キイ》鑰産業の構成』と合体して理解さる可き要請を有する。蓋し、軍事機構＝鍵《キイ》鑰産業の強靭な統一性を旋回軸とする所の、又、半隷農的零細耕作農民及び半隷奴的賃銀労働者を労役土壌とする所の、生産旋回。再生産軌道への定置。一般的危機の諸規定。これら、日本資本主義の軍事的半農奴制的な特殊構成を把握するためには、両者の相互規定的な関係の合理的な理解を所要とするからである。かくして、それの特殊構成とそれの基柢との連繋が与へられる。その、かくの如き相互規定的な旋回基軸・生産旋回＝編成替へそのものの開展を歴史的に範疇的に制約する所の、広大なる基柢それ自体は、第三編『基柢。半封建的土地所有制＝半農奴制的零細農耕』の主題を構成する。以上の関係の下で、本編は、主として、諸々の範疇、諸々の型の分析に力点がおかれる。

ただし、内田穣吉は目次に「『日本資本主義分析』批判」と掲げながら、本文の標題からは「批判」の二文字を削っている。内容は論理としての限り矢張り『分析』の頌歌であることに変りない。『日本資本主義論争』の巻末には、当時としては丹念に書誌を加えている。逐次刊行物と単行本とに分けたのも便利であったろう。単行本では服部之総の著作に手抜きあり、『明治維新史』の昭和四年版欠〈未見〉、五年版欠、八年版の刊記欠。『明治維新史研究』〈昭和8年〉欠、『歴史論』〈昭和10年欠〉以上が不十分である。しかし、事項索引がついているのは感服の至りである。それも細かに分類してあるのはまことに行き届いている。

浦西和彦㈠

浦西和彦の凄味を痛感させるのが『日本プロレタリア文学書目』〈昭和61年3月10日・日外アソシエーツ〉である。大正期から昭和二十年まで、プロレタリア文学に参加した文学者たちの、詩集、歌集、句集を除く全著作を、五十音順に整理して、一冊ごとに厳密な書誌を記載し、その全冊を人物五十音順書冊刊行順の原則により並べてゆき、一番から二千五百十一番まで通し番号をつけたのである。

単行本の目録つまり書目を編纂した人は数多いけれども、限定された個人書誌ならいざ知らず、茫漠なる広大な分野から、ほぼ三十年の間に産み出された二千五百冊の書物に、通し番号を振る勇気のある人が嘗てあっただろうか。浦西和彦は、これがすべてである、と断言しているのだ。博捜の極みに達した調査の悠然たる自信であろう。昭和期に為されたあらゆる書誌に、冠絶する新機軸の達成である。事実、この書が刊行されて二十年、補充すべき新発見の書物は皆無なのである。

書誌学を探究の中軸とする浦西和彦の、処女作は『葉山嘉樹』〈48年6月15日・桜楓社〉、大学卒業後九年目の業績である。一般に学部を出て十年前後に、一巻の書を為せば有望と言い慣わす。浦西の精進推して知るべしであろう。処女作は成長の芽であるとも言うが、葉山の書誌はその後も丹念に手を加えられて、昭和六十二年版、平成六年版と、次第に充実の度を深めた。

その間、『露伴全集』再刊にあたって、未収録の拾遺二巻分を増補すべく、谷沢永一・肥田晧三と三人で引き受けたが、その悉くは浦西が発掘した。

大型の作家に初めて取り組んだのは『開高健書誌』〈平成2年10月10日・和泉書院〉で、五百三十頁の大冊を一周忌に間に合わせた。著書目録は一冊ごとに収録内容を細目のかたちですべて記録する方式である。エッセイは一篇ごとに、それが何という単行本に入っているか注記する。例えば『最後の晩餐』は一括しないで、『諸君！』に連載された一回分ごとに項目を立てる。出来るだけ細密に、という方針が一貫しているのである。

ところでひとくちに全集と称しても、出版事情にはおのずからなる制約があって、必ずしも断簡零墨まで収録できるとは限らない。三島由紀夫、司馬遼太郎、松本清張、藤沢周平などは例外に属する。開高健の場合、全集からはみだしたエッセイ群をどう処置するか。完璧を重んじる浦西和彦は『書誌』に於ては収録未収録の区別表示を避けて渾然一体を目指した。そのうえで「全集未収録エッセイ」一覧を『開高健全集』二十二巻の巻末に置くという窮余の一策を講じている。

プロレタリア文学研究の延長としては、書誌として『徳永直』〈昭和57年〉と『武田麟太郎』〈平成元年〉があり、論文集『日本プロレタリア文学の研究』〈昭和60年〉には、主たる作品論八篇に加えて『文学新聞』その他の解題を添える。新日本出版社の企画した『日本プロレタリア文学集』全四十巻は順調に刊行されたが、この陣営には書誌学者を欠く模様で、別巻の『プロレタリア文学資料集・年表』〈昭和63年〉の「プロレタリア文学年表」三百余頁の編纂は浦西にお鉢がまわってきた。全作品の掲載頁まで記載した詳細な決定版である。

雑誌の解題集覧といえば天野敬太郎以来の伝統があるけれども、天野集覧以後を総浚えすべく、浦西は青山毅と協力して「雑誌新聞総目次索引解題集覧」を作成した。未刊著作集が企画されるや『佐藤春夫』〈平成7年〉を担当して著作五十九編を発掘したのみならず、「未刊著作一覧」と「評伝・年譜・解題」を付した。新たに読むを得た佐藤春夫の釈迢空論は絶品である。『作家の自伝』シリーズでは『武田麟太郎』〈平成12年〉を引き受け、麟太郎の文章を適切に連結して編集の妙を示した。

次なる大物は『田辺聖子書誌』である。ここでの工夫は表記の二段構えと言おうか。まず著書目録を書物の性格に即して十三種に分類する。次に作品目録は特に多様でないから分類が五種で済む。以上の各項目に全作品はすでに記録されている。とはいうもののお目当ての作品がどの単行本に入っているか読み辿らねばならない。そこで浦西は巻末に敢て「著書索引」と「小説（創作）索引」を加えた。呆気ないようで実は利用価値の高さは決定的である。思いを凝らした新工夫に感服する。

第二論文集『現代文学研究の枝折』〈平成13年〉には各種の論考につけ加えて、私にとって書誌作成は、文学研究の環であり、研究の上で実際に役立つためである、と体験を記している。

浦西和彦(二)

書誌学者がつい気を許して歩む道は、すでに手慣れた方式を、安んじて繰り返す職人藝である。私は嘗て天野敬太郎を追悼し、升田幸三の言葉を借りて、新手一生、と頌辞を捧げたことがある。天野敬太郎が世を去ったあと、新手一生の後継者が出現するだろうか、と危懼および期待の念を以て待っていたところ、案ずるまでもなく、浦西和彦が見事に正面道路を真直に進み、一作ごとに新機軸を七変化の如く編み出し、書誌学が為し得る工夫を重ね、役に立つ便利な仕掛けを考え、文学研究をより実りあるものに仕立てている。

その新鮮な果実として、新しく提供されたのが『河野多恵子文藝事典・書誌』〈平成15年3月31日・和泉書院〉、A5判堅牢装函入、六百五十三頁の一巻である。こういう場合、本来なら書誌が一巻の全部を占めるのであるが、この一巻においては書誌が後半部分に退いている。そして『河野多恵子文藝事典』が四百七十二頁を占める。河野多恵子の小説とエッセイに推薦文や選評その他座談に講演等をも加えて、著作のすべてを個別の項目に立て、ゆとりのある長さの梗概を記述し、同時代評の要領を添付する。作品によっては以後それが何処に収録されたかをも記す。記すべき必要な条項は悉く細密に拾いあげていると思われる。大項目は幾分長いめにとってあるから、敢て小項目の若干を選んで例示しよう。

誤植《ごしょく》　エッセイ

〈初出〉「群像」昭和四十三年五月一日発行、第二十三巻五号、一七一～一七一頁。原題「最初の経験」。

〈収録〉『文学の奇蹟』昭和四十九年二月二十八日発行、河出書房新社、二二六～二二八頁。この時、「誤植」と改題。

〈梗概〉自分の文章で誤植の最初の経験をしたのは、生れて初めて小説を「文学者」に載せていただいた時のことだった。私は先ず「おや？」と思い、誤植だと判ると、「これこそ誤植といふものなのだ」と恐ろしさと得意さとが一緒になって、興奮したものだ。私は非常に遅筆である。部分によっては四、五回書き変えることもある。そのために、最初からいじらずに済んだ部分は暗記してしまい、校正刷りを見る時も暗記にわざわいされ、却って最初からうまく極まった部分に、誤植が生じるようだ。また、一部の文字を妙に崩す癖がある。平仮名の「わ」もその一つで、「の」に誤植されてしまったことは、二、三にとどまらない。今では自作に誤植があると、最初の経験の時とは反対に無念でたまらなくなる。

個人生活《こじんせいかつ》　コラム

〈初出〉「読売新聞」昭和五十年十月十一日夕刊、七～七面。「東風西風」欄。

〈梗概〉公表されて困るようなことは、いつ、どこでもしなければよいという考え方があるとすれば、それは個人生活の否定というものである。公表されて困らないことなら、何でも公表していいという考え方があるとすれば、それも個人生活の否定である。個人生活を勝手に公表する権利まで、マスコミには許されているのであろうか。公表されて困ることは少くても、公表されるなんて余計なお世話ということだらけなのが、個人生活というものなのである。

個人全集の王者《こじんぜんしゅうのおうじゃ》　推薦文

〈初出〉「谷崎潤一郎全集愛読愛蔵版全30巻」内容見本、昭和五十六年十一月（刊記なし）発行、中央公論社、一〜二頁。「谷崎文学案内」（刊記なし）、中央公論社、一〜二頁。

〔収録〕『気分について』昭和五十七年十月二十日発行、福武書店、五三〜五六頁。『河野多恵子全集第10巻』平成七年九月十日発行、新潮社、一一七〜一一八頁。

〔梗概〕谷崎潤一郎全集は個人全集というものの誇りと魅力が漲っていて、まさにこの種の全体の王者の力を感じさせる。この個人全集を読んでいると、谷崎なる作家の全生涯の仕事があたかも生ける一個の人体のように思えてくる。谷崎文学のおもしろさは一言でいえば、谷崎なる作家の個性のおもしろさである。その個性は強烈であり、きわめて明快である。それゆえに、より知ることにとどまることない歓びを感じさせてくれる。私がはじめて『神と人との間』や『残虐記』に出会ったのも、谷崎の個人全集においてであって、個人全集というものを読む歓びと感謝にたえなかったものである。

個性的生活の競演《こせいてきせいかつのきょうえん》 エッセイ

〔初出〕「武蔵野女子大学新聞」昭和四十一年十一月一日発行、第六号、六〜六面。「文藝」欄。

〔梗概〕自分と同じ服を着ている他人を発見したときの厭な気持というものは、自分は自分だけで独特でありたいという人間の誇りが傷つけられたためであろう。一方で、人間は皆と同一でありたいという願いももっている。世の中が画一化されればされるほど逆に個性にあこがれる。週二日の休日制が進めば、個性的生活の競演も促進されるだろうと期待している。


文藝事典と呼ばれるこの種の方式は、嘗て国文学系雑誌の特集で、多数執筆者の合同作業として、一般に小規模で行われたことがあるかと記憶するものの、これだけ綿密にあらゆる分野の項目を拾い、一冊の単行本として上梓されたのは今回が最初ではないか。今まで独立の一冊として文藝事典に、それも全項目総浚いのかたちで、包括された作家はなかったように思う。河野多恵子は作家冥利に尽きると言ってもよかろう。

河野多恵子はエッセイを書くとき、格式ばって論を積み重ねることなく、自由自在のおっとりとした気分でとりかかる。誰かの作品を批評するとき、もちろん厳しく立ち向かったりしないが、さりとて無意味なお世辞は言わない。冷静というより温順にゆったりと語る。谷崎潤一郎および松子について述べた十四篇は、読んで甲斐ある重厚さを特色とする。かと思えば「谷沢永一さんの一言」のように、親しみを吐露しているのか、悪戯《いたずら》っぽくからかっているのか、思わず首を傾げる微妙な表現もある。しかし、いずれにせよ、この「文藝事典」は、河野エッセイを楽しんで読むための、まことに適切な舞台装置であろう。

「事典」の次には「年譜」である。昭和二十年六月、大阪市阿倍野区昭和町の借家に仮寓。同年八月、私の一家が同じく昭和町の借家に移り住んだ。両家の間隔は徒歩三分。二十一年、谷沢は大阪府女子専門学校の生徒と交流、故平尾郁子の紹介で河野多恵子と識る。

昭和二十六年上京、たばこ販売協議会勤務。昭和三十五年十月退職。鷲田小弥太〈『自分のやりたいことを見つける技術』平成12年〉の記述。「〈私は絶対に作家になる〉というこだわりが河野多恵子さんを作家にしたそうです。そうなると、〈作家にならなければならない〉ですね。〈二年間経って作家になれなかったら自殺する〉と彼女は決意したそうです。河野さんのことですから、本気だったでしょう。そうやって、実際、二年間のうちに彼女は一人立ちの作家になりました」。

江戸川乱歩

我が国に於ける探偵小説の成長に、同時代の多彩な日本文学の作品が、大きく刺激し影響を与えたのであると、文学史的因果関係を、強調したのは江戸川乱歩の功績である。『続幻影城』〈昭和29年6月25日・早川書房〉に収録されている「日本探偵小説の系譜」は乱歩の熟慮になる本格の論文であるのに、『中央公論』昭和二十五年十一月号に、意外や意外「文藝時評」として掲載されているのを見れば、この論文の底に書誌学的思考が埋めこまれているのを、編集部は感じ取れなかったものと察せられる。

乱歩が意をこめて発言するまでは、日本探偵小説発生史に思いをめぐらす場合、西洋探偵小説の影響のみについて、それしかないように語られるのが常であった。とりわけ明治期に翻訳されたのは、ディケンズ、コリンズ、グリーン、ヒュームなど、トリックよりもプロットの曲折を主とする作風に偏っている。涙香の好んだのも、ボアゴベイ、ガボリオー、コリンズ、グリーンなどプロット派ばかりであった。これに反して大正期は、ドイル、フリーマン、チェスタートン、ルルウなどのトリック派に傾く。

そこで乱歩は体験に即した歴史的脈搏を証言するのである。

ポー、ドイルなどの西洋探偵小説の影響だけからでも、私は探偵小説を書く気になったかも知れないが、実際はそのほかにもう一つ別の大きな刺戟があった。それは明治末から大正期にかけて、自然主義に反抗して起った新文学、谷崎潤一郎、芥川龍之介、菊池寛、久米正雄、佐藤春夫などの作品であった。これらの作家の初期短篇小説には、ポーの系統の探偵小説と一脈の通ずるものがあった。殊に谷崎、芥川、佐藤三氏は明かにポーに傾倒した時期を持っていた。

こういう文壇の傾向が最高潮に達し、一つの具体的な形となって私の目の前に現われたのが大正七年七月の「中央公論」特別号「秘密と開放号」であった。名編集長と謳われた滝田樗蔭の企画で、同号の創作欄には「藝術的新探偵小説」と銘うって、谷崎潤一郎「二人の藝術家の話」佐藤春夫「指紋」芥川龍之介「開化の殺人」里見弴「刑事の家」が並び、更らに「秘密を取扱える戯曲」の題下に、中村吉蔵、久米正雄、田山花袋、正宗白鳥の脚本が掲載せられたのである。

ともすれば嬰弱と見られがちな大正文学には、探偵小説に影響を与え得るだけの独自性と迫力があったのだ。探偵小説に偏見を抱くのでない限り、大正文藝には人間観の鋭利と表現力の豊饒があったと認めるのが至当であろう。

新鮮な要素を摂取して、それを文学的に醸す努力に怠りない乱歩は、早くも次の世代の作家に目をつける。

しかし、この大正文壇の探偵小説味ともいうべきものは、横光利一、川端康成、片岡鉄兵などの新感覚派時代までで終りをつげ、プロレタリア文学の隆盛とともに、これらの作家もそれぞれ他の傾向に転じて行ったが、横光利一の初期の作品には推理の要素が多く、これが、後に記す探偵小説第二期の作家、小栗虫太郎に影響しているのである。利一と虫太郎とどこが似ているかといわれそうだが、表面に現われていなくても、何らかの形で影響していることはたしかで、或る時小栗君が私にむかって「あなた方の時代は谷崎、佐藤の影響を受けたが、僕たちの時代は横光利一ですよ」といったことを覚えている。

乱歩の定義によれば、西洋の新探偵小説と、日本文壇の探偵小説的傾向を母胎として、いわゆる創作探偵小説が生まれたのである。このように微妙な関係があった事実を見抜くには、よほど奥まで分け入った読み巧者でなければならない。乱歩は不世出の洞察的な読書の名人であった。書誌学の目的は読解力の透徹である。乱歩は読書内容を会得する近代有数の名人である。それに加えて『幻影城』〈26年5月16日・岩谷書店〉と『続幻影城』には書誌が横溢している。この七つ道具こそ書誌学者の資格であろう。

乱歩が熱をこめて海外作品の解説をする、その語り口はどれも楽しい。最も有名なのはチェスタートンであるが、十分に流布しているから暫く措く。譬えば「アメリカの半七捕物帳」アブナア伯父も捨て難い。十年ほど前、イギリス探偵小説界で、現在五大家ということが誰言うとなく極められていたことがある。それはセイヤーズ、クリスティ、フリーマン、クロフツ、ベイリーであったという。

もっと長篇の歴史としては、中島河太郎『日本推理小説史』三巻〈平成5年4月30日～8年12月20日・東京創元社〉、山村正夫『推理文壇戦後史』四巻〈昭和48年10月15日～平成元年6月10日・双葉社〉、伊藤秀雄『明治の探偵小説』〈昭和61年10月25日・晶文社〉『大正の探偵小説』〈平成3年4月30日・三一書房〉『昭和の探偵小説』〈平成5年2月15日・三一書房〉がある。つけたり、『現代推理小説大系別巻2、ミステリ・ハンドブック』〈昭和55年4月24日・講談社〉、郷原宏『名探偵事典日本編』〈平成7年10月30日・東京書籍〉『江戸川乱歩日本探偵小説事典』〈平成8年10月25日・河出書房新社〉等がある。

蛯原八郎

明治文学の研究は大雑把な史的概説から始まった。大和田建樹『明治文学史』〈明治27年11月26日・博文館〉、高橋淡水『時代文学史』〈39年8月4日・開発社〉の粗放なのを例外として、岩城準太郎『明治文学史』〈39年12月16日・育英舎〉が本格的な文学史の嚆矢と称されたが、通り一遍の講義録風に過ぎなかった。教科書としてではなく、読書の対象となるリーダブルな文学史としては、高須芳次郎『日本現代文学十二講』〈大正13年1月28日・新潮社〉が最初ではなかろうか。

遥かのち東京大学が明治文学談話会を結成して動きだしたのは、『明治文学研究』『リーフレット明治文学』を創刊した昭和九年一月である。もちろん資料捜査にも意を用いているが、徹底した文献探求の熱意はなく、隔靴掻痒の感は否めない。

本来ならアカデミズムが資料に執着し、在野は平易な叙述へ赴くべき筈のところ、我が国では事情が変則的で、まず資料捜索は、斎藤昌三や石川巌や柳田泉や木村毅や蛯原八郎や岡野他家夫や在野の有志がまるごと引き受けた。のみならず文学研究の問題意識を先導したのも、唐木順三『現代日本文学序説』〈昭和7年10月10日・春陽堂〉および土方定一『近代日本文学評論史』〈11年6月15日・西東書林〉、これまた在野の論客であった。その熱意において、在野は常にアカデミズムを凌駕していたのである。

蛯原八郎の『明治文学雑記』〈昭和10年7月20日・学而書院〉は、意図としては書誌学的志向に基づく奇特な論集である。ただし、書誌の方法を厳密に貫く姿勢に欠けているため、折角の労苦が十分に実を結ばず、記述がすべて中途半端になっている。書誌学的探索が常に端緒で切りあげられ、確実な地盤に達していない憾みがある。

書誌学的志向のともすれば陥り易い誘惑は、ついあれもこれもと雑多な分野に手をのばす衝動である。他の学問すべて然りであろうが、書誌の作成には精密な注意力を必要とするから、意識の拡散は何よりの禁物なのである。ただし、物事には例外があって、天野敬太郎は、数えきれないほど多くの主題《テーマ》を抱えて、着々と同時進行に仕事をまとめてゆくのであるが、これは天野敬太郎のような特異人にして、はじめて為し得る放れ業なのである。

蛯原八郎は「明治文学前史考」に「漢詩及漢文学」の項を設けている。明治期は漢詩の最も栄えた時代なのであるから、まことに適切な処遇であるとは思う。しかし記述内容はあたかも新聞記事の如くで、ほんの上っ面を軽く撫でて済ましている。「斯界で当時定評のあつた大家としては」と前置きして、中村正直以下数名を列挙している。こういう道聴塗説に類する評判は、書誌学において一厘一毛の価値もないのである。そのいわゆる「定評」なるものを記載している評判記や番付や、或は新聞雑誌における月旦記事を探し出してこなければならない。書誌学では裏付けのない判断は無効なのである。ちなみに、三浦叶は『明治漢文学史』〈平成10年6月15日・汲古書院〉に、「明治年間における漢詩文集年表」を付している。蛯原八郎も欲すればこのような年表を作成できた筈なのである。

蛯原八郎が明治文化史研究者としての本領を発揮したのは「明治十年前に於ける桜痴居士の文学論」一篇であろう。『東京日々新聞』に入社するなり、まさにいきなり社説として、

文学の必要を論ず　明治7年12月2日
文学を振起すべき説　明治8年4月26日
文論　明治8年8月29日
演劇観懲論　明治8年9月10日
文学としての手紙奨励　明治9年2月22日

この時期に、かの桜痴が、このような論を吐いていたというだけでもトピックスである。桜痴の言うところ正鵠を射て、すなわち「詩歌小説ノ如キハ、吾人ノ志ヲ言ヒ、語ヲ永フシ、景情ヲ写シ、悶鬱ヲ排ラキ、実ニ開化人民ノ為ニ欠ク可ラザルノ娯楽ナリ」と的確に説く。文学の効用を論じて至らざるなく要を得ている。

蛯原八郎はまた「明治時代文学雑誌解題」を収録しているが、要領よくまとめてある割には突っ込みが足りない。硯友社の「我楽多文庫」から山田美妙が去って「都の花」へ移った理由を「社内の勢力争ひから」と断定しているのは妥当か否か。また「早稲田文学」を以て、明治時代の雑誌で最も権威あり最も興味深く有益なもの、と評するのも、第一期の『早文』には該当しないのではないかと思

われる。

なお『日本欧字新聞雑誌史』〈昭和9年〉および『海外邦字新聞雑誌史』〈昭和11年〉は資料本位ながら力作である。

遠藤元男

今は昔の笑い話であるが、遠藤元男編『日本史研究書総覧』〈昭和50年12月27日・名著出版〉という本が出た。その編纂の趣旨たるや厳粛そのもの、「近代歴史学の発展のなかで評価することのできるもの」を選び出したうえ、そのうちさらに「重要なもの」には解題を付することで二段構えの評価を下すという構成である。これからの文献目録には解題を添えるべきなのだから、歓迎すべき仕事であると思ったら、実は編者の脳裏にあるのは、括弧つきの甚だ偏った党派的「近代歴史学」であるらしい。

まず早川二郎『日本歴史読本』が「唯物史観による通史」であるから顕彰される。ねずまさし『日本現代史』は「日本現代史は戦争の歴史でもあった」と筋を通すから合格。日本が戦争しているあいだ他国は舞踏会ばかりしていたのかしら。

宇井伯寿『禅宗史研究』が卓越していることに誰も異議あるまいが、それなら鈴木大拙『禅思想史研究』とどう違うか説明が欲しい。津田左右吉『文学に現はれたる我が国民思想の研究』は国初以来の日本文学全史のうち採るべきは菅茶山と小林一茶のみという文学オンチを、『梨のつぶて』〈昭和41年〉の丸谷才一が見事に分析しているのを参照すべきであろう。

『総覧』では、今は無意味の『唯物論全書』から『明治思想史』、『日本古代社会』、『古代社会史』

までが引き出されて幅を利かせているのが目につくように、いわゆる歴研の党派に属する人びとの著作が優先的に処遇される。古代史では北山茂夫の諸著は何冊も解題の栄に浴するが、瀧川政次郎は初期の二冊だけお義理に挙げて他は解題なしの追い込みで済ます。古田武彦は忌避されて『「邪馬台国」はなかった』も『親鸞』もアッサリ黙殺された。

近世思想史の項で森銑三『佐藤信淵』を解題に取り上げ、信淵の述作が虚言捏造である旨を完膚なきまでに考証した所論を紹介した埋め合わせであろうか、羽仁五郎『佐藤信淵に関する基礎的研究』の解題を、百頁以上離れた近世社会史の項に掲げた心配りもなかなか細やかなものである。その近世社会史部門では、最も重要な小野武夫を軽く軽く扱う。つまり小野の著書では『日本村落史考』一冊しか解題しない。小野の他の著書はすべて書名列挙の追い込みで片づける。しかし大切な人の場合は雑文集みたいな本を一級品に仕立てる。つまりこのような言いまわしだ。「評論や史料紹介や創作文を集め」て「平易な文章表現のなかにも鋭い批判が貫かれ」た「力編揃い」と太鼓判を捺してのお勧めが、高橋磌一『乱世の歴史像』である。この解題の語法は名作かもしれない。

『総覧』は概説ばかり漁って、個別研究という学問の本筋をおろそかにするから、原勝郎を『日本中世史』と『東山時代に於ける一縉紳の生活』で代表させてしまう。「一縉紳」を収録する『日本中世史の研究』には鎌倉時代と足利時代についての創見が多く、必読の書であることを失念している。

藤村作『上方文学と江戸文学』の内容価値が解題に値するとは誰も思うまい。ただこの人の場合は左翼でも頭を下げざるをえぬ条件が揃っている。まず東京大学国文学科の主任教授として君臨する大ボスである。平伏するに如くはない。次に、娘婿の近藤忠義が左翼である。唯物史観で『日本文学原論』を書いたけれども出版は危険である。そこで藤村作著として刊行した。藤村の威光には警察も手が出せない。第三に藤村作の子息が赤城さかえの名で俳句を論じ、これまた左翼の仲間である。そこで『総覧』は自分たち仲間の父が書いた本だから、義理でも持ちあげねばならぬのである。

とにかくこの『総覧』は通史に拘る癖がある。しかし学者には通史に向く人とまったく向かぬ人といろいろ差がある。なかでも絶対に向かぬのは折口信夫であろう。すべてはそのとき閃いたままの口述であるから、月日が経つと発言が変る。だから全集ノート編第五巻第六巻だけで、折口藝能史は完結してはいないのである。

左翼は自分に都合のよい夢と幻を楽しむ傾向がある。尤も我が国では騎馬民族論というホラ話に文化勲章が降ってくるのだから十分期待できる。吉田晶『日本古代社会構成論』のアジア的生産様式なんて実在しない。大体アジアという地域の塊さえないのだ。また本人は世を去ったが、石母田正『古代貴族の英雄時代』も、そういう時代があって英雄が日本にも出現していた筈だと言いふらす劣等感の発作にすぎないのである。

大森一彦

書誌学に関心のある者なら、大森一彦が積み重ねてきた範囲の広い業績の各種各篇を、到達すべき範例として記憶に刻みこんでいるだろう。寺田寅彦および中谷宇吉郎の書誌は、何回も繰り返して増補しながら、表現の効果を検討吟味して、より理想的な完成へと近づき、我が国に於ける個人書誌の名作として出来上がった。ただし、書誌学に完璧はありえないから、大森が今後またどのように新しい工夫を示すかわからないけれど、今までのところ、工藝品のような仕上がりは見事である。

大森一彦は書誌の編纂に没頭しながら、一方では書誌をより有効に作成するための方法を、各方面から何度も論議を試みているので、その熟考された問題意識と、ささやかな対話を試みたい。世には闇雲にゴミ蒐集車の如く、文献を羅列した書誌もあるが、大森は、或るところで、「あらかじめ情報要求のあり方を見越して、かつできるならばその課題を共有し」うるように編集せねばならぬと提唱している。書誌の要《かなめ》を衝いた至言である。書誌は、文献目録としてなら、網羅的である必要はない。世には捨てて然るべき愚論も多い。反対に藤枝晃の遺著『敦煌学とその周辺』〈平成11年・ブレーンセンター〉のように、題目《タイトル》は違うが古代史家必読の珠玉もある。選択なくして書誌学なし、である。

愛書家のうちには趣味に淫する癖があって、私もまたそのひとりであるから、「内藤湖南研究参考文献目録稿」〈昭和44年『内藤湖南著書展』いづみ書店〉は、とりあえず一般に流布しない小冊子のかたちをとった。瀧田貞治『鷗外書志』三百部、石川巌『藤村書誌』三百五十部など、作家の個人書誌は好事家を目当てにした限定版が多い。学者が書誌にとりかかる時は、意地の悪い好事家と戦わねばならない。私は『庄司浅水著作目録』〈昭和48年・詠品会《えいほんかい》〉限定十部というのを刊行したことがある。変な虫にとりつかれていたような気分もあるのだが、書誌学者には謝らねばなるまい。

植村長三郎『図書館学・書誌学辞典』では、項目を拾いだしても、ことば相互間の関連は十分でなく、出て来る書名と内容が実情に合わない、とは大森一彦がよくぞ言った。この種のゴミ箱みたいな辞典をつくる人種は、必ず本を読まないブックメーカーなのである。全部捨てるに越したことはない。

平成十二年に世を去った吉田凞生は、真の小林秀雄参考文献目録とは、小林に関する文献とともに、小林が批評の対象として論じたランボオから近世の思想家に及ぶ文献を網羅したリストであるべきかもしれない、と語った。それは無茶を承知の夢物語であろう。ランボオやゴッホにまで手を伸ばすのは、書誌学の境界線から逸脱する詮索である。そんな無理難題を言い出すのなら、長谷川泰子をどのように研究したらよいのかと聞きたくなる。書誌学に限らず、どの学問にだって限界はあるのだ。

それよりも、努力次第で為し得ることがある。田中栄一の長与家家系図は未見であるが、そのかわり、浦西和彦の「山崎家略系譜」〈『山崎正和著作集』12〉を掲げておこう。

山崎正和はこの系譜を見て、自分にはこういう親類もあったのかと驚いていた。

第一部　山崎家略系譜

山崎左京長正—山崎四郎右衛門正光—山崎孫右衛門正俊

山崎次郎右衛門正信
清左衛門

（山崎次郎右衛門正信）
山崎次郎右衛門房正
池川六之丞
山崎七之丞正親—山崎忠右衛門正通

（山崎忠右衛門正通）
山崎軍平
山崎宗全正律（初メテ医ヲ業トス）

（山崎宗全正律）
女
女
山崎寿斎正治（医）

（山崎寿斎正治）
女
女
女
山崎京治
山崎源寿、大助、守正、見友、のち号爕堂（医）
寛政三年六月二十七日生
慶応二年三月二十一日没
七十六歳
慶作

（山崎源寿）
山崎元侃正方（医）
文政六年生
慶応二年九月二十八日没
四十四歳

山崎立生
号観水（医）
文政十二年二月七日生
明治十四年十二月十三日没
五十三歳
鹿

（山崎立生・鹿）
正身
女
竹
婦人運動の先覚者
慶応二年生
明治四十一年六月十日没
四十三歳

（山崎元侃正方）
正濈
嘉永三年生
明治二十二年十一月二十一日没
四十歳
春（広井喜十郎の長女）
安政二年六月二十二日生
昭和十六年十一月二十五日没
高知市帯屋町出身
房
明治二十三年五月十三日没
三十六歳
金次郎
夭死
延
明治三年没
七歳

（正濈・春）
正董
明治五年四月十一日生
昭和二十五年五月二十九日没
政
明治八年一月二十八日生
昭和十九年二月十六日没
七十歳
正馬
明治十二年一月二十五日生
大正九年八月三十一日没
四十二歳

山崎泰策
天保十一年二月十日生
明治三十一年十一月六日没
溝口小平の二男、嘉永二年十二月二十日、山崎護策の養子となる。明治二十六年十一月十七日「泰輔」と改名
きぬゑ
安政五年十二月十六日生

（山崎泰策・きぬゑ）
しほ
明治十二年一月十五日生
とね
明治十五年六月一日生
昭和三十七年一月十三日没
春雄
明治十九年二月四日生

（正董・とね）
正文
明治三十五年十月二十九日生
昭和二十八年十二月十日没
芳（旧姓・上妻）
明治四十四年十月十三日生
正武
明治三十九年四月十七日生
昭和二十三年一月七日没
花子（旧姓・朝山）
明治四十四年四月十七日生
敏
明治四十一年七月二十四日生
順
明治四十五年四月二十一日生
昭和八年三月四日没
二十二歳
正忠
大正三年十月二十八日生
穆《よし》子（旧姓・宮崎）
大正十二年七月十日生
愛
大正六年十一月十日生
孝
大正九年九月十九日生

（正文・芳）
昭子
昭和十一年四月十八日生
正世
昭和十二年四月十一日生
正博
昭和十四年二月四日生
文世
昭和十五年九月十七日生
通世
昭和十七年九月二十三日生

（正武・花子）
正和
昭和九年三月二十六日生
いほ
昭和十五年十一月二十五日生
正刀
昭和十八年七月三日生

（正忠・穆子）
正純
昭和二十二年二月三日生
多美子
昭和二十六年一月二十五日生

書誌が出来ているようで、あまりにも不十分なのが折口信夫である。特に地方で講義した冊子の目録が出来ていない。『古代の研究』『古典の研究』正続『万葉集講義』『御柱の話』など講義集、『万葉飛鳥の夢』『鳥船批評集』など作品集は他にも存在する筈であるし、自筆歌集は当然のこと『初春』『ひとりして』だけではあるまい。一般にまだ知られていない書物を探し出すのを、私は発掘書誌学と呼んでいる。書物を愛する身で、発掘以上の喜びはあるまいと思う。

大屋幸世

雑誌の一頁広告によれば、大屋幸世は、鶴見大学大学院特別講座で書誌学を講じている。内容は如何に。彼の著書『書物周游』および『蒐書日誌』三巻を見る。印象的なのは検察であり、主たる標的は浦西和彦。徳永直の『町子』を買ったが浦西書誌にない。徳永の『働らく歴史』も浦西欠落。徳永の『先遣隊』も見えない。雑誌『春秋』のアンケートもない。浦西書誌には重版異版の記載がない。浦西は出版社の住所を記すべきではあるまいか。

その他槍玉に上がっているのは、保昌正夫、柳田泉年譜、柳田国男伝、佐々木雅発、栃折久美子、本間久雄、小田切秀雄、紅野敏郎、栗坪良樹、文潮社、新潮社、明治文学全集、日本近代文学大事典、国立国会図書館、近代文学研究叢書、ざっと以上が一再ならず叩かれている。

浦西和彦の『徳永直』は昭和五十七年という早い時期に、それまで顧みられなかったプロレタリア作家徳永直を、はじめて掘り起した二百頁の単行本である。そもそも書誌学目録学に完璧は期し難い。況んやプロレタリア作家の場合は資料の湮滅が甚だしい。そのなかをかいくぐって博捜これ努めたところで、総浚いなど叶わぬ夢である。一冊の書誌も編んだことのない大屋幸世には、今や二千頁以上の業績を積んだ浦西でさえ、一点残らずの採録は無理であるという、書誌学の呼吸は解るまい。書誌の作成を実践したことのない無学の素人だから、無責任な放言ができるのだ。

書物の重版を記録せよ、とはよくぞ言った。それなら進んで我が力を以て、大ベストセラー司馬遼太郎の、気が遠くなるほど多量の重版を、一点残らず記し留めてみよ。況んや出版社の住所を記載して一体なんの役に立つというのか。そこまで無法な要求を敢てするのは、悪質なヤクザがインネンつけて凄むに等しい。

大屋幸世の自称する蒐書とは、閑にあかして回遊魚のように古書店を歴訪し、見つかった書物をいそいそと抱いて帰り、急いで既成各種の書誌と突き合わせ、書誌に洩れている嬉しい資料について、「蒐書日誌」にこってりと書き込んでゆく作業を意味するらしい。あれだけせわしなく水すましのように書店を駈けめぐっても、愛書家なら心得ている筈の常識さえ欠如しているではないか。

保昌正夫が『機械』の限定本を書誌に書きこまなかったのは当然で、書誌に限定版を省くのは共通諒解事項だからである。橘弘一郎の入念な谷崎書誌もその方法を採った。谷崎の限定本を蒐めるなんて、経済的に不可能だからである。話かわって吉江喬松について言及するなら、何を措いても彼の責任編集に成る『世界文藝大辞典』全七巻を評価すべきである。項目の立て方から章節の割り方など検索しやすく解り易い。最終巻を各国別の文学史に宛てた構成も便利である。

小島吉雄の『山房雑記』は問うまでもなく、もう一冊の今手許から離れている本と同じく配り本である。小島は専門の新古今とは別に明治短歌史研究の草分けであり、往時『短歌研究』の常連筆者であった。

高橋鉄に御執心らしいが彼は単なる商売人であって、体位体位の一点張りだから、謝国権に追いぬかれて存在理由を失った。性の研究では小倉清三郎の真摯操守に学ぶべきであろう。

蒐書は結構な趣味であるが、自己満足に終らぬためには次の二筋道がある。

第一、何処にでもある誰でも知っている本は遠ざけて、今まで一般の世に現れなかった稀少の資料を掘り起し、それを学界の共有財産になるよう公開することである。ただし内容に何事かが詰っていて、一にも二にもとにかく何かに役立つものでなければならない。『蒐書日誌』を見れば、私がはじめて知るような本が全く出て来ない。年がら年ぢゅうありふれた本ばかり有難そうに買っている。この姿勢は真の書誌学とは似て非なるものだ。つまりは道楽にすぎないのである。

本当の蒐書たるべき条件の第二は、その文献を手に入れて、その文献を堅実な証拠とすることによって、文学研究の次元に新しい見解を提示することである。坂田三吉は、銀が鳴いている、と言った。大屋幸世の書庫では、ここ何年も何年も、書物がみんな泣いている。実に情ないことではないか。その原因はふたつある。ひとつには、大屋が研究に役立つ本を選ぶ眼力がないからである。ふたつには、身銭を切った本を、何が何でも役に立てずにおくべきか、という根性がないからである。大屋幸世は書誌学者ではない。

岡野他家夫

『明治文学研究文献総覧』〈昭和19年3月28日・冨山房〉が刊行されたばかりの店頭ですぐさま購入し、勇んで持ち帰った日の嬉しさは今に忘れない。四六倍判八百余頁の大冊に、おおよそはすでに知っている懐かしい項目が、改めて整然と順序立てて記載されているのが好もしい。時局の命ずるところ本文は五号活字なので、あたかも平原を行く如く悠然と読み進む。中学三年の文学入り浸りの身にとって、これから当分は座右を離さぬ愛読書となる条件が揃っていた。

全く未知の書を緊張して読み始めるのも好奇心を刺激するけれども、今までに幾分か学び得たものの、まだ隅々にまでは及んでいない中途半端な心覚えを、十分に整理された記述によって、知識を確かに固めて埋めてゆくのは、自分の成長を徐々に自覚するかの如くである。学ビテ時ニ之ヲ習フ、それに或る程度は近い心境であった。

岡野他家夫には、『明治文学研究誌』〈13年12月18日・東京武蔵野書院〉から『増訂明治言論史』〈58年12月28日・原書房〉に至る多くの著作があるけれども、構成と充実と仕上がりに於て、『総覧』の効能が一段と優るのではあるまいか。或いは『研究誌』と『書物から見た明治の文藝』〈17年・東洋堂〉と『総覧』とを以て、岡野他家夫の明治文学三部作、と呼んでも不自然ではないであろう。

『総覧』がまず私を喜ばせたのは、巻頭の六百七十二点に及ぶ鮮明な書影である。なにしろ今までお目にかかったことのない表紙が次々と確認できる。これは写真だから一概には言えぬが、普通は自分の所有でない他者の蔵書を外側から見せてもらって、面《つら》を拝《おが》む、と言い慣わす。そうしてひとたび現物を見ておけば、何時か何処かでその本に近づいたとき、取り逃がすことはないとの戒めである。私はせっせと面《つら》を拝んだ。後年このうちのかなりを手に入れることになるのだが、多くは『総覧』のおかげと感謝している。

本文に入ると「文学史及文学評論之部」である。此処でも、なんとそんな本があるのかと、溜息をつきながら教わってゆく。奥村信太郎の『通俗文学汎論』〈明治31年6月・博文館〉や姫河原無鳴の『新派和歌評釈』〈40年8月・大学館〉などは御縁がなくて今に至るも未見である。『総覧』が書き落している細部としては、小木曾旭晃の『地方文藝史』に改訂増補版〈昭和14年11月3日・大衆書房〉があることと、唐木順三の『現代日本文学序説』を『現代文学序説』と誤っていることぐらいである。

次は、「評伝之部」で、恐らく編者の特に力を入れた項目であろう。評伝とは言え広く文壇風聞記の類いを採りあげ、追悼号を重視しているのが特色であろう。『寛晶子両先生著作展覧会目録』〈昭和8年2月・高島屋〉まで採っているのが嬉しい。この手の集会に配られた冊子なども出来るだけ蒐めて欲しかった。

嶋田青峰の『子規、紅葉、緑雨』〈10年9月・言海書房〉の実際の筆者が柴田宵曲である旨の情報は届いていなかったのであろう。『愛書趣味』の追悼誌文献篇よりさきに、大阪のカズオ書店編刊『追悼号書目』〈4年4月〉が出ている。

『当世作者評判記』をも採るとすれば、同類に次の如き雑書がある。煩わしいので刊記を略す。『当世人物管見』『井上博士』『朝野人物評』『明治豪傑譚』『明治閨秀美談』『仮名反古』〈魯文追悼〉『諸大家筆戦録』『社会反面不平燈』『名流頓談』『明治畸人伝』その他果てしがないので此処で打ち切る。

これらを眺めて思案するに、岡野他家夫は世間に通りのよい上澄みの作品に採択を限定し、評判記ものはたまたま視野に入った若干にとどめた模様である。『総覧』が若し雑書も重んじてくれていたら、以後の文学研究はずんと幅の広いものになっていたであろうにと、今更ながら口惜しまれることである。

さて次は「作品之部」であって着実な記載が続く。その次が「雑誌之部」で、明治期を代表する主要雑誌の抜萃簡略目次である。抜萃だから意味がないという意見は偏っている。抜萃であるからこそ効用があるのだ。雑誌の総目次なんかどっしりとして扱い難い。主要目次という手法は書誌学の一翼として実はひとしお便利であることにも思い至るべきである。

小木曾旭晃

小木曾旭晃〈修二〉は岐阜の人、新聞雑誌記者として精励、大正九年『岐阜日日新聞』に入社、勤続、編集局長に至る。明治四十三年十一月、岐阜の教育新聞社を名儀上の発行所として『地方文藝史』〈架蔵初版震災にて紛失〉を自費出版した。菊判百九十四頁、定価五十銭、三百部印刷、のち明治文学研究熱につれて重宝がられ、古書店にて時価三円から五円にも昇ったという。

岐阜の大衆書房主人矢崎正治に促されて再刊されたのが『改訂増補地方文藝史』〈昭和14年11月3日〉である。菊判厚紙表紙背布装函入、本文二百五頁の上品な本造りとなっている。内容は明治から大正にかけてほぼ全国に渉る文藝家たちの動向を、それぞれ雑誌の盛衰を中心として、驚くほど具体的に明細に記録した。私の知る限り地方文壇史とも言うべき多数者の活動を、詳細に観察した展望図を描いた例は後にも先にも見当らない。まことに奇特な貴重な貢献である。

小木曾旭晃が明治の地方文壇を概観するところ、おおよそ次の如くであった。

日清戦後の東都文壇は、今や百華撩乱の春を現出しつゝあるに、地方文壇は未だ其機運が熟せないため一の見るべき有力な雑誌なく、一人の起つて旗幟を地方の文野に翻へし、東都文壇に対抗せんとするの気概ある者もない。蓋し此時代の地方文士たる多く井中蛙的の思想を固守し、気宇の濶大を欠き、島国的蟄居主義にして、一歩門戸を出でゝ東都文壇の思潮を看取せんとするの覇気なく、徒らに旧套なる文学を繰り返し、以て文学の能事了れりとなす有様である。斯くの如くにして何時の日かそれ地方文壇の活躍を見んやで、宜なるかな、此頃の地方文士と称すべき者、概ね時勢に迂遠にして新思想家に乏しい、中に就いてやゝ一異彩ありし者を挙げると、大和の堀口猶存、伊賀の谷村伴鶴（後ち可咲）、上総の五木田松渓、相模の福山東海、大阪の北村香骨等に過ぎない。（此中北村香骨は本名佳逸、新聞記者として、また経学家として後年名を成した）もとより此時代の地方文壇は、東都文壇の風潮に遅るゝこと甚しく、新体詩、短歌、俳句などに至りては、まだ幼稚にして陳套殆んど論ずべき価値を有せぬ。たゞ漢詩、漢文、論説などの硬派文学に至りては、其旺盛なること到底今日の比ではなく、前記の猶存、伴鶴も松渓、東海、香骨等が何れも皆堂々たる一かどの論客乃至漢学家として卓越せしを以て見るも明かである。それ故この時代に、苟も漢詩漢文を作るの能力なき者は、文壇の人に非ずとまで称せられたほどで、吾々の如き初学者もまた漢詩の作法に苦心惨憺、今にしてこれを追憶すれば、時代の変遷推移に驚かざるを得ないものがある。一方此頃の地方雑誌はまた頗る田舎式を発揮し、体裁は毫も飾り気なく、表紙は概ね題字のみにして、画などを用ふるもの殆どなく、其地味なる点は作家の思想と相俟つて好箇のチョン髷的コントラストである。それも無理ではない、第一此時代はまだ我国の印刷製本の技術が幼稚にして、雑誌の体裁など拙悪なことは止むを得ないからである。今日地方雑誌が競ふて印刷体裁等を美術的に苦心しつゝあるを見ると、真に今昔の感が深い。余は今茲にその発端的の明治三十年の地方文壇を紹介せんとするに当り、特筆以て記すべき事績の無き物足りなさを憾む、けれどもこれは遂に事実なるを如何とも致し難い。たゞ関西唯一の純文学雑誌として、当時の地方文壇を代表し、遥か東都文壇に対抗した、大阪の『よしあし草』のありしを多とすべしである。

関西趣味を発揮して当時地方唯一の有力な文学雑誌であつたものは、実に此『よしあし草』である。かく言へばいかにも堂々たる大雑誌の如く思はるゝならんも、事実は僅々四五十頁の頗る地味な雑誌である。即ち体裁の蕪雑なこと、編輯の拙劣なことは、どう贔負目に見ても今日の地方雑誌中の普通のものにも及ばぬほどである。然しその内容を検するに当りては、さすがに一脈の生気躍動し、活気を以て優つたことは後年東都文壇に盛名を馳せた、有力なる文士詩人の揺籃たりし貫禄を示して余りがある。即ちその当時、同誌上に専ら関係した文士や詩人の中には、小林天眠、中村春雨、高須梅渓、河井酔茗、西村酔夢、溝口彩霞（後ち白羊）などがある。之等の才人が当年郷土文学の為めに少壮気鋭の筆陣を張つて、縦横に駆馳した面影を偲べば、蓋し思ひ半ばに過ぐるものがあるであらう。

吾々は今日つくぐ〳〵思ふ、此誌が之等の才人を早くも江湖に紹介し、遂に今日の如き盛名ある大家たるに至らしめた、其経歴と効果を称へてやまないものである。即ち雑誌『よしあし草』は多くの名ある関西出身の文士や詩人を生みたる母体雑誌であり、恰も東都に於ける硯友社一派の揺籃雑誌『我楽多文庫』に比すべきものであるからだ。大阪は当時既に『大阪朝日』『大阪毎日』の二新聞があつて、文学の方面にも多少の紙面を割愛したけれども、雑誌として専ら文藝の隆興に力を尽したものは実に『よしあし草』を以て第一指に屈せざるべからざるが故である。其他大和より越智南陽等が『古都の華』なる雑誌を出し、堀口猶存、谷村伴鶴等これに拠りて大に気を吐いたことも特筆すべきものである、之れを要するに呱々の声を挙げしにも等しい明治三十年の地方文壇は、唯一の『よしあし草』によつて僅かに気を吐いたものである。これ時勢が未だ地方文壇に幸ひせざるものであつたから、他に多く求むるを得ないものである。

この再版本が出る直前ぐらいからの気運であろうか。石山徹郎が「大阪と明治文藝」〈昭和10年〉を発表して、大阪文藝雑誌研究の先鞭をつけた。その後は明石利代『関西文壇の形成』〈50年〉、浦西和彦〈別項〉、増田周子等が研究を続けている。また旭晃の本文に戻ろう。

新たに一新勢として現れたのは名古屋の『文壇』である。主幹の奥田南陽は、少年雑誌として有名な『少国民』の編集方式に着眼し、その呼吸を以て巧みに少年の心理を捉え、僅か一二年にして数千部を発行するに至り、印刷を当時日本一と称された東京の秀英舎に托す勢いであった。『文壇』の発行が五箇年続き、かの『新声』や『文庫』と兄弟雑誌と目されたという。有力な寄稿家としては、のちに名を知られる加藤咄堂があり、また古田耕雲が漢学の素養を以て鳴った。

青年文士として名のあった者に、下総の木内晩翠、常陸の大竹東興、相模の小菅不酔、武蔵の河野紫雲、千葉の伊藤明斎などがある。

地方雑誌の出色は、常陸の『青年詞壇』〈大塚東海主筆〉および『新文学』〈福谷南藻主幹、松原独醒主筆〉である。『青年詞壇』はのち『鳳翔』と改題した。『新文学』は当時『よしあし草』に次ぐ有力な雑誌となり、主筆の松原独醒は其の当時東都の青年雑誌界に健筆の聞え高く、地方文壇の花形として、最も評論に長じ、隠然たる関西論壇の重鎮であったという。

旭晃は石川啄木に四歳年長である。その見るところ非常に尊大ぶった男で、旭晃の『山鳩』に寄稿を乞うた時には甚だ鼻息が荒く、掲載条件（破格的優遇）が難しかったので、当時地方文壇に在って独自の見解から昂然としていた旭晃は、一種の反感や負け嫌いから、啄木に寄稿を乞うことを断念し、文通もそれ限りであった。二十歳にして独力『小天地』を発行し、自作の長詩のみ四号活字で九頁占拠は、あまりにも無遠慮なやり方で、当時多くの先輩や友人をして甚だしく不快の感を抱かしめても、本人は一向に平気であったらしい。

嘉部嘉隆

卒業論文〈昭和34年〉に「森鷗外論―歴史小説と史伝―」を提出して以来二十年の研鑽を蒐録した嘉部嘉隆の『森鷗外 初期文藝評論の理論と方法』〈55年〉は、一貫して書誌学的方法を駆使してめざましい成果を挙げた。その一例としてまず冒頭の「〈小説論〉改稿の意図と方法」を見よう。この鷗外論文を重視し称揚した、小堀桂一郎および神田孝夫は、「小説論」という題名の下に、

(Cfr. Rudolph von Gottschall, Studien)

という但し書きがついていることの意味を見落している。此処でわざわざゴットシャルの名前を持ち出すのは、己れに権威を付与するための狙いであろう。論旨に必要なかった証拠に、ゴットシャルの名は本文中に言及されず、末尾にお添え物のように顔を出すのみという点からも察せられる。鷗外はのちに「エミル、ゾラが没理想」を書くが、恐らくゾラの作品そのものを読まず、ゴットシャルが議論のなかで、ゾラの作品の梗概を記しているのに拠ったのであろう。それより問題の「小説論」の転々が興味を惹く。

「小説論」のお役目は一度で済まない。今度は「医にして小説を論ず」と改題し、到るところ文章を変更し順序も置き換え、『しがらみ草紙』に転載した。しかるに敢て初出の時と同じ内容であると

見せかけるため、明治二十五年一月に転載している文章に、二十二年一月との日付を付記し、自分はかくも早くより我が説を主張し来たったのであるぞと見せつけた。勿論この時は題名の下に付いていたゴットシャル云々が消え失せている。

三度目のお勤めとして「小説論」は「医学の説より出でたる小説論」と再び改題して評論集『つきくさ』に収録される。二回目の『しがらみ草紙』では、ゾラ論の付録という扱いであったが、『つきくさ』では独立論文に出世した。ただし三回目でもまた大幅に手が入っている。はじめは医であることを押し出していたのが、のちにはそれを消してゆく。当初の鷗外は無名であるから医であることを通行証明に利用したが、のちには文壇の権威として、医という保証が無用となったのである。

以下、嘉部嘉隆の論文十三章、悉く厳密な文献吟味の上に立つ新見多く、殊に巻末の「諸家の鷗外論に対するいささかの疑念」三章は、秋霜烈日、快刀乱麻、批判的研究史の範例となっている。

鷗外研究に没頭すること三十年、満を持している嘉部嘉隆の決定打が、『森鷗外『舞姫』諸本研究と校本』として完成した。日本近代文学界に於て校本が作成された嚆矢である。池田亀鑑が源氏物語の校本を作成し、以来、兎角の難癖をつけられはしても、結局は誰もが池田校本に頼らざるをえない如く、嘉部校本に望蜀の声が聞えぬでもないが、誰ひとり替って新方式を出した者がないのである以上、確実に貴重な貢献であることに間違いない。厳密詳細な書誌学の成果を、助力者の檀原みすずと併せて、大いに多とすべきであろう。

「舞姫」の諸本は十八を数える。そのすべてを綿密に検討したうえ、『縮刷水沫集《みなわ》』〈大正5年8月13日・春陽堂〉を以て底本に定めた。鷗外生存中の最終版である。現行『鷗外全集』は『塵泥』本文を採っているが、佐藤春夫がその説明に当っているような次第で、つまりは素人がざっと調べた印象に基づくらしく、岩波書店も独自の校定に努めなかったらしい。嘉部嘉隆によれば、『縮刷水沫集』は『改訂水沫集』との異同が八十五箇所に及ぶ。また初出系本文、水沫集系本文、塵泥系本文等と比較して、『縮刷水沫集』で手直しされたところが少なくとも五十二箇所ある。鷗外は『縮刷水沫集』に殊のほか力を入れたのである。

こうして本文の検討研究篇約百十頁、校本約六十頁、それに多くの資料を加えて完成に達した。近代書誌学の大きな里程標である。

しかし校本の底本に何を選ぶかは容易に定め難い。例えば一方にこういう考え方もある。初出から数年後に為されるホヤホヤの時期に於ける改訂と、二十年も三十年も経ってから、言うなれば作者が枯れてからの改訂とを、同列に評価することの問題である。なるほど原理的にはまことに緻密な考察であるが、それでは両者の価値を較べる基準は何か、つまりは研究者の感受性という主観に拠るしかないであろう。謂わゆる文学研究に於てなら、鋭い感覚の閃めきも自己主張できるであろう。しかし書誌学は数学と同じく誰が試算しても同じ結果の出る客観性を基盤とするのである。

川島五三郎

村上浜吉が明治文学の完璧に近い蒐集を為し遂げたので、それを川島五三郎が入念な書誌に仕立てたのが『明治文学書目』〈昭和12年4月20日・村上文庫〉である。刊行以後、斯界の決定版として定本として尊重されている。作品目録の書誌として、これ以上の完成度を示した例は見出し難い。内容の究極的な豊富さに較べて、造本は堅牢を目途として地味である。菊判厚紙表紙紺色背金文字白無地紙カバー付函入、通し頁は打たない、厚さ四糎、質素にして且つ堂々としている。

これよりさき川島五三郎は『叢書全集書目』全五輯〈昭和11年10月25日完結・東京古書籍組合〉を完成した。明治大正から昭和十年に至る殆どの全集叢書講座文庫大系大観全書講義講話ならびに刊行会刊行書の、原則として各巻の目次あるいは収録作品名を掲出する。『日本思想闘争史料』に至っては、内容注記が七行に及び、『大思想エンサイクロペヂア』全二十一巻も主要論文を細かく書き出している。

その採録の広範なること他の諸版すべてが及ぶところに非ず、念のためその一例を引く。

綜合ヂャーナリズム講座　全十二巻　内外社発行

各篇別合本（普及版）全七巻と分冊全十二巻の二種
定価　合本＝新聞編上中　二・五〇　他　二・〇〇（昭六・一三）
左は合本分の内容・十二巻には各篇分載
Jはヂャーナリズムの略、全項にヂャーナリズムの全字を挿入するは余りに多き行を要すに付頁経済の為に略す。

第一巻　**総論篇**

日本ヂャーナリズムの現勢（杉村楚人冠）ブルヂョア・J（長谷川如是閑）近代思想とJ（千葉亀雄）輿論とJ（喜多壮一郎）政治とJ（馬場恒吾）経済とJ（下田将美）文学とJ（平林初之輔）女性とJ（長谷川時雨）J心理学（杉山栄）J道徳学（井上吉次郎）J感覚論（小澤正元）Jとセンセーショナリズム（室伏高信）ソヴエト・J（大竹博吉）Jと輿論の構成（杉山栄）Jと検閲制度（石川六郎）出版法規概論（榛村専一）日本図書雑誌発達史（尾佐竹猛）日本印刷史（君島潔）広告とJ（瀬木博尚）

第二巻　三巻　四巻　**新聞篇**　上中下巻全三冊

総論篇　現代日本新聞の趨勢（千葉亀雄）世界主要新聞大観（高田元三郎）現代新聞論（緒方竹虎）新聞合理化論（太田正孝）新聞トラスト論（永代静雄）新聞功罪論（筑紫今朝彦）新聞の社会性（松内則信）新聞と社会倫理（下村宏）外交と新聞及新聞人（米田実）軍事外交と新聞（伊藤正徳）議会政治と新聞（野村秀雄）地方自治体と新聞（江口渙）ブルジョア支配の新聞産業（鈴木茂三郎）プロレタリアと新聞（川口浩）新聞と婦人（安成二郎）Jと科学（西村真琴）Jストの生活及労働条件（西島芳二）特派員の任務と活動（北野吉内）新聞紙法概説（山根真次郎）世界の通信網（岩永裕吉）日本通信網の組織（上田碩三）世界新聞発達史（小野秀雄）日本新聞発達史（同）日本プロレタリア新聞発達史〔前期〕（小野正元）　同〔後期〕（関根悦郎）英国新聞史論（上野精一）アメリカ新聞論（北野吉内）ドイツ新聞論（鈴木東民）フランス新聞論（渡辺伸一郎）ソ

ヴィエト新聞概観（黒田乙吉）支那新聞論（中山優）＝東西大新聞論＝大阪朝日新聞論（河野密）東京朝日新聞論（新居格）大阪毎日新聞論（阪本勝）東京日日新聞論（山浦貫一）時事新報論（渋谷作助）報知新聞論（御手洗辰雄）国民新聞論（山根真次郎）読売新聞論（青野季吉）都新聞論（松崎天民）東京毎夕新聞論（早坂二郎）地方新聞論（杉山栄）全国新聞総展観＝樺太・北海道・東北・関東・中信越（小島将平）東海（山脇宣光）山陽・四国（北野謙）九州（双田朗）台湾（青木茂）朝鮮（古志弁朗）満州（砂田史郎）日本二大通信社論＝日本電報通信社・新聞聯合社（小林五郎）特殊新聞論・商店新聞論（井関十二郎）学生新聞論（野沢隆一）宗教新聞論（真渓蒼空朗）

編輯篇　綜合編輯社（美土路昌一）新聞社説社（関口泰）＝組織と活動＝整理部（平川清風）政治部（阿部真之助）経済部（森田久）社会部（鈴木文史朗）外報部（町田梓楼）通信部（上田正二郎）学藝部（坂崎垣）調査部（村島帰之）計画部（成沢玲川）運動部（小高吉三郎）写真部（北尾鐐之助）誤読の研究＝校正部の活動（平野岑一）短評・其の他（釈瓢斎）婦人面の編輯に就て（平野摩天楼）新聞写真に就て（谷口徳次郎）読売ページと新刊紹介

なお全五輯の案内として『主要叢書便覧』〈13年2月20日・東京古書籍商組合〉が出ている。

この川島五三郎が編纂したのであるから、『明治文学書目』の完成度が謳われるのも当然であろう。表記の厳密に至らぬところなく、記録に誤りなしと信用されている。問題の書についてはまた細かく究明する。但し、後世、発禁未製本版には本文のあと広告頁が三枚乃至四枚ついており、その枚数が古書価を左右するとまでは思い及ばなかったであろう。

ふらんす物語 初版 新編 両書 相異表

初　版（明四二・三）　三五四頁

本文五号活字一行三十八字詰

十二行　附録も同一

四六判（未製本のまゝ発禁）

扉　明朝一号活字刷にて

ふらんす物語

その下に同四号にて

永井荷風著

扉裏面に左の文字あり

華盛頓府より帰りて直ちに桑港に去りたる我が親愛の従兄永井素川君に本書を献ず

永井荷風

序、目次、口絵

新　編（正四・一一）　三五四頁

本文五号活字一行三十三字詰

十一行　附録中（四七頁—三五四頁）は初版と同一字詰

（四六判紙洋）

扉　書体印刷（表紙字と同一字）にて　著者名は小文字

新編ふらんす物語

永井荷風著

扉裏面　白

上掲（初版の）の文字なく

口絵二葉

目　次

内　容＝＊は新編になき作

＊放　蕩（小説）（六八頁）

＊異郷の恋（脚本）三幕四場　＝一四三頁

ふらんす日記　（一四三頁—三六八頁）

除　夜

晩　餐

＊祭の夜がたり

蛇つかひ

ひとり旅

再　会

羅典街の一夜

＊モーパッサン石像を拝す

橡《とち》の落葉　（三二一—三六八頁）

橡の落葉の序（新編所載の橡の落葉と同一文）

墓　詣

内　容＝✡は初版になき作

除　夜

晩　餐

蛇つかひ

ひとり旅

再　会

羅典街の一夜

橡の落葉

墓　詣

休茶屋

裸美人

恋　人

夜半の舞踏（末項初版の一行削除）

美　味

巴里のわかれ

黄昏の地中海

休茶屋
＊午すぎ
裸美人
恋　人
舞　踏（夜半の舞踏）
美　味
＊舞　姫
かへり道（三六九頁—四四四頁）
巴里のわかれ
黄昏の地中海

附　録　（二七九—五五四頁）
✡をさめ髪
✡花ちる夜
✡薄　衣
西洋音楽最近の傾向（四四七頁より）
歌劇フォースト
　グノーの「フォースト」
　ベルリオの「フォーストの地獄落」

＊砂　漠
＊悪　感
附　録　（四四七—五五四頁）
西洋音楽最近の傾向
歌劇フォースト（新編と同文）
欧州歌劇の現状
欧米の音楽会及びオペラ劇場
仏蘭西観劇談

欧州歌劇談
欧米の音楽会及びオペラ劇場
　紐育につきて
　巴里につきて
仏蘭西観劇談
『新編ふらんす物語』は本著者の関知せざる出版にて当時物議を起せし書

さて、いささか詮索するならば、「著者別」の項が全員の号による五十音順に並べられている措置である。明治文士の号をすべて記憶している人はないのだから、有名でない人物の場合、いちいち索引で探さねばならぬ。それはまことに厄介であるから、川島がなぜ号にこだわったのか不可解である。また、村上文庫の蒐書では硬派の文士に重きを置かず、詩は新体詩に限って漢詩を加えない。そのような志向のせいか、内藤湖南では『満州写真帖』〈明治41年6月4日・私刊〉が欠け、西村天囚では『懐徳堂考』上下巻〈明治43～44年・私刊〉および『懐徳堂五種』〈44年10月5日・私刊〉が欠けている。ついでながら、坪内逍遙には『悪徳の研究』および『上古史』が、刊記はないけれども、前者は早稲田大学出版部蔵版、後者は東京専門学校蔵版と明記して、単行本のかたちをとっている。

『明治文学書目』の別刷として次の書目が出た。

『明治文学叢書及合集書目〈附〉雑誌年表』

『明治文学和歌新体詩書目集成』

『坪内先生著訳初版本目録』

また『明治文学書目』は文学の領域に限ると見えて、『近世日本国民史』を邪魔者扱いにしているところ、至ってかたくなであるように見受ける。

紀田順一郎

紀田順一郎は『内容見本にみる出版昭和史』〈平成4年5月10日・本の雑誌社〉の「あとがき」に、
　内容見本は予約出版が盛んになった明治後期にはじまり、
と、内容見本が発生した時期を特定している。しかし、この判断は完全に間違っている。その断定が誤謬である所以を明示しよう。
紀田順一郎の本は平成四年の刊行である。それよりおおよそ十年前、『三省堂ぶっくれっと』というPR誌に私は「明治期の内容見本」〈昭和57年2月20日、4月20日、6月20日〉を三回連載し、明治年間に出た内容見本をありったけ紹介した。この論文を照合すれば、紀田順一郎が何も知らずにハッタリを書いていること明白である。
想像しうる情景は三種ある。第一、紀田は内容見本について無知蒙昧のまま知ったかぶりした。第二、己れの主題《テーマ》に関する先行研究を謙虚に学ぶ精神がない。『ぶっくれっと』は広く流布しており、決して稀覯文献ではない。第三、谷沢論文を見るには見たが、先行文献に会釈するのは癪の種だからすっぱり黙殺した。この三方向のいずれかであろうと思う。
私はとりたてて憤慨しているわけではないけれども、しかし、一般に、書誌学者は紀田順一郎の真似をしてはいけないと思う。そこで紀田順一郎が如何に破廉恥であるか、書誌学界の溝鼠を晒し者にするため、以下に私の論文を掲載したいと思う。前略後略したが本文はすべて原文の通りである。

明治期の内容見本

私の手許にある最も早い内容見本としては、『史籍集覧仮目録』がある。『近藤瓶城翁伝』によれば明治十四年「この年の初より予約法を設け、出版趣意書を発表せらる」とあり、『仮目録』の本文一行目には、「史籍集覧四月ヨリ出版」と記されているので、明治十四年の一月から三月頃にかけての配布と知られる。『改訂史籍集覧総目解題』（明治36年）はよく見かけるし、既に復刻（昭和44年・すみや書房）もされているが、この『仮目録』について書かれた例は見当らず、或いは近代期内容見本の嚆矢に近いのではあるまいか。

『史籍集覧仮目録』は和紙袋綴じ、表紙裏表紙も共紙で計十四丁、縦一七・二糎、横一一・三糎。出版元は近藤活版所、発兌は慶応義塾出版社および丸善書舗。一丁ウから二丁ウまでは「印刷人近藤圭造白」の趣意書全三十三行、三丁オから十三丁ウまでは二段組み収録書目一覧、十四丁オは「体裁の見本」として、『豊臣記』巻第一「秀吉公素生」の冒頭、本文十九行を組見本として掲げる。推薦文と写真を欠くのを除けば、現行の内容見本の祖型が、既にこのときほぼ成立していた旨、感慨を以って知ることが出来るのである。

明治三十一年七月刊行開始の『萬葉集古義』（国書刊行会）の内容見本は、表紙に朱色で「萬葉集註釈の巨擘（改行）萬葉研究者は必ず備ふべきなり」及び「宮内省原本」と刷り、黒色で「萬葉集古義」と書名のみを掲げる。本文十六頁は「二巻之中」の刷見本だけ、表紙二と三に刊行の辞を記すだけである。

翌三十二年刊行『故実叢書』（吉川弘文館）の場合は、表紙に「故実叢書見本」と題し、刷見本は活字版二頁に加えて、縦四六・五糎、横四七・七糎の彩色木版を折込みで添え、内容説明二頁に解説目次五頁、そして内容見本が叢書の判型よりも大きい。以上二点とも内容見本に日付を欠く。

趣意書に明治三十五年三月と明記する『大日本史料大日本古文書出版趣意書及見本』（発売所をいろは順に、吉川半七・大日本図書株式会社・冨山房と並記）は、東京帝国大学文科大学史料編纂掛の名で「事業ノ沿革及ビ出版ノ趣意」三頁、活字組見本十頁に、正倉院御物「道鏡法師牒」のコロタイプ写真版三分の二縮尺を折込みとする。今までに確認し得た限りでは、内容見本の表紙に「見本」の語が用いられた最初である。

明治三十六年九月に始まる『賀茂真淵全集』（吉川弘文館）の場合も、内容見本の表紙には『賀茂真淵全集見本』と題する。刊行の辞一頁、内容一覧二頁、組見本八頁。この場合は内容見本が何とか冊子の体をなす為に、組見本の頁を多くしたのかも知れぬ。

一方、同じ出版社が翌三十七年二月付けで出した『白石全集出版予報』は、趣意書に「賀茂全集ノ刊行モ其成効殆ド近キニアラントス因テ之ニ継グニ先生ノ全集ヲ刊行シ」とある如く、一連の出版計画に基づくと見えるが、先に「見本」と題し今回は「予報」と謳うように、名称が未だ揺れていた現れかも知れぬ。刊行趣旨一頁に「新井白石先生著書目録」四頁、組見本を付加せず、真淵の場合に較べて半分以下の薄さである。

予約期限を明治三十九年六月とする『国史大辞典』（吉川弘文館）の内容見本も、表紙には『国史大辞典見本』と題し、また「予約方法」の欄に「見本進呈」の項目を設け、「見本御希望の御方は、弐銭切手御送り次第に進呈す」と明記されていて、無料配布ではない方針が伺えると同時に、この冊子を自覚的に「見本」と呼んでいた明証と見做し得る。この「見本」では内容説明を折込みとし、縦二五糎、横七九・三糎の一枚刷に纏めている。活字組見本十六頁の他に、木版で「国史大辞典挿絵見本」見開き二頁を加える。その右肩部分に短冊型の薄い紙片を貼り付け、赤色活字で「此ノ如キ類ノ絵ヲ辞書中ニ挿入スルコト凡五十余種（改行）此ノ見本ハ単ニ其一部分ヲ示スノミ（改行）実ニ挿絵ノ多キコトハ本書ノ特色ニテ我ガ辞書界ニ於テ此書ニ及ブモノナシ」と刷り込んでいる。恐らく見本の製作途次に、後から思いついて加えたのであろうか。

そして明治三十九年十月の日付け、『日本家庭百科事彙内容見本』（冨山房）及び『社会新辞典内容見本』（郁文舎）に至って、所見では始めて全く同時に「内容見本」という表題が表紙に登場する。そして偶然か否か辞典類である点が共通しており、あるいはそのあたりに内容見本と題する発想の契機があったのかも知れない。そして『社会新辞典』の場合は、「予約方法」の欄に

「見本進呈」の項を設け、「一百頁の見本調整しあり、御希望の方は郵券四銭御送り次第速に進呈す」と断っているが、その「見本」と称するのが即ちこの「内容見本」であるから、この場合に郁文舎は「内容見本」と「見本」とを同義に用いているのである。

『日本家庭百科事彙内容見本』には、芳賀矢一による意を尽くした「本書の由来」の縷述があり、それによると、第一に、「神宮司庁に古事類苑の編纂あり、経済雑誌社に社会事彙の出版あり」と雖も「本邦の事実をのみ採りて、海外諸国に及ばず」の点を憾みとする事、第二に、伯林「ユリウス・ベッケル出版のコンヴェルザシオンス・レキシコン・フラウ」を範とした事、及び編纂の経緯が知られ、また刊行者の坂本嘉治馬も「日本家庭百科事彙の後に書す」を草している。活字組見本の他に見開き二頁の石版挿画見本には薄紙を挿入する配慮を示し、本文は三十六頁を数える。但し架蔵の内容見本は翌四十年、「東京博覧会紀念《ママ》最終特売」の為の再発行分であるが、恐らく表紙一と二と四が新組み、その他は最初の紙型を使っているのではないかと思われる。

これに対して『社会新辞典内容見本』は本文九十六頁、表紙を加えると謳う如く確かに百頁に達するが、実はそのうち九十二頁までもが組見本である。従って厚さを計れば『社会新辞典』があるいは空前の記録かも知れぬが、内容見本としての充実と入念では、『日本家庭百科事彙』の方が遥かに優ると申さねばならぬ。

明治三十九年十一月には『大日本時代史予約発行要旨』（早稲田大学出版部）が出ていて、その趣意書部分は四頁に及び、予約方法を一回完納と二回分納と八回分納との三種に定める。そして「送金方法は振替貯金に依るを便とす」と「注意」の欄を設け、更に「振替貯金の説明」を付しているのが興味深い。

未だこの時期には振替システムが一般の理解を得ていなかった証左となろうか。その懇切な説明に曰く「振替貯金は、其名は貯金なりと雖も、実は軽便確実なる送金なり。読者が此方法により て払込まれたる金額は、直ちに当出版部の貯金に振替へられ、通信文（貯金用紙に記せる）は無料にて当部に送付せらるるなり。此方法によれば途中紛失の憂なく、又郵税為替料を要することなくして随意の金額を無料にて通信文と与に送付することを得るなり。読者の普く此方法を採らんことを望む」。しかしこのように強く訴えながらも、「此用紙は何れの郵便局にても無料にて渡すべし」と念を押しているのから察すれば、振替用紙を添付する手筈には、未だ思い至っていないようである。

ところが九年を経た大正四年五月以後刊行の増訂版の場合には、遂に振替用紙が綴じ込みではなく挿入されていて、また殊更な「振替貯金の説明」は姿を消しているので、此の間に一般の読書階層は、漸く振替送金に慣れたのであろうか。そして初刊の折は「予約発行要旨」と題していたのが、この度は『訂正増補大日本時代史（内容見本）』と表紙に謳っているので、同じくこの間のほぼ十年を閲して、内容見本の呼称が徐々に普及しつつあったのかも知れぬ。

また初刊の時は組見本が四頁に留まったのが、増訂版では二十頁に増加、そして内容見本の表紙には桜花の絵模様をあしらっていて、管見によれば絵模様表紙の最初である。

明治四十年二月二十五日を予約締切とする『〈新百家説林〉蜀山人全集見本（吉川弘文館）』は四十頁を数えるが、内容説明は折込み一枚のみで、蜀山人の紹介は三十一字詰十二行と些か素気ない。残りは総目録四頁と「春夏帖見本」木版袋綴三丁と、それに活字組見本二十八頁とのみである。そして予約申込書用の葉書が挿入されているが、郵税は勿論まだ申込者の負担である。

明治四十年十二月九日を特売期限とする『大日本地名辞書』（冨山房）内容見本は、『読書界』第一巻（毎月一回発行）と題し、ＰＲ雑誌形式による内容見本として管見の最初である。但しこの『読書界』という雑誌は斎藤昌三が『書物誌展望』で、「冨山房の『読書界』ほど不得要領の雑誌は珍しい。この号数に於て、その型状に於て、全く捉へ所がない」と匙を投げている程の紆余曲折を辿ったらしい。まず明治三十六年十月に第一巻が出ているらしく、しかも四十年一月一日にまた第一巻が現れたというので、もし斎藤昌三の記憶違い又は誤植でないとすれば、四十年の一月一日と十月十五日に、続けざまに第一巻が出たことになり、そして恐らく翌四十一年にまたまた創刊号が出て、大正昭和と続いたらしいが、『冨山房五十年』には記載を欠く。

なお、内容見本研究家の中津原睦三は、『出版内容見本書誌』一集二集〈昭和46年9月20日〜52年11月18日〉を刊行している。

木村毅

大正八年創立の改造社は、放漫経営が祟って大正末年には行き詰っていた。そこへいつも懐不如意の谷崎潤一郎が訪れ、自分の全作品を一冊一円のシリーズとして売らないかと持ちかけた。それを頭において、社長の山本実彦はあれこれ思案を重ねる。そうこうするうち東京堂が、『明治文学名著全集』〈大正15年3月12日〉を出しはじめた。但し定価は一円五十銭である。それを見た山本実彦は奇想天外な思いつきを得た。谷崎案からは一円本、東京堂刊からは明治文学、両者をかけあわせて、明治大正文学の一円本、という大賭博のアイデアである。改造社にとって起死回生の方法はこれしかない。

では、三十巻になるか五十巻になるか、全集に誰の何を収めるか決めなければならない。それには、『小説の創作と鑑賞』〈大正13年〉や『小説研究十六講』〈14年〉などで、文藝に関する博学宏識を以て鳴る木村毅がぴったりの適任であろう。なにしろ事は急ぐ。山本実彦の焦りを理解した木村毅は、たった一夜で次の三十八巻を編成したのである。

1巻　明治開化期　　2巻　逍遙
3巻　鷗外　　4巻　蘇峰
5巻　雪嶺　　6巻　紅葉

7巻　柳浪・眉山・緑雨
8巻　露伴
9巻　一葉・透谷
10巻　二葉亭・嵯峨の屋
11巻　子規
12巻　蘆花
13巻　樗牛・嘲風・臨風
14巻　鏡花
15巻　独歩
16巻　藤村
17巻　花袋
18巻　秋声
19巻　漱石
20巻　上田敏・厨川白村・阿部次郎
21巻　白鳥
22巻　荷風
23巻　岩野泡鳴・上司小剣・小川未明
24巻　谷崎
25巻　志賀
26巻　武者小路
27巻　有島武郎・有島生馬
28巻　島村抱月・生田長江・中沢臨川・片上伸・吉江喬松
29巻　里見弴・佐藤春夫
30巻　芥川
31巻　菊池
32巻　近松秋江・久米正雄
33巻　少年文学集
34巻　歴史・家庭小説集
35巻　現代戯曲名作集
36巻　紀行・随筆集
37巻　現代日本詩集・現代日本漢詩集
38巻　現代短歌集・現代俳句集

これが第一次募集に際しての予告である。のち売れ行きがよいので合計六十三巻に増やしたものの、そのとき加えられた作家たちは、要するに第一次で洩れた償いの補欠という印象を拭えなかった。

空前の廉価普及版に、どのような選ばれ方で処遇されるかによって、その作家の位置づけが否応なしに定められた。規定の前金一円を収めて予約した人は六十万を越したという。それだけの規模となればもはや国民的行事である。全集の編纂における軽重の判断が、そのままおのずから国民の常識となった。円本と呼ばれたこの『現代日本文学全集』は大量に古書店へ出回り、日常に親しみ深い存在となってゆく。明治大正の作家に位づけを与えたのは、ほかならぬ木村毅ひとりなのである。

私は名作集《アンソロジー》の編纂をも、書誌学の役割であると思う。その影響するところの広さたるや、個別検討や目録学の及ぶところではない。木村毅は独特の触角を以て、明治大正文壇の枠判官《すいはんがん》〈原語はarbiter《アルビテル》 elegantiarum《エレガンティアールム》。趣味の審判者、ペトロニウスの綽名として、タキトゥスが伝えた呼称。シェンキーヴィッチの『クォ・ヴァディス』の訳者木村毅はこの訳語をあてた〉となったのである。書誌学のうちでも最も華麗な業績ではあるまいか。

木村毅は書誌学を名乗ったことはないけれども、文学研究の方面では、書物への執着を以て一貫する。その主要著作は書誌学に属し、次のように多彩を極める。

『文藝六講』〈大正15年〉『文藝東西南北』〈15年、のち平凡社東洋文庫〉『明治文学展望』〈昭和3年〉『大衆文学とジャーナリズム』〈6年〉『現代ジャアナリズム研究』〈8年〉『西洋文学翻訳年表』〈8年〉『現代小説の創作と鑑賞』〈8年〉『大衆文学十六講』〈8年、のち中公文庫〉『明治文学を語る』〈9年〉『青燈随筆』〈10年〉『沙浜散策』〈11年〉『旅と読書と』〈11年〉『小説の創作と鑑賞』〈16年〉、以上が戦前の著作である。

「明治文学研究の三段階」〈9年12月『行動』〉には次の如く回想する。すなわち大震災の結果として稀書が沢山現れた。然るに照合すると今迄の明治文学史は誤っている。それから柳田泉と木村毅は、実証主義的研究へ進むことになった。根本からの遣り直しであり、そこに木村流の根拠ある興趣が加わってゆく。以上の如く木村毅は、本格的な明治文学研究の草分けなのである。

木村新

世に出て華やぐ栄進の峠を避け、ひとり己れの佳しとする風雅の道を愛したゆえに、我が生きゆく基本を消極と規定し、それに拠って宵曲と号した柴田泰助ではあるが、かえって酬われるところ少なからぬ晩年であった。

まず『日本古書通信』を主宰する八木福次郎が、菊半截判函入特製『宵曲本三部集』〈昭和63年〉を刊行し、奇しくもそれが遺著となった。続いて思いがけなくも〈宵曲の読者ならこの気持わかっていただけよう〉岩波文庫が、宵曲本を三冊も取り入れた。更に予期せぬ局面として、『柴田宵曲文集』八巻〈平成6年〉が刊行された。菊判布製函入各巻約六百頁、発行元小沢書店の志が胸に響く出版であった。そこへ加えて宵曲の知己と思われる木村新が、宵曲研究のため『根岸人《ねぎしびと》』一〜十全十一冊〈四のみ正続二冊。刊記なし〉を然るべき方面に頒布した。四六判各百頁前後の小冊子であるが、宵曲の日記で残された部分を丹念に解読し、通してほぼ欠落のない柴田宵曲伝となっている。宵曲の如く目に立つところへ出なかった文藝愛好家のそれでもやはり起伏のあった生涯を、木村新は一幅の文人画たりうる興趣を以て描きあげて、類い稀な書誌学的伝記考証としている。

宵曲が最も敬愛する寒川鼠骨の門をはじめて潜ったのは大正七年六月二十一日、二十二歳、それから昭和二十九年鼠骨逝去の日まで、鼠骨を導師として正岡子規に開眼する過程であった。当初は『五元集』の輪講を筆記するのが仕事であったが、のちには輪講を記録する名手として、主に政教社が仕事場となった。その間『ホトトギス』に入社し退社している。またARS版『子規全集』の編纂に精魂こめて没頭していた。

大正十五年二月十四日、中野打越の三田村鳶魚邸にて、江戸研究の輪講第一回が催された。それを発表する雑誌の名は、林若樹の命名で『彗星』と決まったが、実際に発行された創刊号には、書肆の希望により、江戸生活研究、の六字が加えられていた。輪講会場は終始三田村翁の許で行われる。会員は定刻よりおもむろに集り、古今東西の放談雑話を楽しむ。昭和二年六月以後、例集の外に別集を催して、こちらの方は専ら西鶴輪講に充てた。しかし出版社は転々とするので途中で切り上げたりする〈『東海道中膝栗毛輪講』上下・昭和元年刊行が最初か〉。

宵曲の筆記は独特であった。輪講筆記の場合でも談話筆記の場合でも、話を聞きながら、鉛筆で心覚えを控えておき、あとで清書するのである。稀代の記憶力・把握力の持主であったから、その筆記は、簡潔であり、しかも面目を躍如として把えた。いわゆる速記とは違うのである。したがって、森田草平が筆記した漱石の談話を、宵曲は、殆ど語調を伝えず、と評した。語調を伝えない筆記は、宵曲から見れば、筆記の名に値しないのである。三田村鳶魚は、宵曲の筆記でなければ気に入らなかった。

輪講の情景を森銑三はこう語る。十人くらいお歴々が集まって開くんです。それを柴田さんが筆記されたんですが、柴田さんなんか無視してしまって勝手なことを云い出すんです。話がこんがらがったり、洒落だか警句が入ったりするんですが、それを平気で柴田さんは筆記する。あの手腕には感心しましたね。それがあとで原稿になって廻ってくる、大きな四百字詰の原稿用紙だったと思いますが、それに大きなゆったりした読み易い字で、それが文章に出来上がっている。仮名遣い一つ間違っていない。これは大変な人がいるものだという印象を受けました、云云。その実例を、三田村鳶魚編『輪講双書』七冊〈昭和37年〉で窺い得よう。

昭和三年十二月七日、宵曲は、篠原温亭の長女小枝子と結婚した。月下氷人は島田青峰である。この島田青峰と宵曲との関係がもうひとつはっきりしない。昭和五年に『俳句読本』という本が出ている。宵曲が俳誌『土上』に約四年連載した「土上講座 縦に見た俳句」をまとめたものである。そして著者名は島田青峰となっている。昭和十年、『子規・紅葉・緑雨』が出た。宵曲の研究論稿を一冊にまとめて島田青峰の名で出版された。最高傑作であると思うゆえにあとへまわしたが、昭和九年、『芭蕉名句評釈』が島田青峰の名で出ている。芭蕉俳句の評釈は同時代に沢山あるから、例えば潁原退蔵とでもよいが、比較検討するのもなかなかの楽しみであろう。この『評釈』が宵曲の著書であることははっきりしているのだから、まず復刻されるのを期待する。

久保覚

『花田清輝全集』〈昭和52年9月16日～55年3月28日・講談社〉は十五巻別巻二冊を以て成る。各巻巻末の「解題・校訂」はそれぞれ三十頁前後を費して詳細を極め、これに及ぶ丹念な作業は他に見出し難い、その校訂方針を明示する。校異原則の箇条書きだけで約六十行に及ぶ。もちろんはじめて見る新機軸であり新記録である。

通常毎巻の添付資料に於てすら空前の工夫が凝らされているのであるから、別巻Ⅱの書誌に至っては、約五百頁をそれに充て、考え得る限りの要綱を悉く網羅し、驚倒すべき完璧度に達している。個人書誌の到り着く限りを極めた久保覚は、書誌学の鬼として屹立している。

まず「年譜」からして破天荒の筆致が用いられる。十六歳、ヴァン・ダイン『僧正殺人事件』とチェスタートンの『青い十字架』を特に好み、チェスタートンはのちにその全著作を読破したとあるのは通常ながら、「後年柳田国男を訪れたさい、『新青年』のチェスタートンの翻訳につけられていた松野一夫の描いたブラウン神父像を連想している」とまで書き込まれては、私のような物好きは手を打って喜ぶけれども、思わずいやはやと言いたくもなるであろう。以下この種の間奏曲は省略する。十七歳、西田幾多郎の『自覚に於ける直観と反省』の全文を暗記。スティヴンスンの『宝島』の甘美さに酔う。以下は飛ばして一項だけ引く。四十五歳、未来社刊『アヴァンギャルド藝術』のカバーに「著者近影」として、アメリカの俳優ヴィクター・マーチュアの写真を入れようとしたが、この計画は出版社が実行せず結局実現しなかった。敢て注記すると、ヴィクター・マーチュアはジョン・フォードの「荒野の決闘」でドク・ホリディに扮し、逞しくしかもニヒルな世捨て人を演じた。容貌が花田清輝にそっくりである。

次は「著作年譜」、9ポ活字一段組み行間9ポアキの割り付けはこれまた異例であろう。十八歳「樹下石上」から歿後六年の全集完結まで八十余頁を占める。このあと「書誌」が用意されているにも拘らず、エッセイ群の間に著書を混在させて、著作活動の流れを示そうとしている。

「書誌」は刊行様式に従い六種に分類する。単行本では、書誌の事項を明記してのち、一冊ごと内容目次のすべてを掲げた。『復興期の精神』〈昭和21年10月5日・我観社〉の刊記については、第三巻の解題に、我観社は『真善美』最終号〈21年11月12月合併号〉の刊行の時点で真善美社に社名変更したと記し、第一巻の解題では、『復興期の精神』の初版は我観社、第二版以後は真善美社、と注記している。別巻Ⅱの書誌に記す如く、この本は12ポ一段組なので、文藝評論としては異例の版面《はんづら》は、小林秀雄の『文藝評論』〈昭和6年7月10日・白水社〉を意識して模倣した結果ではないかと私は推定するが如何であろうか。さらに上演・放送記録、インタビュー目録、対談・座談年譜、研究文献目録と並び、此処までは世間普通の書誌の手法として珍しくない。ただ例によって草の根分けてもと言わんばかりに詳しいのを特色とする。「大波小波」のような匿名記事も拾っていること当然至極である。書誌と別に手厚く記録されている「資料」となれば、編者の執念が否応なく伝わってくる。花田清輝は文化藝術運動を企画し提唱し率先して人を集めることが特別に好きだったから、「文化再出発の会」とか「夜の会」とか、起草した趣意書やアピールも多く、なかには共産党の「全党に訴える」、などと、効果はないのだからおやめなさいよ、と言いたくもなる勇ましいのが混じっている。

嘗てプロレタリア文学運動に挺身した人びとは、作品に力を入れる余裕なく沈んでゆき、逆に決してバタバタ動きまわらず執筆に専念した中野重治は全集二十九巻を残した。それと比較するとき花田清輝は、さまざまな運動にいつも熱心でありながら、全集十七巻を残したのであるから、文化運動家として花も実もある積極人であったと言えよう。

それゆえ「付録」には、花田が編集に関与した各種雑誌の当該期間を選り出して、その目次すべてを並べている。花田が担当していた限り省略なしの全面記録である。『東大陸』〈昭和14年6月〜15年10月〉に至っては、「編集後記」の全文を写した。また、「我観社・真善美社刊行目録」も加わる。更に『綜合文化』全十九号目次は、戦後文学史の重要資料である。

久保覚は「解題」で「著者の全生涯における文筆活動を、ほとんどくまなく汲みつくした」と言う。その意図を完全に実現した、個人書誌の最高峰が見事に提示されたのである。

久保忠夫

『三十五のことばに関する七つの章』〈平成4年〉に於ては、日本の言葉を正しく理解するために、久保忠夫が博学宏識を以て、書誌学的探究の方式を実地に数多く示した。『萩原朔太郎論』上下〈平成元年〉『室生犀星研究』〈2年〉等支えた根深い基礎学力の重厚な発揮である。

島崎藤村の詩「婚姻の歌」〈『夏草』〉は、「これを思へばよろこびの／祝の酒に酔ひくだけ／胸のたのしみつきがたく／このさかもりの歌となる／玉山《ぎょくざん》ながく倒れては／おぼつかなくも手をうちて／高砂《たかさご》の歌おもしろき／このむしろこそめでたけれ」と歌いおさめる。伊藤信吉〈『日本の詩歌』1『島崎藤村』昭和42年〉は史上空前の珍釈を施し、「姿の清らかな人（花嫁）の祝酒に悩む状態」と訳した。婚礼の席〈当時は夜〉で花嫁が酔払って手拍子打って遂に横たわって騒ぐのが詩になるか。しかし伊藤信吉は文庫になっても改めず、花嫁泥酔説で突っ張り通した。人間、意地になると錯乱するものか。

問題は玉山倒または玉山頽の意味である。『日本国語大辞典』第二版は、『菅家文草』はじめ多くの用例を挙げて最後に『世説新語』を引いている。伊藤信吉が第一版から引用している「容姿の清らかな人が酒に酔いつぶれることのたとえ」という解釈は、この久保論文によって誤りと悟ったか消去している。『菅家文草』巻四〈二九九〉「水辺試飲」に、「傾きて聴く傍の人の相漫語するを／瑠璃の水の畔《ほとり》に玉山頽《くず》る」とあるだけでも読みとれるように、それに先立つ詩句を辿るに、「玉山頽」は、余人を評するのではなく、作者菅原道真の自称であること明白である。ゆえに自らを指して「容姿の清らかな人」と形容する筈がない。

　李白の「襄陽歌」に「玉山自《から》倒《れて》非《ず》二人《の》推《すに》一」の句があり、久保天随〈『続国訳漢文大成』文学1〉は、詩意を説いて言う。「天地の佳景に対して、あくまで痛飲し、玉山の倒れるまで酔ひ潰れるが勢い」と。また余論に「玉山自倒非二人推一は、非常に面白い句であつて、これより前に、かつて道破されたことは無かつた。玉山倒るといふことは、世説に見えて、酒に酔つた時の形容であるが、それを自倒として、下に非二人推一の三字を入れたので、非常に新警に聞える」と要所を説いて、先人の評語を時代順に紹介している。いずれにせよ容姿とは無関係である。

　しかるに久保忠夫の渉猟するところ、服部宇之吉・小柳司気太『詳解漢和大辞典』〈大正5年〉が、「容姿のすぐれた人が甚だしく酒に酔ふたさまを形容する語」と捩じ曲げたのが事の始まりであるらしい。ただ金沢庄三郎『辞林』〈明治40年〉が、玉山、の項目を立て、「人品の皎潔なるをたとへいふ語。〈――まさに頽れんとす〉」と解しているのなどが前兆であろうか。『広辞林』になっても、出典は世説と注するのみで解釈は変らない。とにかく一世を挙げてどの辞書も容貌か高潔かに深くこだわり、連綿として今日に到る。長沢規矩也は『大明解漢和辞典』〈昭和35年〉および『明解漢和辞典』〈34年〉では玉山の項目を立てず、『携帯新漢辞典』〈44年〉および『三省堂漢和辞典』〈46年〉では、玉山、は(1)酔った人(2)美しい人、の二義ありとして揺れている。

さて、漢民族の逸話好き挿話好きは、骨身に滲みて長い伝統を形成している。そのうちの優なる佳作が『世説新語』〈四庫全書では三巻三十八門〉で、後漢から東晋に至る嘉言や佳話を、六朝末の劉義慶が撰した。日本には早く伝わっている。今は王世貞による『世説新語補』が行われて注釈もある。

その第十四の標題が、容止、であることから混乱がはじまった。確かに『新語』の各章には、方正、雅量、巧藝、倹嗇、とかいう風に登場人物が或る共通点で結ばれるよう配慮してあるものの、それはおおよその建前であって、厳密に資格検査をした結果ではない。容止篇の劈頭からして物騒な話も点綴する。その第四番五番目の詩の結びに玉山が出て来る。

4時人目《もく》すらく、夏侯太初は朗朗として日月の懐に入るが如し。李安国は頽唐として玉山の将に崩れんとするが如し。

夏侯太初は朗朗としているが、特に美男という程ではない。

5嵆康《けいこう》は〈中略〉風姿特に秀つ。〈中略〉山公〈山濤〉曰く、嵆叔夜の人と為りや、巌巌として孤松の独立するが如し。其の酔ふや傀俄として玉山の将に崩れんとするが如し、と。

嵆康は蕭《しょう》蕭《しょう》粛《しゅく》粛《しゅく》たり爽朗清挙なり、と評判されたのであって、容貌を以て人の気を惹く型《タイプ》ではなかった。故に玉山と容止は関係ない。

久保忠夫は言葉に籠められた想念を把握する手筈を通じて、文学による人間学の道を歩む。

紅野敏郎

紅野敏郎の著書は甚だ多いが、早い時期の産物に『本の散歩　文学史の森』〈昭和54年1月22日・冬樹社〉がある。なにしろ目次を一覧しただけで、八十種の材料が料理されており、明治大正昭和の個性的な傑物たちが、各方面から照明を当てられているのだから、興味をそそられることひとしおである。紅野敏郎の守備範囲の広いこと比類なく、珍品を探り出してはその要《かなめ》を適切に語り明かすのである。

稲垣達郎の『角鹿《つぬが》の蟹』〈昭和47年1月15日私刊〉に「文藝家の心と研究者の魂」を見出す炯眼に同感できたのは、稲垣の初期評論集『作家の肖像』〈昭和16年5月10日・大観堂〉に好感を得ていたからである。田中貢太郎の『桂月先生従遊記』〈大正4年7月3日・二松堂書店〉から紅野敏郎が幾つかの資料《データ》を拾い出しているのを見ると、同じく貢太郎の『文豪大町桂月』〈大正15年2月23日・青山書院〉や『貢太郎見聞録』〈大正15年12月17日・大阪毎日新聞社〉を拾い読みしたくなるというものだ。

杉山平助〈氷川烈〉の『春風を斬る』に人物論の切れ味を見た紅野敏郎は、杉山が「社会時評、出版時評などになると、もうひとつ冴えてこない」と惜しんでいるが、『氷河のあくび』〈昭和9年12月18日・日本評論社〉に収める「転向作家論」「転向の流行について」などは、情理兼ね備えた達文ではなかろうか。

大宅壮一の代表作として紅野敏郎は『文学的戦術論』および『モダン層とモダン相』を挙げ、大宅の「時代のアンテナにぴりぴりひっかかるような雑文の集積」を特色と見て、そのほか多くの大宅自家製語彙は、結局「さほどの新鮮さが出てこない」と貶価している。しかしそれは大宅の最高傑作『ヂャーナリズム講話』〈昭和10年3月5日・白揚社〉を読んでいないところから生まれた評論ではないか。大宅壮一は昭和八年三月から九年三月まで、偶像破壊雑誌『人物評論』を刊行した。この前後が大宅壮一の最も輝いていた時代であったと思う。その雑誌から自信作を選りぬいたのが『講話』であるのだから、この一巻は明治以後超一流の批判精神に満ちている。「知ってしまうと、さほどの新鮮さが出てこない」という評語は、戦後の大宅にはぴったり適中するけれども、昭和十年前後の大宅にはもっと凄味があったのである。

紅野敏郎は、散佚して何処にも蔵されていない文藝雑誌を、あたかも魔術の如く発掘し、その一冊一冊を細心の注意で点検し、その成果をわかりやすく解説するのを特技とする。『リトルマガジンを読む』〈昭和57年5月13日・名著刊行会〉『昭和文学の水脈』〈昭和58年1月25日・講談社〉『増補新編文学史の園』〈昭和59年9月30日・青英舎〉『雑誌探索』〈平成4年11月10日・朝日書林〉『文藝誌譚』〈平成12年1月21日・雄松堂出版〉、ざっと見渡しただけでも量的に圧倒されるし、紅野敏郎によって俊敏にも掘り出され、後世に伝わる幸いを得た雑誌がどれだけあるか測り知れない。紅野敏郎はこれぞ文学研究の正統であると、気概を以て躍進している筈であるが、私は敢て別の側面から、その仕事を書誌学でもあると評価したい。埋もれている資料に目をつけて世に引き出すのは、昔も今も疑いなく学問的業績である。すなわち意義ある役に立つ発掘書誌学である。

紅野敏郎は『日本近代文学大事典』全六巻の編集長であり、『読売新聞文藝欄細目』『文章世界総目次』その他数えきれぬ編集に携ってきた。その厖大な業績に深甚なる敬意を表しつつ敢て望蜀の言を弄しよう。

雑誌研究の眼目は、たとえ一冊きりの端本でも、その特色その存在理由を、できるだけ重く測ろうとする姿勢である。その方向に徹底するのが妥当であろう。しかし紅野敏郎は同時にまた一般の文学書をも扱う。そのとき自然に雑誌探究家の癖が出て、当該作品を実質以上に評価する傾きがないであろうか。極言すれば紅野敏郎は如何なる創作にも高い値をつけ、欠点を批判したくないのだ。それが何よりの証拠には、彼は当該作品に対する批評を決して引用しない。批評はケチをつけ皮肉り罵り貶しめるから、批評に触れるのが嫌なのであるらしい。

しかし誰をも彼をも褒めてばかりでは、その人の批評眼は誰からも信用されないであろう。

そして孤立した雑誌は一号だけでも検討できるが、作家や作品の特徴を査定するには、相手が創作家として如何なる道を歩んできたか、その行程に照らして評価する方が、批評に膨らみを生じ奥行きが出来るであろう。更に同時代の空気と傾向を感じ取って参考にせねばならぬ。或る作品を単独の存在として論じては、作品の生命力が把握できないであろう。

国立国会図書館

国立国会図書館は曩《さき》に『明治・大正・昭和翻訳文学目録』〈昭和34年〉を刊行して便宜を与えてくれた。ただし『クォ・ヴァディス』を例にとると、松本雪舟訳〈明治40年、縮刷大正4年〉、大町桂月訳〈大正9年9版〉、坂井律訳〈大正13年〉、西牧保雄訳〈大正15年〉、大木惇夫訳〈昭和29年〉、五十嵐仁訳〈33年〉、を採録せず、あとは目録以後になるが、梅田良忠訳〈34年〉、吉川昭三訳〈55年〉という流れもあるので、折角ながらすべて信用してかかる訳にはゆかぬ。殊にポール・ヴァレリーの場合は限定版が多いので厄介である。

その後、国立国会図書館は、館所蔵『明治期刊行図書目録』〈昭和46年〜51年〉本文五巻および書名索引一巻ならびに『新聞目録』一巻を刊行した。むかし高市慶雄の出した『明治文献目録』〈昭和7年〉は現物に当っていないと悪評を得たが、このたびは館所蔵であるから安心出来る。その意味で有難い仕事であるが、忌憚なく言えば望蜀の念なきにしも非ずである。

このように範囲の広い厖大な目録ともなれば、綿密なるべき調査を生かすも殺すも、すべてはかかって索引の整備にある。それが書名索引一本槍では些か心許ない。もちろん著者名が注記してあるので、同一書名の異本に迷うことはないにしても、せめてもう少し細かく分類して、探求書へ早く到達できるようにして欲しかった。たとえば鳥谷部春汀の『明治人物評論』〈明治31年〉はすぐ見つかるが、『続明治人物評論』〈33年〉は、全く別なソクの項を開いても、結局見当らぬので、蔵されていないのだなと観念する。春汀では『時代人物月旦』〈38年〉と『春汀文集』〈41年〉とがなくて『春汀全集』三巻〈42年〉がある。以上を調べるのに索引のあっちを開きこっちを繰りしてさまよわなければならぬ。そのような無駄を避けるには、索引に、人物評論、という項目を設けて、木村毅が『明治文学全集92 明治人物論集』〈昭和45年〉で選り出した代表者たち、春汀、鵜崎鷺城、横山健堂、池辺三山、石川半山、山本亀城、それに私としては前田蓮山を加えたく、そして館の所蔵する稀覯書である植松考昭の『明治史伝』を移し来たれば、明治人物評論のコーナーが成るというものである。

驚いて何とも不審なのは、『群書類従』正編、『史籍集覧』、『日本歌学全書』等の叢書類がわざとばらばらに散らしてあることで、この暴挙には呆れて評するに言葉もない。このように乱暴な解体を平気で始めたのは、恐らく京都大学人文科学研究所が戦後に出した漢籍目録であろう。国会図書館は前後の弁えもなく、その猿真似をしているのだ。支那と日本とでは事情が根本的に異なる。禹域《ういき》に行われる編刊作業たるや、『四庫全書』の十七万冊強は別格としても、『事実類苑』六十三巻などは軽い方で、『修文殿御覧』三百六十巻、『説郛《せっぷ》』百巻、『太平御覧』一千巻、新しくは『四部叢刊』二千余冊、その他はなはだ多い。

そこで叢書を整理するために、『叢書挙要』『叢書子目索引』が出ているくらいであるから、叢書収録の典籍を利用するため、ばらした目録を作るという便法もありえよう。京大は説郛の作品名をカードにとって目録を編んだのである。

ところで大陸に叢書が多いのは、類書を編纂する風習のゆえである。そんなに多く独自に述作したのではない。多くの書から摘出した事項や語句を編集して手軽に知るための百科事典的蒐集を類書という。我が国にはそれほどの手間をかけて、非生産的な労苦を払う者はいなかった。したがって厖大な叢書はない。かたちは叢書でも『群書類従』や『史籍集覧』は作品集であり資料集である。しかも量が少ない。『類従』なら、和本の場合、大本五十丁、五百三十巻六百六十五冊、のち洋本になって扱い易い。その原型を重んじるのもまた学問の道である。

館に蔵されていない明治本を少し紹介しておこう。谷口政徳『当世六韜三略』〈26年〉、井口基二『文学概論』〈30年〉、大橋乙羽『初子集』〈32年〉、江藤桂華『文学攻究法』〈32年〉、妖堂居士『文壇風聞記』〈32年〉、某『文壇照魔鏡』〈34年〉、岩崎勝三郎『博士奇行談』〈35年〉、南風館『婦人と文学』〈35年〉、伊藤銀月『当世一百人』一と二架蔵〈38年〉、正岡藝陽『婦人の側面』〈39年〉、高橋楽山『病問録』〈40年〉、『当世癖さがし附奥様主義』〈41年〉、永井清之助『馬鹿物語』〈41年〉、恵美光山『筆剣五年』〈41年〉、永沢信之介『東の裏面』〈42年〉、小熊之助『文藝部史』〈一高〉〈43年〉、松浦政泰『婦人美譚』下巻〈44年〉。

小西甚一

小西甚一は古典研究の第一人者であり、書誌においても達人の域にある。卒業論文が殆どそのまま刊行されて『梁塵秘抄考』〈昭和16年11月5日・三省堂〉となった。その次にまた格別の難物に取り組んで『文鏡秘府論考』全三巻〈昭和23年9月30日・大八洲出版、26年3月31日・28年8月29日・共に大日本雄弁会講談社〉となって学士院賞を受けた。

それから年月を経て、ドナルド・キーンが『日本文学史』〈のち改題『日本文学の歴史』18巻・平成6年5月20日〜9年3月20日・中央公論社〉に着手するのを祝うパーティがあった。ひとしきり祝辞の終ったあと、手を挙げてやおら立ちあがった小西甚一は、アメリカ人のキーンさんが日本文学史を書くのなら、日本人の私も負けずに日本文学史を書き下ろしますから、二人で競争いたしましょうと、いともおだやかに宣戦布告した。

そうして執筆されたのが『日本文藝史』既刊五巻〈昭和60年7月10日〜平成4年2月20日・講談社〉である。遠くさかのぼりうるかぎりの文化の曙から三島由紀夫の死まで、ひとりで独自に構想された通史である。この壮大にして感動的な文学史の、鮮やかな特徴を挙げてゆけばキリがないので、今は当面の課題に即して二箇条に絞る。第一、文藝研究の中心また目的は、当該作品が如何なる過程によって感動を与えるかを突き止めることにあると信じて余は顧みない。第二、国文学研究がはじまって以来の文献から、その考察の論旨が的を射ていると小西甚一が評価した論文の場合は、それが発表された年月日が大切であるから、初出にさかのぼって引用したうえ索引に加える。

本来『日本文藝史』は書誌ではない。ところが、第二条の記述は、すなわち日本文学史研究に貢献した有効な論文の総目録であるから、気宇壮大で丹念な、日本文学研究史の、微に入り細を穿った書誌学となっている。したがって、第五巻「近代」の、特に注と索引年表とは、日本近代書誌学そのものである。研究史として最も秀れた範例であろう。

文藝性に研究の的を絞る関係上、風巻景次郎の『新古今時代』〈昭和11年7月5日・人文書院〉から『新古今的なるものの範囲』〈7年1月15日・岩波書店〉は引用するが「定家伝と時代相」〈6年10月『国語と国文学』〉は採らないという呼吸である。池田亀鑑の名は『源氏物語大成』の編者として一回だけ登場するが『古典の批判的処置に関する研究』全三巻〈昭和16年2月11日・岩波書店〉などは影も形も見えない。蕪村の注釈としては『日本古典文学大系』に於ける暉峻康隆があんまり無茶苦茶なので黙殺し、他の諸版を並べるという気遣いも感じられる。

肝心の近代ではどのように扱われているか。索引なので直接には決められないが、吉行では「暗室」を採り、川端では「片腕」その他が選ばれているようである。どうやら川口松太郎を評価しているかと見える。伊藤整には重点を置き『小説の方法』「火の鳥」「氾濫」の点が高いようである。開高健は「パニック」「裸の王様」。高見順の「わが胸の底のここには」、筒井康隆『文学部唯野教授』、少し離れて『道八藝談』が登場する。

研究者で重きをなすのは、尾形仂、神田秀夫、関良一、中村幸彦、芳賀徹、平岡敏夫、前田愛、柳田泉、山崎正和、和辻哲郎、これらの人々の論文が多く採られている。数から言うと潁原退蔵もかなり多いが、表記の加減で重出しているのと、晩年の多作した論文には論理の矛盾が多いので削除。中村光夫も引かれた本数は多いが、その半ばは『異邦人』論争で要領を得ないし、『志賀直哉論』〈昭和29年4月15日・文藝春秋新社〉が、平野謙の「私小説の二律背反」〈26年10月『文学読本・理論篇』塙書房〉の剽窃《ひょうせつ》であるという情報が著者の許に入っていなかったのであろうと考えて削った。最も多くの論文が評価されているのが尾形仂と中村幸彦である。近代文学の専攻者のみを数えたら百七十名となった。柳田泉と木村毅が大正中期に明治文学の探索を始めて以来、七十余年間の研究者は数知れず、そのなかから論文一篇以上の貢献を、小西甚一に認められたのは僅かこれだけである。

更に絞って論文五篇以上を評価されたのは、尾形仂、神田秀夫、篠田一士、関良一、谷沢永一、芳賀徹、長谷川泉、平岡敏夫、前田愛、松井利彦、柳田泉、和辻哲郎、以上である。

但し、書誌学、文献学、伝記、注釈などの仕事を視野の外に置いているから、必ずしも総合的でない。ただ、研究論文の価値は他者から出来るだけ多く引用されるか言及されるかによって判定されるという基本の原則に変りはないであろう。

小林一郎

小林一郎の『田山花袋研究』全十巻は昭和五十一年から五十九年にかけて漸く完結した。第十巻は年譜・索引篇である。年譜は事歴と書目の綜合形式で百頁に納めた。ところで厖大な索引は小活字四段組みで三百頁を越す。つまり全十巻を一括しての索引である。年月をかけたこの力作によって、花袋書誌もひとまず完成と思われた。昭和五十九年十月である。

しかるに五年経つか経たぬかの平成元年、突如として宮内俊介の『田山花袋書誌』が刊行された。呆れ返ったことに一巻の何処にも、小林一郎の仕事に学んだ旨の謝辞がない。そのかわりのつもりであろうか、この書誌は自分独自の作品であると、幾重にもありったけの、弁明にもならぬ事柄を、持って廻ってひとりよがりの冗語を重ねる。しかし何と言おうとこれはあきらかに剽窃である。先輩の業績をチョロマカシタ盗人が、どんなセリフを弄するものか、後世の戒めに晒しておこう。

あとがき

この『書誌』を一冊にまとめる前段階の報告として、左のものがある。

田山花袋著作年表稿　明治篇（一）～（七）（本郷高「塔影」13～15集、昭55・3・20～57・3・1。「熊本短大論集」33巻2号～34巻3号、昭57・11・5～59・2・20）

田山花袋著書目録稿　大正篇（一）〜（五）（「熊本短大論集」35巻1〜2号、昭59・5・31〜10・5。「熊本商大論集」31巻1・2合併号、32巻1号、昭60・3・5、9・5。「方位」9号、昭60・12・25）

田山花袋著作年表稿　大正・昭和篇（一）・（二）（「熊本商大論集」32巻2〜3号、昭61・1・30〜3・20）

田山花袋著書目録稿　昭和篇（一）〜（三）（「熊本商大論集」33巻1〜3号、昭61・9・10〜62・3・31）

この作業は、修士論文の題目に田山花袋を選んだ時から始まった。『近代文学研究叢書32』（昭和女子大学光葉会、昭44・7・15）の「著作年表」を片手に、一つずつ作品を集め、著書を確認して行く中で、その年表に洩れた作品、著書もみつかってきた。「著作年表」に書き加える作品、著書の数が増えて行く内に、バックナンバー等の調査の方にのめり込んで行った傾きが無きにしもあらずだが、何とか修士論文をまとめ、調査はその後も続けることになった。

その間、国立国会図書館、日本近代文学館、昭和女子大学近代文庫、東京大学明治新聞雑誌文庫及び総合図書館、館林市立図書館、三康図書館にはお世話になった。又、花袋研究会の発足と共に、花袋研究の仲間を得、多くの教示を得たのみならず、励みともなったことも忘れられない。あきつ書店、朝日書林の古書目録にも、多く教えられた。雑誌発表の際は、それらの教示を得た先学諸氏や研究会員、文献等を明記したのだが、今回その大部分を省かせて戴いた。お許し願いたい。同様に、雑誌発表の機会を与えられた、本郷高校、熊本短期大学、熊本商科大学、熊本近代文学研究会にもお礼を申し上げる。

書物の性格上、誤植には充分気を付けたつもりだが、見落としはあると思う。作品、著書の洩れは、言うまでもないだろう。雑誌への連載終了後にも、多くの発見があったことを思うと、一冊にまとめるのが躊躇われるのだが、それでは何時までも決まりが付かないので、諦めて区切りを付けることにした。初出不明が多く残っているのも、残念だが仕方がない。雑誌発表時も多くの教示を得たことを思い、読者諸賢の教示を得る為の受け皿の提出、と考えている。お気付きの点は、是非御教示をお願いしたい。現在、友人二人と「花袋とその周辺」という雑誌を刊行しているので、訂正や補遺はそちらで随時報告したいと思っている。

学部時代から指導を受けている檜谷昭彦先生に、この『書誌』出版の相談を申し上げた所、桜楓社を紹介して下さった。桜楓社は、古くは岩永胖氏の『自然主義文学における虚構の可能性』、近くは小林一郎氏の『田山花袋研究』全十巻があり、花袋研究に縁が深いとも言える。有難いことであった。次いで先生は、論文集の方は何時になるのか、と仰有る。これでやっと作品の収集が一段落したので、論文の方はこれからもう一度腰を据えて、という段階である。弟子の遅々たる歩みは、師にとって歯痒い限りであろうが、もう暫く待って戴くしかない。

昨夏、私は思いがけなく病を得て、一ヵ月の入院をした。関係各位には色々御迷惑をお掛けしたが、桜楓社の飛鳥勝幸氏には、病気に加えて、煩雑な追加原稿の処理等、随分お世話になった。お礼を申し上げる。考えてみると、この作業を始めた十五年前も二ヵ月近くの入院をしている。感慨新たなものがあるが、その初めから側にあって支えてくれた妻みどりにも、感謝の意を表するのを、許して戴きたい。

猶、本書は、熊本商科大学・熊本短期大学出版会の助成を受けて刊行したことを付記して、謝意に代える。

平成元年三月　　宮内俊介

大学の論集に書けば猿真似でもよいのか。資料の確認は他人が済ませたあとでも研究なのか。研究所や図書館や古書肆に顔を出せば学問なのか。小林一郎を盗む行為を以て「縁が深い」と形容するのか。おそらく全国の刑務所から、盗品に「縁の深い」紳士諸君がぞろぞろ出所してくるかもしれない。宮内俊介は剽窃漢である。宮内俊介は詐欺師である。宮内俊介は虚喝漢である。宮内俊介は書誌学者の敵である。

小林一郎による花袋年譜の明治二十四年の項は次の如し。

明治二十四年（一八九一）　**二十一歳**

一月兄の実弥登が漢詩文、和歌などを中心にした「雅友社」という結社をつくった。

花袋もこれに協力し、長野県上水内郡三水村赤塩にいる友人武井山樵（米蔵）や根津栄輔も加入させている。機関誌は「言葉之塵」というのであった。

一月の作は、十日『辛卯新年』（穎才新誌七百二号）十七日『冬日偶成』（穎才新誌七百三号）二十四日『秋懐』（穎才新誌七百四号）であった。

二月、上野の図書館で、高瀬文渕（黒川安治）に初めて会った。

二月の作は、七日『松処十律一』（穎才新誌七百六号）『汲古堂雑詩』（同）二十一日『題梅花高士図』（穎才新誌七百八号）『山寺』（同）『晃山雑詩』（同）

三月、尾崎紅葉が牛込区北町四十一番地に移転して来たので、散歩のついでにこの辺を徘徊し、意識し始めた。この月兄は修史館をやめさせられ松浦萩坪もやめている。五月十四日兄実弥登の妻で従姉であった横田登美が長男真鉄《しげかね》を産む際子癇のため二十二歳で死亡した。真鉄は無事出産した。花袋は非常なショックをうけた。二十四日は牛込区横寺町四十七番地に北町から移っていた紅葉を訪問した。翌二十五日紅葉の紹介で江見水蔭を北町四十一番地に訪ね、「成春社」に入会した。六月十日「千紫万紅」創刊号が発刊された。紅葉の編集であるため、水蔭の外、硯友社の石橋思案、巌谷小波、川上眉山が助けた。

十月、「千紫万紅」に『瓜畑』が掲載され、事実上の処女作となった。

十二月二十六日高瀬文渕から端書をもらい交際が始まった。直接的には、これも水蔭の世話であった。文渕によってドストイエフスキーを始めロシヤ文学に眼が開かれ、二葉亭四迷（長谷川辰之助）の位置を知った。この年野島金八郎が「経世新報」の記者になった。

稿本としては未発表の『雪仏』がある。

一方、宮内書誌には年譜がない。そこで『定本花袋全集』別巻〈平成7年〉では漸く年譜を加えた。

その明治二十四年は次の如し。

一八九一（明治二十四）**年・二十一歳**

・三月　三十日、兄実弥登、臨時編年史編纂掛を罷免。
・五月　十四日、嫂とみが長男真鉄を出産し、子疳により死去（享年二十二）。二十四日、牛込区横寺町の尾崎紅葉（慶応3（一八六七）・12・16生）を訪問。二十五日、紅葉の紹介で牛込区北町の江見水蔭（明2・8・12生）を訪問、成春社社員となり、以後頻繁に通った。
・初冬　松岡国男（明8・7・31生。兵庫県神東郡田原村辻川出身。後、柳田）と知った。
・この年　高瀬文淵（元治元（一八六四）・1・26生）と知った。

年譜には或る程度の主観がまじるので、書目のように決めつけるわけにはいかぬであろう。しかし今引用した両者に限っては、年譜を研究に意義あるものにすべく、力を尽くそうとの意欲に差が大きい。較ぶれば一目瞭然であろう。宮内俊介には学問を精密に仕上げようとの志向が欠けている。つまり物事をどこまでも探索する意気込みがないのである。次のようなセリフを平気で吐けるようでは学者に向かないのである。

「文章世界」には、無署名のもので花袋の筆になるものが多くあると考えられるが、先学が花袋のものと認めたものの、花袋のものと私が推測したもののみを挙げるにとどめた。

おちょぼ口でふざけたことを言うものではない。古典の難文を解読するのじゃあるまいし、花袋の解り易いエッセイなら少し読むだけで直ちに見当がつく。文の終りには宮内でさえ推測がつくと、胸を張って自慢しているのではないか。それなら別の号に載っている匿名も、苦心するまでもなくあっさり納得できるであろう。

それからまたわざとしおらしい口調で、「先学」うんぬんと持ちあげるのはよそう。先学の言うことと為すことに従うのなら、新しい観点や推定や訂正を一切慎しむのであるからなにも辛い思いなんかせず、学問と手を切ったらよいであろう。「先学」の走りを追い抜いて、「先学」の拠って立っているところを砕き、例えて言うならば新築の鮮度を狙うのが本物の学問なのではあるまいか。

斎藤昌三㈠

日本近代書誌学を祭礼に譬えるとするなら、行事の活気を盛りあげるため、采配を振って誘導する幹事役が、いつも賑やかな斎藤昌三であった。このような連想を誘うというのも、斎藤みずからが名乗る如く、自他ともに許す書痴の統領であったからである。痴、という文字のつく単語に喜ばしい使い道は見当らないが、書痴だけはどうしたものか例外で、書物愛好家を意味するのだから悪口ではない。その全国にゴマンといる多種多様の書痴から見て、昭和年間の斎藤昌三は家元であった。書痴のすがたかたちは千差万別であるが、これほど華やかだった人は他に見出し難い。

斎藤昌三が書誌学を以て立った最初は、斎藤未鳴の名で編集刊行した『明治文藝側面鈔』である。その「発刊に就て」の挨拶は、まことに堂々として意気さかんである。この一文を以て明治文学の在野に於ける資料的実証的研究が始まるのであるから、記念に全文を採録する。

発刊に就て

斎　藤　未　鳴

澎湃たる明治聖代の文化は真に有史以来の一大奇跡であつて、大正思想の大勢も実に其処に胚胎せられたのである。故に現代文明に活きる吾々は決して、其根源たる明治文藝の鑑賞を閑却してはならぬ。而も総てに過渡期であり革命改築の時代であつた其思想の混乱時代に在つて、なほ後世に宝典として残さるべき名品労作と称せらるべきもの丶、時に忌避に触るゝの余儀ない運命に遭遇せるものも鮮少ではなかつた。茲に於て吾々は、時代世相とも謂ふべき其等作品を、僅々一部処の故にあたら全篇を氓滅せしむるの情に忍びない。本鈔の創刊は実にこの保存を目的に促進されたものである。

故に今回是等の全集を少数の会員組織として、真摯なる研究家のみに提供すべく、十余年来蒐集の結果を敢へて刊行する次第である。

されど退嬰的古陋の廃人、所謂不良老年輩には、本鈔は或は一種のサタンとして彼等を愧死せしむるかも知れぬ。然し畢竟彼等の言は現代を理解し得ざる隠者の世迷言であり、時代との平行力を消耗し尽した形骸であるから、今更彼等を説くには彼等は余りに頑迷である。本鈔は自らを信じ自らに活きむとする新人のみの賛同を得ば編者の労は酬ひられる。

編輯法に就ては、初め年代順を逐つた方が研究上にも時代思想の変遷を窺ふ上にも至便であると考へたが、多少偏するの嫌ひがあるので、其等は他日年代順の総目録に拠り補ふとして、此所には強いて通巻悉くを新旧混然と編収した。これは一面単に閲読の場合にも興趣あらしむるの老婆心である。無論新旧に依つて、内容に描写に甚しい相違あることを発見するが、其処に亦研究の意義も自ら透徹されやうと思ふ。

通巻約一百篇。作家に等級もあり、作品に優劣もあり、謂はゞ玉石同架の観はあるが、所謂時代の継ッ子なるが故に美醜は問ふ所ではない。要するに是等特殊品の全集として後日幾分の資料ともならば望外である。

又本輯以下序に代へた諸論文は、嘗つて新聞雑誌紙上に諸名家の公述せられたもので、吾人の毎に日はむとせる所、本鈔には最も関聯せる感想であるから、これ亦参考として毎輯に収録することゝした。

本鈔創刊に当り、樹海社同人殊に山ノ井猶三、津山和風、市川温雄、安藤剛、小田切駒夫諸君、永尾アブ兄の多大なる援助を謝す。

大正四年十二月廿日樹海社にて

要するに発禁で今は読めない作品群を、非合法の会員制で提供しようという企画である。全部で五巻の筈であるが、架蔵本は揃っていない。

第一輯〈大正5年1月30日・樹海社〉。収録作品は藤村の「旧主人」以下計七篇。

第二輯〈大正5年2月29日・博文堂書店および小野五車堂〉。発行所のうち前者は加洲羅府、後者は加州桑港、風雲急なるをうかがわせる。収録作品は内田魯庵「二人画工」以下計六篇。

梅の巻〈大正5年3月、奥付なし〉。収録作品は長田秀雄「SOPHIE MADELEINE」以下計十篇。

当時は警察が無闇に威張って、発禁の数を増やすのが手柄であった。『側面鈔』の経験から思いついたのであろうか、果敢なき抵抗ではあろうが警察への批判をこめて、斎藤昌三は次に『近代文藝筆禍史』〈大正13年1月15日・崇文堂〉を刊行する。明治二十四年から大正十年まで発禁になった作品の一覧を年表形式で第二章とするが、それだけでは事情がわからないので、各作品別になぜ禁止になったかを立ち入って説明する解題百六十五点の詳述を第三章とする。明治文学史の何処にも記述されていない貴重な情報である。そして第四章には具体例に即した筆禍論を展開する。『太陽』大正十年一月号に「軍人心理」を掲げたため、水野広徳大佐が処罰されたことなど、話題豊富な文学史である。

それから九年、斎藤昌三は精魂こめて『現代筆禍文献大年表』〈昭和7年11月28日・粋古堂書店〉を刊行した。菊判厚紙表紙背クロース装函入、本文四百三十二頁の大冊で、印刷六百部内五百部発売と定めている。明治元年から大正十五年に至る綿密な年表であるが、このたびは、すべてが年表に凝縮されたと見えて、前著を賑わしていた解題的論説が姿を消したのは淋しいが、索引が完備しているのはさすがである。

斎藤昌三が「自序」の劈頭に、「最近わが国に於ける書誌学の抬頭と発達」を慶賀しているのを、歴史的証言として記憶しておこう。時は昭和七年である。その先頭を濶歩している観のあった斎藤昌三は、前後して『現代日本文学大年表』〈昭和6年12月18日・改造社〉を完成した。円本『現代日本文学全集』の別巻として、配本予定日に合わせるべく、かなり無理をしたのであろうが、索引を欠くのが残念ながら致命的であった。

斎藤昌三(二)

斎藤昌三は昌三をもじって少雨荘と名乗った。実名は政蔵《まさぞう》であったと伝わる。早くから雑誌を出す趣味があり、好事家向きの『いもづる』や『まるめろ』を編集した。最初の著書は『桃太郎の話』〈大正10年〉、また『性的神の三千年』〈10年7月〉を刊行した由ながら未見である。

少雨荘の名が広く聞えたのは、大正十四年十月、青山容三〈督太郎〉と共同で、雑誌『愛書趣味』を創刊したからで、十四号十三冊と息が長く、平均二十四頁から四十四頁に及ぶ号もあった。僅か十四号を長命と評するのは、いわゆる書物雑誌の殆どは長続きしないからである。『書物関係雑誌細目集覧』〈昭和51年・日本古書通信社〉によると、明治三十四年創刊の『東壁』から始まって、十五号を越したのは、『書物往来』『書斎』『本道楽』〈百七十三号という大記録〉『彗星』〈五巻二号まで、但し書物雑誌というより江戸生活研究〉『集古』〈百八十九冊、これまた書物よりも資料紹介のため別格〉『ほんや』〈三十五号、但し殆ど目録〉『短冊』〈昭和続二号まで、但し書物は扱わず〉、と続く系列のなかで、正味の書物雑誌は三種のみ長続きしている。『愛書趣味』はそれゆえ期待され歓迎を受けたのである。執筆者の顔触れが今までになく豪華であった。創刊号の巻頭は幸田露伴、それからは、杉村楚人冠、菊池寛、徳富蘇峰、佐藤春夫、蒲原有明、横瀬夜雨、島崎藤村、坪内逍遙、泉鏡花と続く文壇著名人の寄稿は、書物雑誌はじまって以来の壮観である。それ以外にも「明治文藝研究資料展覧会目録」など資料紹介にも意を用いた。

『愛書趣味』の終刊後、後継誌を望んでいた少雨荘に機会が訪れ、昭和六年七月、『書物展望』が創刊され、昭和十九年十二月の百十号まで続き、戦後、二十三年六月から二十六年一月まで九冊の復刊を以て終った。この百六十九冊は書物雑誌の王者として君臨し、斎藤の展望か展望の斎藤かと謳われるほど、斎藤昌三は天下の愛書家を大きく束ね、書痴の相互交流に於ける要《かなめ》の地位に座を占めた。私は書物雑誌の大抵をこの目で見てきたが、その内容が高度に充実し、編集に於ける気配りの細やかさなど、総合評価ではやはり『書物展望』が群を抜いていると思う。

書物雑誌の宿命として、記事が一般に断片的で、落ち着いたまとまりに欠けると言われる。しかし書物雑誌が学術的に傾いては取り柄がなくなるであろう。書物雑誌の基本はあくまでも趣味性にあるので、その物好き根性を踏み外しては、雑誌が固苦しく白々しくなって喜ばれないのである。斎藤昌三は、そのあたりのきわどいあやちを十分に心得、読者をひきよせて放さぬこと二十年に及んだ。書物雑誌の編集者としては不世出の異能であった。斎藤昌三去ってのち、以後は成功した書物雑誌のないのがなんとも淋しい。

少雨荘は本造りにも特異の腕を振い、いわゆる書物展望社版を世に送るのだが、その前に夫子自身が別個に出した著書を一瞥しよう。

まず斎藤昌三自身が執着するところの『蔵書票の話』〈昭和4年8月6日・文藝市場社〉がある。四六倍判ビロード装函入。世界各国で製作された蔵書票多数を貼りこんであるのだから、費用も相当なものであったろう。しかし五百部限定と言うのだから、よほどの量を蒐集したものと思われる。戦後かなり早く『東亜軟書考』〈昭和23年1月18日・星光書院〉は性関係文献の書誌解題として最も簡潔な筆致を示す。『少雨荘交遊録』〈23年12月・梅田書房〉は発行所の趣味を生かして四六判横長厚紙装カバー付、本文は和紙、謄写版刷ではあるが読み易い。自伝を兼ねて縁のある人を素描《スケッチ》する。『書物誌展望』〈30年5月15日・八木書店〉は、なにしろ『出版月評』〈明治20年8月〉からはじまるくらいだから網羅的で、明治年間の創刊雑誌だけで二十八種を数え、詳しいことこの上なし。書誌としては一級品に位するのではあるまいか。『愛書趣味』『書物の趣味』『書物展望』『日本古書通信』『書窓』の主要目次を巻末に付す。

『三十六人の好色家』〈31年2月15日・創藝社〉。此処に言う好色家は助兵衛爺に非ず、性の探究家を意味する。副題「性研究家列伝」。『書痴漫談』〈昭和34年8月・書痴往来社〉、五十部限定。蒐書回想録として、古書界の変遷をたどる貴重な証言である。第七章は、近代書誌学について、と題する。三十三年八月二十八、二十九日、県内公共図書館長講習に於ける講演。近代書誌学という語の初出であろうか。『ずいひつ69』〈昭和34年春彼岸・有光書房〉、その道の学術的随筆である。

斎藤昌三㈢

斎藤昌三は書物展望社から、自分の好みに合った知友の著書を編集して順次に刊行した。少雨荘独特の一冊ずつ凝った装幀に特色があり、書物展望社版または書展版と呼ばれてどれも古書店に好まれた。私の手許にまぎれこんでいる、書物展望社昭和十八年四月発行出版書目、というチラシによれば、好評絶版略目、として四十五点を並べて、外六十余種、と注記している。書展版の内容には怪しげな胡魔化しが見られない。少雨荘の眼力は相当なものであった。

そして斎藤昌三自身も、我が文集を楽しんで出版した。己れの著書であるから、造本には思い切り凝っている。内容は広義の書誌学であり、学風は堅実であって、少しも外連《けれん》藝がない。次の七冊を以て、我が書物随筆と認めている。『書痴の散歩』〈昭和7年11月10日〉『閑板書国巡礼記』〈8年12月29日〉『書淫行状記』〈10年1月31日〉『紙魚供養』〈11年5月7日〉『銀魚部隊』〈13年8月20日〉『書斎随歩』〈19年3月19日〉『紙魚地獄』〈34年9月・書痴往来社〉、以上を少雨荘七部集と名付ける。その探索手法と表記の要領に私が代って学ぶとしよう。

装幀発達の諸段階。装幀なる独自の趣味が一般的に着目され、研究されるようになったのは、明治の最末年から大正にかけての頃以降で、装幀用の材料から云っても、一定した何等の方針は立たなかった明治時代に於て、洋装の新様式を最も早く発明したのは逍遙博士の著に端を発しているが、研究的に各材料を活用したのは紅葉山人であり、更にそれを近代的に示したのは漱石であったと云えるゆえ、以上の三人は文学方面から見た明治装幀史上の三恩人であると思う。

書誌を眼目とする書物雑誌の系譜。『東壁』。明治三十四年。内容は論説、雑録、解題及批評、会報、会員名簿に分け、実務的に洋の東西に亘って悉く学究的記事を以て埋められている。

『高潮』。明治三十九年。純粋の書誌として曩《さき》の『東壁』に次ぐものはこの『高潮』である。本誌は独り新刊に止まらず、書籍に関する事項は洋の東西を問わず、書肆の人物伝は古今を問わず、その他絵画彫刻、俳句、俳文、和歌にまで及び、一種の文学雑誌の観があった。

架蔵の『高潮』第四号の論説は四通八達の概あり、

英国の赤本〈下の下〉　暮雪楼
米国の出版界及び其代表者　愚公
北京の書肆　蠹舟生
和漢古代の製本　一菜庵
第四回珍書研究会出品書目

という調子の見事に渋い記事を揃え、

国書刊行会会員名簿〈明治卅九年五月十日現在〉

は六十六頁に及び、当時の普及をしのばせる。

『どくしよのとも』。読売新聞社からの書誌に関する雑誌は、改題したり休刊したりで、かなり沢山の種類が発行され、斯界の為に貢献もしているが、その最初は同社読書会から創刊された菊判六十頁前後の月刊誌『読書の友』に始る。

本誌は十三条からなる読書界規則の下に、会員組織で、甲種会員は一ヶ月五銭、乙種会員は七銭の低費を以て頒布し、読書趣味の鼓吹と共にあらゆる読書上の利便を計り、新刊は一割五分引きを以て取次ぎ、古書の売買を斡旋する外、読者文藝をも掲載した。本誌毎号の主要記事は、新刊図書目録を初め新旧図書解題、珍書しらべ、出版界の噂、古本の紹介、読書顧問、書籍の仲介、時報、雑纂、会員気焔録、全国図書館一覧その他諸名家の専門的研究録を紹介し、付録には有益な明治和漢著作概覧を連載する等、書誌としては誠に多方面の好文字であった。

『図書評論』。大正二年。大正になって最も書誌らしい書誌の筆頭はこの『図書評論』であろう。

『ほんや』。大正四年。京都の有名な古典商細川開益堂から出たのがこの『ほんや』である。主とする所は細川の古書目録で、巻頭に専門家の図書研究の記事を四五名乃至十名位宛収載した、営業誌とは言え純図書書誌として権威あるものであった。丁度大阪の『古本屋』の先駆をなしたもので、編集は初め細川から湯浅半月氏に依頼、半月氏から森潤三郎氏に押付けられ、発刊の辞は令兄鷗外、二十号までが森さんの手になったというので、新村出、藤井乙男、井上和雄、武藤長蔵、三村竹清と言った諸名家の寄稿を連載していたのは、流石に老舗細川の看板を思わしめた。毎巻尾の販売目録も、今になって見ると、珍本が格安に取り扱われたことなども知られて面白い。然しこの充実した内容も第三巻末の頃迄で〈大正六年の後半期からは巻数を明記せず通巻の号数とした〉、書誌としての生命も大体五年目の大正八年頃で終っていた。

『冊府』。大正五年。京都の新進彙文堂の機関誌をかねた書誌である。ちなみに神田喜一郎が「『冊府』の発刊された頃」を書いている。

今度は珍本の発掘。『英国都府政治一班』。蘇峰訳。『徳富蘇峰成簣堂閑記』〈昭和8年12月10日・書物展望社〉の池上幸二郎編「徳富先生編著書目」に洩れている。米人アルベスト・ショー『大英地方制度』の抄訳。

『厨子王・献身』。鷗外の全集にも著作目録にも、『厨子王』『献身』が見当らぬようだが、この二作を収めた菊判横本は、従来の鷗外研究家の間にも殆ど知られていない。本書の表紙には茶のラシャ紙で、題名が二行に三号で並べてある。本文は四号で二十四字詰二十一行に組み、前者が四十五頁、後者が十九頁で、二者共中扉の題の下に「森林太郎」と署してある。奥付は始めからない。限定版の番号入り。

ところで、限定版を明記し番号入りを完全に実行したのは一体誰が嚆矢だったかという問題になるのだが、少雨荘の見聞範囲では、明治四十二年三月刊行、柳田国男の『後狩詞記』が最初のようで、翌四十三年六月出版の『遠野物語』も同様の方法がとられていた。恐らく此の辺が、日本的な記番号入り限定の創始であろうか。

この方法は柳田国男が自発的に案出したものか、或は西欧の例を採用したのか、今のところ不明である。昭和になっては大体番号を入れることを、限定版の常道とするようになったが、それでも大出版社や一部作家のものには、限定とのみで記番を省略した時もある。それが次第に殆ど記番を決行するようになり、名実ともに初めて限定出版らしい体制になって来た。但し異例としては、数多くの特殊本を造った式場隆三郎に、無番本もあったという異例がある。

その一例は百部限定の『微笑亭夜話』〈昭和15年〉で、会員のうちに宮様があるので、どんな番号を当てたらいいか迷った果てに、結局どれにも番号を略したというのだった。本好きの宮様なら、そんな心配はいらなかった筈で、誰の限定本だったかには陛下へ献上するに当り、陛下のお歳の番号を当てたという話もある。そこで、少雨荘の分だけ特に「百部限定本の中第一号」と記入して貰ったが、これは見ようによっては記番の一冊本かも知れぬ。

なお、斎藤茂吉の晩年の著書は、この献上本の部類に属するもので、『柿本人麻呂』は勿論、『寒雲』『白桃』の如きは、著者用として一般市販版と異なる用紙を使用し、時には天金にしたりしたものが少数に造られて、知友に配られたのだが、これも献呈本としての限定版を、不言不語の裡に実行した一例であろう。

愛書家の伝記は珍しいところ、八木福次郎が「少雨叟斎藤昌三翁人と仕事」を『日本古書通信』平成十五年一月号から連載している。『学苑』昭和三十七年二月号はささやかな追悼号として柳田泉と木村毅が寄稿した。著作集五巻がある。

集古散人

編者の実名は未詳。正式の書名は『近代奇書輯覧』、昭和十二年初春序、前後篇二冊、縦二九糎、横一七糎、厚さ一・五糎、袋綴黒色表紙題簽大和綴騰写版刷私版限定十五部。

以下は本書の「例言」である。

本書は筆者が多年珍籍秘誌として記録した書誌集成の未定稿である。解説および梗概を備えるが幾多の憚りあり簡略を旨とする。

収録する書目は、其の出版状況に於て特殊なもの、研究事項に於て特殊なもの、異本類書の有無に於て特殊なもの等、特異性を有する書物を主とする。

内容から言えば、近代に於ける軟派研究書、特殊研究書、文献書、或いは発禁、秘密出版、私版等にして叙上の範囲に属するもの、一般に知られない本とか発行部数其の他の点で何時でも見られると言う種類のものでない本に対する書誌学的記録であり、書誌索引である。

またこれを刊行年代から言えば現代を主とし大正時代以前のものについては特に珍しいものを参考として重要な意義あるもののみを採った。

本文『近代珍書輯覧』はこれを書名の五十音順に分ちて収録し、その書名、別名、冊数、編著者、刊年月、発禁改訂版の有無、型態装幀、頁数、印刷種別、頒価、発行所、を記し、これに当初よりの出版経緯、類書異本偽版の有無とその概要を述べ、各々その内容目次要項を示して更に参考文献書目を列挙した。

本文終りの「補遺」に於ては、本文に記載を逸したるものを「追加」とし、説明の不備又は誤謬を「補説」として掲げた他、特殊書ではあるが故更の説明を略したものを「雑拾」に加え、参考書目として重要なるものを「参考書目」欄に蒐録した。

付録の「雑誌輯覧」に於ては掲載記事索引を兼ね各号の主要目次を掲げたが参考文献の方面から言えば猶この外にも諸誌を挙げることも出来ようし又特輯号雑誌中からも載せねばならぬわけとなる。然しそれ等の重要なるものは凡て本文の参考欄に記してこれを補ったつもりである。

又「叢書全集輯覧」に於てそれ等群書としての一覧を兼ね、又は叢書名下に順次刊行された各巻の収録内容等の検索に便ならしむる主旨であるが今回本書中には紙数其他の関係で全文省略の始末となった。「出版屋年譜」及「総索引」も省略されたがこれまた他日を期す。

以上で長い長い「例言」を終る。

編者の意気込みと周到な用意には敬意を表するが、採録図書は何時か何処かで見かけたものが多く、極めつきの珍書には出会わない。珍しいとは言わないが、橘高弘『民衆娯楽の研究』〈大正9年〉は権田保之助の先駆として印象に残る。目次のなかに「文壇の概観」とあるから出来れば一瞥したいと願う。

花園歌子の『藝妓通』および『女性文化研究資料一覧』が、参考文献欄に押しこめられているのは不当である。殊に『一覧』を花街文献と見做すのは見当違いで、学術的な良心で編纂した努力作である。彼女は御存知正岡容《いるる》の妻である。

尾崎久弥『江戸軟派雑考』の内容目次を示したうえ、著述目録が『匂へる園』四号にありと教えたうえ、著書目録を添えたのは親切である。

大阪荒木書店が昭和四年一月と七年七月、『女に関する文献販売目録』を出しているとは知らなかった。後者は総数七百九十一種とか。

村島帰之『カフェー』がクローズアップされている。しかし、大林宗嗣『女給生活の研究』が姿を見せないのは物足らぬ。この本は大原社会問題研究所の事業である。所長の高野岩三郎のために、「高野博士還暦祝賀記念社会・経済・統計叢書」全十五巻が刊行されることになり、大林本はその第十一巻となっている。理屈ではなく実際の調査であるから、イノチの長い本となっている。

『カーマスートラ』を出しながら、泉芳環訳を邦訳として最もよい、と念を押すのも親切である。『末摘花通解』の項では著者ふたりの苦労を述べるだけでなく、末摘花の書誌がとことん詳しい。『浪速賤娼志』百部限定。刊行までの経緯を記す。著者平井蒼太は江戸川乱歩の実弟。晩年は藤沢市に住み古書の通信販売を業とした。

書名からして引き寄せたくなるのは『論語通解』、尤も解説によると伊藤晴雨の女性虐待の感想録ということで御縁なし。

他に河原万吉『日本艶本解題』一輯二輯、二百部限定。新藤黙魯庵『珍秘書稿』百部限定。『好色文学受難録』〈『談奇党』〉、『現代軟派文献大年表』〈『匂へる園』2号〉がある。

昭和女子大学

我が国では多く好学の士に役立つ叢書類が殆ど民間の熱意によって成るのを特色とする。誰でも真先に思い出すのは、塙保己一の『群書類従』五百三十巻六百六十五冊目録一冊であろう。幕府や鴻池らが援助したとはいえ、塙検校の発意なくしては実現しなかったであろう。今なお続群書類従刊行会が活動している。

明治十四年には、近藤瓶城が早くも『史籍集覧』の刊行をはじめ、博文館は明治二十四年、『近古文藝温知叢書』および『日本文庫』を刊行して読書界の水準を高めた。そして近代文献の重要な価値を知らしめた『明治文化全集』が、海東の四庫全書、また明治の群書類従と謳われた。

以後は大型叢書が老舗の出版社でなければ不可能と相場が決まっていた。いや朝日新聞社の『日本古典全書』も講談社の『新註国文学叢書』も完う出来なかったではないか。出版とはそれほどにも難かしい事業なのだ。その荒波に畏れをなさず、もはや戦後ではないと言い囃された復興期に、『近代文学研究叢書』の刊行を身を躍らせて飛び込むような冒険として、やってのけた意志力と熱意は並み並みでない。私は寧ろ呆れたと申すのが正直なところである。

日本近代文学の研究に必要な基礎的資料を蒐集するという意気込みは壮とすべきであるし、実現した暁の便益は測り知れないけれども、研究者にとってそんなオイシイ話には、よほどの苦労に耐えなければなるまいと思った。嘗ての村上文庫よりも遥かに視野広く、というのはつまりそれが時代の要請であるからなのだが、狭義の文藝にとどまらぬ素養のある司書が求められる。私は雑学に多少の自信があったから、もし身ひとつの浪人であったなら、古書を探してくるアルバイトに雇ってもらいたいと考えたりした。

昭和三十一年一月に出た第一巻を手にするなり、やれやれ面倒な、と呟いた。収録作家の名前が函にも何処にも記してないのである。仕方がないから一巻と二巻との函の背に、ベッテルハイム、八田知紀、という風に書き入れた。すると間もなく増訂版を出す。二重の売りつけである。さすが増訂は最初の二巻だけ、加えてやっと気がついたか、函に収録人名が刷ってある。かなり素人の仕事であるなと感じた。

しかし一途な執念の行く着くところは天晴れである。昭和三十一年にはじまったこの叢書が、年を経ること四十六年、半世紀に近い平成十三年、第七十六巻ならびに別巻を以て完結した。よくもここまでやれたものと感嘆する。『日本文学研究資料叢書』はかなりの分量ながら要は既発表論文の再録であるからコピー操作で仕上がる。しかし昭和女子大の叢書は全編書き下ろしである。それも、心にうつりゆくよしなし事、を記すのではない。手に入れるのに機会と苦心を要する諸文献を、確実に読みこなして記録する。文献の書誌学的処理の呼吸は、これればかりは自分でやってみなければわからないのである。

毎巻の構成は、作家思想家ひとりについて生涯、著作年表、業績〈作品の説明〉、資料年表〈研究文献〉、遺族・遺跡という風の組み立てになっている。このうち著作年表は、この叢書に取り上げられる程の人なら、個人全集また文学全集等にも作品目録が掲載されているだろうから、特に掘り出すなどということはありえない。この叢書のイノチは資料年表、つまり当該作家を論じたり思い出を語ったりしている文章である。この探索はよほどの人でない限り自前でやるわけにはいかない。この手引きがどれほど助かることか。釈迢空の研究参考文献表は、二段組四百数十頁に達している。

それほど隈なく漁っても、福田恆存の「歌よみに与へたき書」と題する、迢空にとって非常に大切な論文が落ちている。非難しているのではない。文献目録の宿命を指摘しているのだ。文献目録に完璧はありえない。そこを敢て少しでも充実させる努力あるのみであろう。

この叢書の特色は、今まで圏外に置かれていた俊秀を積極的に取り入れた措置である。例えば、山路愛山、大槻文彦、南日恒太郎、磯辺弥一郎その他である。ところが、ここまで間口を広げながら、中里介山、白井喬二、大仏次郎、川口松太郎など、謂わゆる大衆文学系にはピシャリと扉を閉ざしているのは如何であるか。先入見なく公平に読むならば、川端康成の『雪国』と川口松太郎の『人情馬鹿物語』と、人間の性根《しょうね》を描く接近に、どちらが正味《しょうみ》のところ勝っているであろうか。

完結に際して刊行された小冊子に巻数・人名一覧を記載する。

白杉庄一郎

戦後、社史の重要性を提唱したのは『絶対主義論批判』〈昭和25年11月30日・三一書房〉等で知られる白杉庄一郎である。『彦根論叢』に「本邦社史目録」〈33号と35号、31年9月と32年1月〉を、経営史料館、の名儀で連載したが、諸般の事情から推して白杉が代表者であったと思われる。冒頭の記述は次の如くである。

本目録は当研究所架蔵の社史を基礎に遍く本邦社史を網羅し、我国経済経営の史的理論的研究に資せんとするものであるが、茲にいう社史とは諸会社の歴史を始めとし、会議所・組合・協会を含む。

従来、我国では幾多の貴重な経済・経営学文献目録が作成され、又各方面から大部の蔵書目録が刊行されているが、それらの文献目録の分類項目中に「社史」の項の初見は、昭和一七年刊行の本庄栄治郎編『日本経済史新文献』ではなかろうか。その他の目録では、「営業状態」「企業及経営」又は「企業形態及組織」等の項目か、或は各産業別のものから採集しなければならない不便がある。最近になって漸く「会社史の流行」とか「年史ブーム」等の語が散見されるようになり、社史刊行数も急速に増加している。その為、戦前の刊行数を加えるならばかなりの冊数になる。本目録に採録された総数は五二〇冊である。

日本の銀行・会社史の目録としては、既に宇佐美誠次郎著『日本の独占資本・その解体と再編成』（昭和二八年、新評論社）の巻末に収められた参考文献目録中に約四百冊余の蒐集がある。これは昭和二八年半ばまでのものである。

これによると最初の呼びかけは宇佐美誠次郎で、その目録は四百余冊を数えた。但し解説なしの題目のみである。それから三年後に白杉庄一郎が、彦根大学経営資料館所蔵の社史目録を公表し、概算四百八十種の社史を記録し、書誌的記載にとどまらず、要を得た解説を加えている。これだけ細密な解説にはよほどの労を払ったであろう。その一例は次の如くである。

＊日立造船株式会社七十五年史　黒羽兵治郎・山本英一共著、本庄栄治郎監修　三一年四月　同社発行

全巻四編よりなり、第一編には明治一四年大阪安治川畔に創設された大阪鉄工所におけるハンター氏父子経営時代を叙し、第二、三編には大正三年株式会社大阪鉄工所となり、爾来幾変遷の後、遂に日立造船株式会社となった経緯を述べ、第四編において戦後の同社の業績を詳説して、我国造船の技術ないし、経営の歴史をも示している。巻末に年譜（明治一四～昭和三〇）を付す。

（A5判、四八五頁、付表二七頁、年譜五六頁）

そこで宇佐美誠次郎もさることながら、この解説目録の作成を理由に、白杉庄一郎を戦後社史研究の

実質的な提唱者と見做す。

これからのち各大学研究機関では、社史目録の刊行が一種の流行となった。私の手許にある各種の社史目録を年代順に並べてみる。

経済団体連合会〈36年〉、経済団体連合会展目録〈42年〉、大阪商工会議所図書館〔改訂・増補〕〈38年〉、東京商工会議所商工図書館〈38年〉、小樽商科大学経済研究所資料部〈39年〉。

ここまでは揃って型通りに進行したが、漸く新機軸が現れた。東京大学経済学部研究室の『社史・実業家伝記目録』正続二冊〈39年と45年〉である。さすがは東大。独自の貴重な線を出した。伝記編は併せて正続百七十頁前後、もちろん索引がついており、更に念を入れて、日本経済新聞社編刊『私の履歴書』およびダイヤモンド社刊『財界人思想全集』の目次まで加えてあるのはなかなかの心配りである。これを契機に実業人の伝記および回想録が重んじられるようになってゆく。影響まことに大なるものがあった。

この前後に、関西学院大学産業研究所〈43年〉および関西大学経済・政治研究所〈43年〉が目録を出すが、前者は四六倍判縮小型の九十五頁、後者に至っては菊判僅か八十八頁、両者とも、一体、社史書誌学を真面目に造る気があるのかと疑われる。平素からの蒐書を怠っている証拠である。東大の目録を見たことがないのか。恥ずかしいと反省すべきである。

一橋大学産業経営研究所資料室は、更に主題を特化して、『本邦企業者史目録』〈44年〉を出した。

冊数六百五十四部、企業者数にして五百四十五名である。京都産業大学日本産業近代化研究会は『社史・人物伝目録』〈45年〉を出したが整理不十分で折角の資料が死んでいる。

大阪府立図書館は工夫を凝らして『社史・経済団体史目録』〈45年〉を出した。分類もまた独特で、社史、同業組合史、経済団体史、財閥と分ける。この分類は手柄である。更に付録の独創的なる苦労を思いやれば泣きたくなる。まず既刊社史一覧がある。次に既刊社史目録一覧がある。最後に「社史に関する文献」を据えて終り。これこそ書誌学的精神の誠実な発露である。この編者はこの目録を手にする者が何を欲するか知り尽くしている。書誌はすべてかくあらまほしきものなり。

神奈川県立川崎図書館は『社史・労働組合史・実業家伝記目録』〈48年〉を出した。実業家伝記を個人伝記と列伝とに分けたのは一工夫であるが、「伝記書名索引」は如何であろうか。現に『葦のちから』とか『荒野の石』など、気取った書名を項目に立ててよいかどうか疑問である。

その間、金融経済研究所〈37年〉、神戸大学経済経営研究所〈40年〉、立命館大学経営学部〈44年〉の目録あり、中村博男編『本邦会社史総合目録』〈52年・日本図書館協会〉が出た。

現在、私の手許に『国立国会図書館所蔵 社史・経済団体史目録』〈61年〉があり、四六倍判約四百頁の大冊である。ところが「はしがき」によれば、その年、明治以降の資料を網羅した『会社史総合目録』を刊行した由である。それを私は残念ながら入手し得ていないので、この章に於ける社史談義は龍頭蛇尾に終る。そのかわり在野蒐集の足跡を追うとしよう。

新潮社

最初に社史を刊行した出版社は中央公論社である。初めての試みであるゆえ遠慮したのか、嶋中雄作編『回顧五十年』〈昭和10年10月5日〉と題して、主要な内容は「『中央公論』総目録」が殆どを占めている。のち改めて『中央公論社七十年史』〈30年11月1日〉、続いて『中央公論総目次』〈45年11月20日〉を編纂した。

これに刺激されたか、博文館と冨山房が後に続き、社史が次第に増えてゆく。刊行図書の記録では『筑摩書房図書目録』〈平成3年2月8日〉が、その入念明細なこと頂点に達した観がある。

そのうち単なる事歴史や目録だけでなく、読ませる社史が欲しいとの要望が高まった。遅蒔ながらそれに応じて出現したのが、平凡社の『下中弥三郎事典』〈40年6月12日〉『中央公論社の八十年』〈40年10月18日〉『春陽堂物語』〈44年5月30日〉『文藝春秋七十年史』〈平成3年12月5日〉等である。また、岩波書店を筆頭に、明治書院もみすず書房も、書目に索引を添えるようになった。

ところで、読ませる社史への志向と言えば、新潮社が飛び抜けて早くからその路線を進んでいて、『新潮社四十年』〈昭和11年11月26日〉がその走りをなす。諸家の感想十篇を冒頭に置き、そのあとは創業社長の佐藤義亮が「出版おもひ出話」をざっくばらんに読ませるという趣向であった。各社の社史が厳粛に出発したのに較べて、ゆったりと打ち解け寛ぐ雰囲気である。

昭和二十六年八月十八日、佐藤義亮死去、七十四歳。『佐藤義亮伝』〈28年8月18日〉刊行、執筆は村松梢風である。義亮は『日本文学大辞典』〈昭和10年〉の犠牲出版を以て国家の御恩に酬いようと二十万円の損失を覚悟し、毎朝四時前に起きて、校正に精魂を傾けつくしたと記録されている。

第二次の社史『新潮社七十年』〈41年10月10日〉は河盛好蔵の執筆であるだけに、新潮社の躍進ぶりが具体的に描かれて、明治以降の文学史に必須の文献となった。『四十年』以来の定型として刊行図書年表を添えたうえ、このとき新たに新潮社社員名簿を加え、以後の伝統となる。

その後、『新潮社八十年図書総目録』〈51年10月20日〉が小田切進編纂で完成した。ここで今日に及ぶ細密で注釈つき読ませる書目の定型が出来たのである。更にそれを増補して『新潮社九十年図書目録』〈61年10月20日〉成る。小田切進を主とするものの、実際に編纂したのは田辺孝治その他である。『八十年』の基準に従ったと記しているから、新潮社の方針が定まっている。

その間、百目鬼恭三郎が小冊子『新潮社八十年小史』〈51年10月20日〉『新潮社九十年小史』〈61年10月20日〉を書き、小田切進編『新潮総目次・執筆者索引』〈52年10月1日・日本近代文学館〉が出た。

以上の経過を経て刊行されたのが、紀田順一郎監修『新潮社一〇〇年図書総目録』〈平成8年10月10日〉である。読ませる社史を更に一歩進めて、社史の概略をも含む図書目録は新機軸である。数ある社史のうちでも特色ゆたかに代表的な名作となっている。

目録の本巻は菊判堅牢表紙で千三十七頁、別添索引二百九十八頁と併せ函入、社長佐藤隆信の「御挨拶」を付す。重厚篤実の出来栄えである。総目録の本文は刊行順に図書を記録して時に収録作品を注記するのみならず、一冊ごとに頁数と定価と年月日、殆どの場合に判型と図版の有無をも記す。古い書物の場合は苦労であったらしく、明治四十三年の『現代文藝百家小伝』は百十五頁のところ百十八頁と誤っている。また『新文藝日記』昭和四年版〈3年11月15日〉は刊記が欠けており、五百二十六頁とあるのは、頁数が打ってないのをいちいち数えたのか。

本文よりもひとしお興味をそそられるのは鼇頭《ごうとう》の文化史点描である。新潮社以外の出版にも目を配って時代を浮かびあがらせる。明治三十五年、田口掬汀『魔詩人』風俗壊乱発禁。モデルは鉄幹と注記して欲しかった。三十九年博文館『文章世界』創刊。『新潮』には打撃であったか。四十四年文学書の売れ行き落ち込み七百部が限度。大正三年脚本『復活』刊行、初日を控え金策に苦しむ島村抱月に佐藤義亮が一千円を用立て初日の幕が開き松井須磨子の「カチューシャの唄」が一世を風靡した。同年『代表的名作選集』発刊、九年十月の時点で総部数百五十万部。四年『近代思想十六講』出版、十五年には八十版。六年『若きヱルテルの悲み』、昭和二年までに百二十三版。大正十二年二月『新潮』に川端康成が初めて「文藝時評」を執筆。十五年、大宅壮一編『社会問題講座』約五万部増刷、昭和二年『世界文学全集』三十八巻の予約者五十八万部。七年全集完結までの六年間に、新潮社は文学もの出版社として業界に於ける基盤を固めたのであった。

杉原四郎

終戦直後、当時は飛ぶ鳥落す勢いだった都留重人が、我が国には経済学はあっても経済学はない、という意味の批判を記したことがある。すなわち、外国で生まれた経済学をその通り学習しているにすぎないのであって、日本の現実に生起している問題を、解決するための努力が為されていない、と痛いところを衝いたのである。この宿題をなんとかこなすためには、経済学の全国的な実力本位の雑誌が必要であると、しみじみ痛感している経済学者がいた。早くから経済学の文献を、書誌学の手法で検討する業績を積み重ね、学界の第一人者となっている杉原四郎である。

例えば『大正時代学術経済雑誌』〈昭和40年6月『甲南経済学論集』〉を展望しながら、第一に雑誌というものが我が国の出版文化の中に占める比重がこの時代に進行したこと、第二にその雑誌界の中で経済雑誌の占める比重がこの時代に高まったこと、そして第三に、社会・労働問題を中心とする雑誌の比重が経済雑誌全体の中で重きをなしたこと、以上三点を時代の趨勢であったと見定めている。

その延長線上に『続日本の経済雑誌』〈平成9年・日本経済評論社〉が刊行され、杉原四郎は改めて枢要の問題を真正面から厳しく提起する。すなわち、日本の学術経済雑誌をふりかえって気がつく最も大きな特色は、我が国の経済学界全体を代表するような、全国的な経済学雑誌が育たなかったということである。外国には一国の学問を束ねる雑誌の永い歴史が珍しくはなく、自然科学では統一雑誌が当然のこと通例である。

ところで日本を代表する経済学会から、『日本経済学雑誌』が創刊される機会《チャンス》も、戦前の我が国に二度はあった。

その第一回は明治三十年代の、本格的な学術経済雑誌刊行の機運である。東京高商系の『経済世界』や専修学校の『経済論集』や京大の『内外論叢』が競い合い、早稲田と慶応と一橋とが各自の雑誌を開放合流する趨勢の中から、明治三十九年、全国誌『国民経済雑誌』が誕生したのである。しかるに本誌は高商の教授が取り仕切っていたので、理論のほかに、商業、金融、交通、保険など応用部門が張り出すし、出版元である宝文館の要請で、時事問題の解説にも誌面を割いた。この実用的性格が二十年の続刊を支えたものの、遂に本格的な経済学雑誌に成長することができなかった。その滔々たる俗化の傾向に倦厭たる理論派の諸教授は、各大学の機関誌に引き籠ってゆくのであった。

やがて再び大正末期、もう一度の可能性を孕む第二の時期が到来した。大正八年、東大と京大に経済学部が生まれ、大正十年、『一橋風雲録』〈明治42年6月25日・二松堂書店〉に描かれているような学閥紛争を経て、漸く東京高商が商大に昇格した。アダム・スミス生誕二百年を機に、経済学の古典が続々と訳される。すでに機能喪失の社会政策学会にかわって、本格的な学会を総攬する雑誌が創刊されても不思議ではなかった。

しかし事態は一斉に逆方向へ進む。一般に我が国の特に経済学者は、自分の属する大学のその経済学部や商学部や高商や研究所などから、同僚だけが執筆するための、他とは交渉しない閉鎖的な機関誌を持ちたがる。のみならず、河上肇の『社会問題研究』、神戸正雄の『時事経済問題』、上田貞次郎の『企業と社会』といった個人雑誌さえ出るようになる。以上は雑誌の動向を軸とした経済学者の奇妙な心性を描き出した史的観察である。

一方、早くから杉原四郎は、日本近代経済学史およびスミス、ミル、マルクスの書誌学的検討にも力を割いた。多くの著書は必ず書誌をも加えている。『近代日本経済思想文献抄』〈昭和55年〉には「アダム・スミスに関する文献考証」「明治期の文献考証」「J・S・ミルに関する文献考証」「マルキシズムに関する文献」等を収める。そのなかには「わが国にある外国人経済学者の文庫」という親切な一覧が入っている。『日本経済思想史論集』〈55年〉に収録された「経済雑誌の変遷」は非常に役立つ。『日本の経済学史』〈平成4年〉には「素描日本経済思想史」があって頼りにできるだけでなく「日本経済学小史」を僅か五頁に縮約してあるのは驚きである。

『思想家の書誌』〈平成2年〉は書誌を以て一書とした専書であって、「経済学者の追悼文集」「思想家の研究雑誌」、いずれも例によって明細を極めるが、最後に「内容見本」の検討が続く。有名な聯盟版マルエン全集の内容見本は未見である。『日本の経済思想家たち』〈平成2年〉は系統的に人脈を辿って、『東京経済雑誌』の必須文献となっている。

関良一

関良一は日本近代文学研究に於ける考証と注釈の第一人者である。主要な業績は、次のかたちに収録されている。

考証と試論　樋口一葉　　昭和45年
考証と試論　逍遙・鷗外　昭和46年
考証と試論　島崎藤村　　昭和59年
考証と試論　二葉亭・透谷　平成4年

このなかには、「近代文学の形成」「近代小説の成立における伝統と創造」「近代文学の理念」等の文学史的考察が含まれており、また「近代日本文学史の構想」〈『日本文学教室』〉がある。注釈としては、

日本近代詩講義　　昭和39年
藤村詩集　　　　　昭和46年

に代表され、『樋口一葉』には、「注釈のあり方」を収める。

以上の大きな仕事以外に、関良一は書誌学の分野でも、以て範とすべき熟慮の結果を指示している。この方面に於ける最高の傑作は「北村透谷研究文献書誌」〈33年6月『明治大正文学研究』24〉である。

この卓抜な書誌の眼目は、それぞれの文献が何を研究するのに役立つかの判定を基準とする分類の方式に見出せる。その明細な仕分けの小見出によるだけで大体の目安がつく。

(1)透谷に関する一般的、伝記的研究および透谷の評論文に関する研究
(2)透谷の詩・戯曲・小説に関する研究
(3)透谷に関する比較文学的研究
(4)透谷に関する比較的、関連的、文学史的研究

こういう風に論じている主題に即して整理すれば、この分類目録だけで、議論の方向が、ほぼ推測がつくこと覿面《てきめん》である。研究論文の目録は、べったりと無原則に平板に羅列するのみでは工夫が足りないのであって、分類こそ目録のイノチであることを、関良一は率先してあざやかに示したのである。

昭和十五年八月、『小説神髄』の成立」一篇をもって学界に登場して以来、関良一の論考は、ひきしまった簡潔さが印象的であった。更に加えて取りあげた問題をめぐって、過去に発表されて今に伝わる論索を、手厚い姿勢で評価するのが常であった。その学風が、例えば『樋口一葉』に収めた「一葉研究小史」「一葉研究史略」にも、さわやかな清風の如くあらわれている。

此処では先行研究文献に、通り一遍で型通りのお世辞を呈するのではなく、適切な論じ方による力作論文の、決め手言葉を巧みに抜き出し、一葉批評名句集が出来あがっている。明治二十年代の女流作家は、若松賤子、三宅花圃、そして一葉という風に見られていた。時代の雰囲気というものは不思

議である。この評価の序列を決定的に逆転させたのは、森鷗外の、「われは縦令世《たとひ》の人に一葉崇拝の嘲《あざけり》を受けんまでも、此人にまことの詩人といふ称をおくることを惜しまざるなり」という讃辞であった。時間を飛ばして大正期、一葉礼讃の系列をかたちづくったのは、久保田万太郎、小島政二郎、佐藤春夫の人たちであり、なかでも小島政二郎の働きが大きい。ちなみに、文壇の波間に沈んでいた鷗外を舞台に引っぱりだし、鷗外伝説発生の口火を切ったのもまた小島政二郎であった。

関良一はまた彼ならではの手のこんだ仕事をしている。事実、「近代日本文壇史研究資料書目稿」正続〈昭和39年10月〜40年2月『国文学』〉は、目下のところ空前絶後の特異な書誌として存在を保っている。突端に置いた『明治事物起原』の解題があまりに詳しいので、以後は簡略にと方針を変えた。第一回は比較的よく知られた回想録が並ぶけれども、第二回に入ると俄然、評判記ものが増えてゆく。『当世作者評判記』『文壇風聞記』『明治文学家評論』『文壇照魔鏡』『現代文藝百家小伝』『新しき女の裏面』『文壇失敗談』『文壇太平記』などが一連のグループをそして最後に中央公論社をはじめ出版社史数点を以て終る。

大体そういう書物があるとわかっているのが多いけれども、これだけまとめて示されると、蒐書の苦労が想像できるというものである。

高木健夫

新聞社に連載小説を斡旋する業は、作家と読者と仲介の三角形を成すという意味で、その世話役の北村卓三が小冊子『三友』を続刊し、文学全集に入らない作家たちの、詳しい年譜を毎号載せるなど広く愛読者を得ていた。企画力に富む北村は創刊と同時に、新聞小説史を連載しないかと、懇意の高木健夫に持ちかけた。朝日新聞の孔版社内研究『新聞小説の研究』に感心していたところであるからつい心が動く。

高木健夫は『読売新聞』のコラム「編集手帖」を、昭和二十四年三月から四十一年十月まで担当、洒脱な人柄を正力松太郎に愛された。唐詩を訳するのにコツを得ている。例えば杜甫の詩は次の如し。「朝より回りて日日春衣を典す。毎日江頭に酔を尽くして帰る。酒漬は尋常行く所に有り。人生七十古来稀なり。」これが高木の妙腕にかかると次の如く変化する。「今日も今日とて七つ屋〈質屋〉通い、河岸の飲み屋で梯子酒、飲み代なんぞはくよくよするな、いのち百まで生きやせぬ」。

さらばとばかり資料を蒐め、走りながら文献を漁って書いた。その第一巻〈昭和39年〉として千部限定豪華版が出たのを契機に、掲載誌が『三友』から『新聞研究』へ移る。もともと新聞記者であるから、高木が考えだす小見出しは並みでない。「緑雨は一葉に恋愛していたか」とか、「読者はどんな新聞小説を読みたがっているか」とか、好奇心に訴える釣針を用意している。

　この第一巻は惜しくも中絶に終った。版型もすべて出直しとなり、『新聞小説史』全五巻が改めて出発する。明治篇〈49年〉は参考文献と索引を加えること、三友版の構成とすべて同じである。高木の見るところ、須藤南翠は政治小説の面からのみ評価するのは不当であり、記者出身の有能な新聞小説作家として見直すべきである。高木に先んじて南翠を認めたのは、『明治文学史』下巻の本間久雄である。文学史家としての本間の言説が、肯定的に引用されているのはかなり珍しいのではないか。

　宇田川文海の挙動が不可解である理由は、文海が大阪商工会議所の土居通夫から三百円を受け取り、土居の私行揉み消しのため、関徳に五円、探訪〈インタヴュアー〉の石黒猪三郎に十円、中元の切手として贈ったから、と高木は暴露している。

　大正篇〈51年〉の「はしがき」に高木は姿勢を正して、この研究の意味するところを「もともと、新聞社の幹部と作家の人間と人間の関係、その関係や友情が、新聞という企業のベルトの上でどのように動き、あるいは動かされてゆくか、いうなれば社会史マスコミ史を、人間臭くふまえて展望していこうという、まあ、強いていってみるならば〈文学社会史〉とでもいうべきものが、本書の狙いなのである」と思うところをあきらかにしている。

〈谷崎潤一郎が永井荷風に激賞されたのは明治四十四年十一月である。そして谷崎の作品「あくび」が、『東日』に連載されたのは四十五年二月、ただし僅か十三回であるから、本格的な新聞小説ではない。続いて「朱雀日記」が『大毎・東日』に十九回。それから二カ月後、やはり『大毎・東日』で「羹《あつもの》」がやっと本格的に取扱われる。新聞小説はよほどの信用がなければ連載に登用されなかったのである。

『昭和篇Ⅰ』〈56年〉では三上於菟吉の異能に触れている。木村毅は三上の新聞小説で最も円熟し醱酵した作品は『雪之丞変化』だと評した。おそらく『地下鉄サム』で知られるジョン・マッカレーの『双生児の復讐』からアイデアを得たのだという推定である。ところが一夜、木村が三上と二人だけで浅酌した折、この一件を聞いてみたところ、驚くべきことにマッカレーの原作など、三上は読んでいないことがわかった。それなのに、どうしてマッカレーと三上の作とが似ているのだと聞いたら三上が答えて、或るとき三上が温泉場にいたので、たまたまそこにある新聞を見たら、『双生児の復讐』の広告が出ていて、その梗概の文章が面白かったので読んでいた。そのストーリーを自分流に孵化させたのだよ。三上にはそのような才能があったのである。

『昭和篇Ⅱ』〈56年〉に原作と挿絵の関係が語られている。『濹東綺譚』〈12年〉が喝采を浴びたのは時局への抵抗とは別に、完成原稿だったこともある。一回分ずつ原稿が送られてくればあわただしくてつい粗略になる。全篇をのっけから渡されて十分の仕事が出来る、と木村荘八は思いをこめて満足できた。

『新聞小説史年表』〈62年〉は約四百頁。今のところ最も詳しく明細である。

高橋亀吉

野依秀市主宰の雑誌『実業之世界』が創刊二十五周年を迎えたのを記念し、明治三十九年から昭和七年六月まで区切り、二十五年間に於ける日本財政経済界の発展を、原資料に基づいて、当時の政治的動向を大小となく記録したのが、高橋亀吉責任監修『財政経済二十五年誌』全八巻七千余頁である。

高橋は『年誌』を引き受けるにあたって、我が国が財政経済問題の調査記録報告類を蔑《ないがし》ろにして保存せぬ無責任を強く批判し、幸い此の機会に、貴重なる第一資料を一部の書冊に纏めて、今日の我が社会が現に切実に要求しているにもかかわらず、容易に満たし得ていない一大欠陥を満たそうと、大いなる構想を描いた。大正七年に経済評論家として自立し、『経済学の実際知識』〈現『講談社学術文庫』〉をはじめとしてベストセラーを飛ばし、経済観察家としての実績を重ねながら、十分に熟した時期である。

監修者として読者に提供せんと願ったところを、高橋亀吉はあらかじめ公表予約する。その意図するところは、第一に、次の如き各方面にわたる重要資料の経年的蒐集である。

（1）議会に於ける施政演説（首相、蔵相、外相）並に代表的質問応答・決議案等々。

（2）政府首脳者の発表したる演説・意見・其他。

(3)　各政党の発表したる各種政策・意見・其他。
(4)　政府並にその主宰したる各種調査会、委員会等の調査報告並に決定政策等々。
(5)　民間各種団体の同上。
(6)　各種政党並に政治団体の同上。
(7)　主要銀行会社の毎期発表したる財界情勢の報告。
(8)　政府、日銀其他の発表したる各種声明、通牒其他資料。
(9)　各種経済団体の年誌。
(10)　各種業別又は事項別の年表、並に索引。

昭和七年にもなって、高橋がなおこのような提唱をしなければならなかったということは、政府も議会も政党も、おしなべてかたくなに秘密主義を固執していた実態を物語っている。

高橋は更に言葉を継いで、まことに婉曲ながら国民の自覚を促す。

　本書に於て、監修者が読者に提供せんことを願った第二の点は、以上の諸資料を通じて、日露戦役以降に於ける（一）我国財政・経済の一般、及び各種事業別の推移を、比較的に最も正確に示すと共に、（二）当時に於ける重要問題が何であり、これに対し、朝野各方面の主要団体、並に主要人物は如何に考へ、如何なる対策を以てこれに処せんとしたかの実情を、比較的最も正確なる具体的事実を以て示し得んことであった。

日露戦争に辛うじて勝利を得た直後から、我が国は羅針盤を失ったかの如く迷走を始める。

大正九年に徳富蘇峰は『大戦後の世界と日本』を書き下ろし、日本国民の真誠なる国民的発奮と努力とは、明治三十七八年の役までにすぎず、殆ど浮っ調子となっている、と嘆いた。憂いを同じくする高橋は、たまたま依嘱された資料集の編纂という作業を、単なる文献蒐集という機械的手筈に終らせることなく、国民の精神に訴える国家意識向上の手段たらしめようとする。これはすぐれた問題意識に基づいて、国益の増進を計る思想運動である。このように真摯な使命感に裏打ちされるとき、書誌学は単なる寄せ屋でなく、思想であり学問でありうるだろう。

例えば、明治四十三年三月二十三日、衆議院、早速整爾《はやみせいじ》議員が質問に立ち、「政府が前期の議会に於きまして、此税制整理を履行することを、公約せられながら、私は政府に於て、果して此税制整理を断行するところの誠意があるや、否や、と云ふことを疑ふのでございます」と詰め寄り、その他にも論ずるところがあったものの、阪谷芳郎大蔵大臣の答えは木で鼻をくくったようなものである。すなわち「是は政府では種々な方面から研究致して居りまして、未だ何れの案を提出すると云ふことに決して居りませぬ。尚ほ十分に調査を遂げまして出来得る限り税法の改良になりまするやうに努めまする積りでございます。併ながら前議会でも申述べました如く、歳入の減少を来たす改正は到底むづかしい。即ち今日の日本の財政の状況に於て、収入を減ずると云ふ意味の改正は、これはむづかしいと云ふことを申して置きましたが、今日も尚其事は繰返して置きます」。なおそのあとに、今出来ている調査会の委員を拡めて組織する方法をまだ考えていないのどうのと駄弁を弄して終る。

明治四十一年一月二十三日、衆議院、松田正久議員が、政府の財政計画の失敗を衝く。島田三郎議員が、政府は非増税の言明を無視して、国民に苛重の負担を課するゆえ増税反対の大演説をぶつ。印刷にしても十四頁、この後の経緯は省略されている。

一方、有名な台湾銀行について、三十九年上半期以降、毎期株主総会に於ける総裁の演説を掲載する。記録の最終昭和六年の台銀財況は大勢沈滞、米価崩落による農村購買力減退、信用縮小、の状態であった。疑獄帝人事件が起るのは昭和九年四月である。

第八巻は各種経済聯合会年誌、財政経済年表、細別細目次、年月順索引、事件別索引を以て充てる。全巻の本文は非常に読み易く工夫してある。

高松敏男

生田長江が全訳『ツアラトウストラ』〈明治44年〉を刊行するまでに、ニーチェを移入したり、また、この主著を通読した学者は誰か。高松敏男は徹底した資料吟味を重ねて錯綜した証言の真否を照らしてゆく。

桑木厳翼の回想は錯覚でニーチェの部分的受容を実際より遅らせて記憶している。

入沢達吉が森鷗外にニーチェの本を渡したのは明治二十七年である。二十九年に鷗外がニーチェを斥ける。

明治二十六年の『心海』論文筆者は無署名ながら海外思想の情報通である。

明治二十九年、丸山通一が加藤弘之批判のかたちでニーチェ否定を論じ、鷗外も然り。

姉崎嘲風もニーチェと仏教の比較を論じた。

以上をニーチェ移入史の前段階と見做す。これ以後はニーチェの本格的な研究へと進む時期である。

三十二年、吉田静致の「ニーチュエ氏の哲学」。

同年、長谷川天溪「ニーチェの哲学」。

三十三年、登張信一郎「独逸の輓近文学を論ず」。

三十四年、リヒテンベルゲル〈上田敏訳〉「フリドリッヒ・ニイチェ」。

同年、登張信一郎「ニイチェの自伝」。

同年、無署名「モーリス・アダムス氏『トルストイとニッチェ』」。

此処までのところは紹介に専らで、ニーチェの名はかなり喧伝されていたとはいえ、未だ波静かにおだやかであった。そこへ明治論壇の風雲児である高山樗牛が、「文明批評家としての文学者」〈30年1月〉および「美的生活を論ず」〈34年8月〉を投じたことによって、論壇は一斉に沸騰した。火付け役は登張信一郎〈「美的生活論とニイチエ」34年9月〉で、美的生活論はニーチェ説なりと太鼓判を捺したものだから、世を挙げてニーチェニーチェと大騒ぎになった。

高松敏男が詳説するように、樗牛はニーチェの口真似をしたのではない。そのことは夙《はや》くに実証されている。しかし世間というものは、ひとたび擦り込まれた固定観念は容易に払拭されず、吉田精一のような偏見のない研究者ですら、理屈をまわして樗牛ニーチェ説〈『近代文藝評論史明治篇』昭和50年〉に固執しているくらいである。

最も決定的な考証は杉田弘子〈昭和50年8月『国語と国文学』〉によって為された。「文化批評としての文学者」は、チーグラーの論調構文そのままである。そのうえ樗牛がニーチェに論及した部分は、すべてチーグラーによるニーチェ紹介に拠っており、それより一歩も出ていないという指摘は、それを引っくり返す方法はないであろう。

美的生活論の騒動が漸く静まって以後、ニーチェに関係した面々がどのような活動を示したか、非常に多くの人物それぞれについて、高松敏男は細かく丹念に調べ上げる。『ニーチェ全集』別巻『日本人のニーチェ研究譜』〈昭和57年〉書誌篇に列挙した文献目録と、論集『ニーチェから日本近代文学へ』〈昭和56年〉とが表裏相俟って、日本に於けるニーチェの思想史的存在が明白に浮かびあがるのである。

ニーチェに限らず実存主義的な哲学者に格別の愛着を持つ高松敏男は、早くからシェストフに目を光らせてきた。シェストフをはじめて訳したのは、辻潤か、小山内薫か、と諸説入り混るなかを吟味しながら、最初の訳書を探し出した。すなわち工藤信訳『アントン・チェホフ論—虚無からの創造—』〈大正9年3月『露西亜現代作家叢書』1『チェホフ選集』佐藤出版部〉であり、この訳文はのち三笠書房版〈昭和9年〉に少なからず影響を与える由である。架蔵『シェストフ選集』〈昭和9〜10年〉は改造社版であるから、時期を同じうして刊行されていたとは驚く。

高松敏男は『明治文学全集47 黒岩涙香集』〈昭和46年〉の年譜と参考文献を担当しているので、その余波として、「若き黒岩涙香（周六）の出発」および「若き黒岩涙香、その補足的考察」を書き加えている。『東京輿論新誌』『大坂日報』『政事月報』等と関係した時分の出来事である。明治の文人はおおかた操觚者であるから、若き日に新聞社を渡り歩いた例が誰にも多いと推定すべきであろう。

大阪人である高松敏男が愛着をこめて「明治中期における大阪の文界と出版の動き」を調査してい

る。『なにはがた』の解題に私が軽率にも「『葦分船』とともに明治二十年代大阪文壇の代表的雑誌」と記したについて高松敏男は首を捻っている。私の失錯であった。すなわち『なにはがた』創刊にはじまり、続いて『よしあし草』創刊、『朝日日曜附録』の創設、大阪文藝同好会、『小天地』創刊、金尾文淵堂の出版事業と、明治二十四年四月から三十八年頃までにわたる時期の盛況は御説の通りである。私も嘗て「大阪に文壇があった頃」〈平成4年〉を素描したことがある。

瀧田貞治

瀧田貞治の『鷗外書志』は近代個人書誌の嚆矢ではないかと思う。昭和八年十一月三日刊行。台湾愛書会が、第二回公開展観の主題に森鷗外を選んだ。その展覧会に出陳したものを根底として作成した旨を凡例に記すが、出陳書の殆どは瀧田貞治の蒐集であろうと推定される。書型は四六倍判厚紙装、本文四十七頁アート紙。限定三百部、架蔵本はその第六号、函およびカバーの有無は未詳。正誤表一葉添付。

稀覯の書であるゆえ、敢て序言と凡例の全文を掲げる。

序　言

科学者にして藝術家、哲人にして武人、出でては戦塵の巷に来往し、入っては文運の指導に任ず。或は軍医総監たり、或は帝国美術院長たり、或は国語調査会長たりし事あり、又宮内省図書頭、帝室博物館総長の要職にありき。これを文学博士医学博士鷗外森林太郎先生とす。先生を以つて百代の総帥と目する所以のもの、かの百般に亘る文化的制作がすくよかなる生長をとげてその正しき姿を吾人に示せしによる。宜なる哉東洋のゲーテたる彼や。

この大文豪嘗て我が台北の地にありしこと正に奇しき因縁といふべく、我が台湾の守り神と鎮まり給ふ北白川宮殿下の御伝記編纂が其の手によつて成されたる亦故なきに非ず。

　茲に台湾愛書会森鷗外記念展覧会を催し、一は静かに我が日本文化の縮図をこれに見、一は一般教養の向上にも資せんとす。意義ある企といふべきなり。而してこの展観目録作製の全部を挙げて余に一任されたり。余その光栄に感激し不敏を押して快諾せりと雖も、公私多端、加ふるに微恙を得て完璧を期する能はざりき。頗る遺憾とする所、謹んで鷗外先生の霊に謝し、併せて愛書会に宥恕を乞ふ所なり。

　本展覧会開催に当り、鷗外先生令弟森潤三郎氏はその襲蔵にかゝる貴重なる書冊遺品を快く貸与されたり。本会の名誉とする所、又東京神代種亮氏大阪船越章氏も珍襲の出陳を許され本会をして益光輝あらしめたり。その他会員及び総督府図書館、帝国大学図書館よりも出陳を仰ぎぬ。尚本志出版については台日社長河村徹氏の好意に負ふ所甚だ多し。これらの事を誌して甚深の謝意を表す。

昭和八年癸酉秋　　台湾神社御祭礼の吉辰近かる日

瀧田貞治謹記

凡　例

一、本書志は台湾愛書会がその第二回公開展観の主題に森鷗外を選び、その展覧会に出陳せるものを根底として作成せり。

一、第一部は単行の著作編述にかゝるものを集め、又零細なる紙片と雖も苟も印刷頒布せられたるものにして独立せる意義を有するものは努めてこれを収め、又抜刷の類もこの部に入れたり。且つ同題異版は一目瞭然に便せん為め年代に関せず類聚したり。但し叢書をなすものは別にこれを再録する事とせり。岩波文庫本鷗外作品の如し。而して本書志の重点を第一部に置きて編纂したる事論無し。

一、第二部は鷗外の序跋ある著作を排列せり。然もこの項調査研究の至らざるものあり、他日の精査補訂を俟つ点多し。

一、第三部は鷗外の主幹或は同人たりし雑誌及び鷗外が最も関係深かりしと思惟せらるゝものを選び他はこれを捨てたり。

一、第四部を自筆原稿としてこれに校正刷類を附す。

一、鷗外の尺牘類を第五部に当つ。その数多からず採集難きとには非ざれども以て見本となすに足らん。

一、最後に参考品の部は内容頗る広範に亘り、追悼雑誌、鷗外研究論文、手沢書入本、自筆物、著作広告類、写真、遺品等あり、何れもその一斑をうかゞふよすがとせしに外ならず。

一、本書志掲載の写真は、特記なき限り書冊の表紙を示すを原則とせり。

一、出品者芳名は、会場には一々銘記して感謝の意を表したれど、本書志には特殊のものの外これを省略になしぬ。

一、本書の題字は鷗外の原稿より集字し、裏意匠は初版美奈和集によりぬ。単行著作すべての書影を掲げるが、冒頭の独逸語論文抜刷および『非日本食論将失其根拠』等若干のみは写真を省く。

『審美綱領』その他は題簽完備、のみならず『審美新説』その他は袋を添える。一冊ごとに異同を詳しく記す。『即興詩人』は再版に際して上巻に地図、下巻に批評集を加え、三版再びこれを削る。縮刷合本第十三版に題言を付す。震災後の版は巻頭に地図、巻末に神代種亮氏の解説を添え、且つ本文の組方を改む。

明治三十六年二月初版『藝用解剖学骨論之部』には後刷あり、但し奥付破損のため不明。この版の内容は初版に同じ、但し巻尾に全身筋肉概目十頁を添え、而もこの増加は目次にも明記す。初版表紙濃緑厚表紙なるに、後刷は褐色軟表紙、加うるに背に明朝活字を以て書名を印刷す。

『美奈和集』は日付同一初版に異版がある。一本は菊判洋綴紙装袋付、下縁を断たざるものあり、一本は菊判洋綴背クロース装、題字河村黒稼、背及びタイトルページに再版とあり、これと同一本にして奥付が再版となれる本の年月は二十七年一月である。内容に異同がないか知りたいものである。三十九年五月に訂正再版あり、袋を添える。『縮刷美奈和集』は大正五年八月初版、三五版洋綴クロース装函入、改訂版に掲げた著者の写真を長原止水が模写して収む。開巻、校正偶感の詩を添う。序及び目次を赤青の二度刷にす。

ほんの一端を紹介するにとどめざるをえないが、書誌学的記載の明細なること近代最初の出現であり、今に至るも『鷗外書志』を越す細密の労作は現れていない。修訂版〈昭和51年〉が出ているので参照に便である。

続いて刊行された『逍遙書誌』〈昭和12年〉もまた決定版の扱いを受けている。四六判クロース装函入、本文四百五十一頁索引五十三頁、これもまた修訂版〈昭和51年〉、両書併せて近代文学研究に必備である。

瀧田貞治は台北帝国大学助教授、彼の地で蒐書に勤しむのは如何に労多かったか同情にたえない。専攻は広く近世文学であるが、特に西鶴の文献学的研究に業績を残した。かりそめの評論ではなく堅実な資料吟味を本領とするゆえ、その著書は『西鶴の書誌学的研究』『西鶴襍稾』『西鶴襍爼』〈共に昭和40年〉が復刻されている。他に『伝統演劇瑣談』〈昭和18年〉がある。四十四歳での死は天の無情を嘆かせる。

書誌学が最も緻密に発達したのは近世の分野であるが、その鋭い刃を以てしても、近代を必ずしも鮮やかに料理できるとは限らない。その近世を根城に瀧田貞治は、近代書誌学に於ても、前人未踏の理想を達成したのであった。

田熊渭津子

『明治文化全集』は前後三回刊行された。出版事情により、そのたびごとに、巻数編成を異にする。時代のせいであるが次のように変る。

第一次　二十四巻
皇室　正史　雑史　憲政　自由民権　外交　政治　法律　経済　教育　宗教　文学藝術　時事小説　翻訳文藝　思想　外国文化　新聞　雑誌　風俗　文明開化　社会　軍事　交通　科学

第二次　十六巻
憲政　自由民権　政治　新聞　雑誌　社会　外国文化　風俗　正史（上）　正史（下）　外交　経済　法律　自由民権（続）　社会（続）　婦人問題

第三次　三十二巻〈全二十八巻・補巻三・別巻一〉

このうち第三次は現今一般に行われ定着しているから問題はない〈但し平成4年以降二度の復刊時、補巻三冊は省かれている〉。ところで第二次版であるが、戦後の出版経済事情は、第一次版全巻の復刻を許さぬほど厳しかった。明治文化研究会第三代会長木村毅は、これなら刊行できると見込みが立つまで圧縮するのに思案する。そのため二十四巻を十六巻にまで減らしたから、勢い内容にも各所でかなり増減が生じた。斯くして無事刊行を終えたものの、第二次版は第一次版の異本となり、『明治文化全集』は厳密には二種類あるということになった。第一次版にあったものが第二次版になく、第一次版になかった資料が第二次版に加わっている。したがって第二次版で感心した資料が、第一次版からすでにあったのか追加であるのか、その点が鮮明になるような書誌学の仕掛けが欲しい。

そのような願望をいちはやく察した田熊渭津子は、『明治文化研究会事歴』〈昭和41年10月20日・関西大学国文学会〉というかたちで、明治文化研究会の業績を後世に伝える仕事を成し遂げた。本文は上欄に第一次版、下段に第二次版、それぞれ埋草も見逃さない明細な目次を展開し、両者の異動を微細に対照する。第一次版の筆者が健在で、ほんのちょっと書き加えてあっても注記せずに気が済まない。旧版解説の末尾四行を削ってある、という類いが至るところ厳密に注記される。

後半は逐次刊行物の総目次である。『明治文化全集』付録『明治文化』全十八号。新版『明治文化全集月報』全十六号、そして本命は明治文化研究会機関誌『新旧時代』〈大正14年2月創刊、昭和4年6月・5巻6号まで〉であって、明治研究の揺籃となった雑誌である。それが『明治文化』と改題して第十七巻第一号〈昭和19年1月〉まで続くのだから、その息の長いことに感嘆する。それから、『季刊明治文化研究』全四輯、以上で雑誌は終り。次は明治文化研究会の刊行物十一点の解題。そしてまだある。「明治文化研究会例会」講演目録の講師名簿が、大正十四年十月十六日から、最後となる百九十七回の昭和十九年一月十一日まで、明細に記録されているのだから、この書を、明治文化研究会のすべて、

と呼んでも誤りないと信じる。これ以外に、田熊渭津子の仕事としては、

吉野作造博士著書目録〈昭和43年5月25日『明治文化研究』第一集〉

鳥谷部春汀年譜　参考文献

横山健堂年譜　参考文献

池辺三山年譜　参考文献

石川半山年譜　参考文献

以上木村毅編『明治文学全集92 明治人物論集』〈45年5月30日・筑摩書房〉

吉野作造博士論文随筆目録〈45年8月『国文学』〉

『人物書誌大系4 尾佐竹猛』〈58年7月9日・日外アソシエーツ〉

以上に加えて、田熊渭津子は次のように有効な書誌を自費出版している。

『日記の目録―近代文学を中心とした―』　57年5月4日

『日記の目録―雑誌の部―』　平成2年8月30日

日記があるとかないとか何処に載っているとかいうだけの話ではない。日記の書誌は次のようにあるべきではないか。日記というものは、何年何月何日の記述であるかということが問題なのであるから、この方式が定型となるべきだと思われる。

内田百閒　明治22—昭和46（1889—1971）
明治44年　1—2月（百鬼園日記帖）
大正5年　6　9月（同）
大正6年　7—12月（同）
大正7年　1—3　6　8—9月（同）
大正8年　1—9月（同）
10—12月（続百鬼園日記）
酒の日記　11—12月
大正9年　1—9月（同）
大正10年　1　3　8—9月(同)
大正11年　8月（同）
昭和13年*　11月（鬼苑日記）
昭和19年　11—12月（東京焼尽）
昭和20年　1—8月（同）
昭和32年　3—5月（ノラや）
5—6月（ノラやノラや）
6—9月（ノラに降る村しぐれ）
年不明　8月（クルやお前か）
昭和36年かと思われる
底本○内田百閒全集3—5・8—9　講談社
◦3「百鬼園日記帖」「続百鬼園日記帖」昭和47.2.20
◦4「鬼苑日記」昭和47.2.20
◦5「東京焼尽」昭和47.6.20
◦8「ノラや」「ノラやノラや」「ノラに降る村しぐれ」昭和47.12.20
◦9「クルヤお前か」昭和48.2.20

内田魯庵　慶応4—昭和4（1868—1929）
明治45年・大正元年*　5—11月
底本○魯庵随筆気紛れ日記　双雅房　昭和11.6.29

内村鑑三　文久元—昭和5（1861—1930）
1918年　8—12月
1919年　1—12月
1920年　1—12月
1921年　1—12月
1922年　1—12月
1923年　1—12月
1924年　1—12月
1925年　1—12月
1926年　1—12月
1927年　1—12月
1928年　1—12月
1929年　1—12月
1930年　1—3月
底本○内村鑑三全集17—18「日記」岩波書店
◦17　昭和7.8.10
◦18　昭和7.12.15

宇野千代　明治30—（1897—）
——月——日の形式で年月日不明であるが、141日分
底本○或る日記　集英社 1978.4.10
注　他に「日記抄」6日分「女の日記」52日分「那須日記」8日分がある

竹内市子

我が国の学界では、ゾムバルトとウェーバーの盛衰が交替している。大正十二年訳『社会主義及社会運動』から昭和十八年訳『近世資本主義』まで十冊以上がゾムバルトの時代、その間ウェーバーは昭和二年訳『社会経済史原論』だけ、その無風を破った昭和十二年訳『社会科学と価値判断の諸問題』が契機となったが、以後はウェーバー文献の氾濫時代となり、ゾムバルトがひとまず退場となる。

そこで明けても暮れても続くウェーバーの混乱を整理すべく、竹内〈旧姓宮中〉市子が「わが国におけるマックス・ウェーバーの文献目録」〈昭和31年5月『関西大学経済学会資料集』〉を発表した。ウェーバーのような多面的な学者には分類が必要であって、二十項目以上に分けてあるので検索し易い。欲を言えばウェーバーは実証学者でなく仮説学者であるから論敵が多いので、敵と贔屓《ひいき》を種分けする方法はないものか。戸田武雄や白杉庄一郎や土屋喬雄らは批判派である。

整然とした目録であるから教わるところ多いのだが、浅学にして理解できない文献もある。たとえば矢島釣次の「「資本主義精神論争」序説」の場合、外国で行われたのであろうが、一寸したヒントでよいから注記が欲しいところである。なお明治末年京都帝大の論集に河田嗣郎が「資本主義精神」と題してゾムバルトに軍配を掲げ、ウェーバーを批判していたように記憶する。

竹内市子は次に「日本に於けるヴァレリイ文献目録」〈昭和32年7月・関西大学『国文学』18号〉を編纂している。ウェーバーの場合は、その後も書誌が多く出ているが、ヴァレリーについては、その後誰も手を着けたという話を聞かないから、今のところ、この竹内書誌が唯一の頼りということになる。ヴァレリーもまた多面的であること人後に落ちないが、そのうえ詩人であるという条件から、目録には大いに苦心を要したと推定される。

例によって竹内市子は最も細かく検討して、ヴァレリーの著作その他を十一種類に分ける。いちばん難儀なのは詩であって、詩集は詩集として項目を立て、それとは別に箇々の詩を別々の項目として立ててあるから検索が容易であり且つ入念である。たとえば Baignée 水浴する女、の詩篇は、菱山修三訳『旧詩帖』〈昭和17年5月『旧詩帖』青磁社〉と、同じく菱山修三訳『ヴァレリー詩集』〈昭和28年7月・角川書店〉に収録されていることがわかると同時に、『旧詩帖』および『ヴァレリー詩集』にどれだけの訳詩が入っているか把握できるようになっている。「失せし酒」は『洋酒天国』から採っている。

詩から散文へ入ると、「精神の危機」や「手帖B」やルフェーブルとの対談や、その他、成立の事情について必要と思うとき簡潔な注をつける。「デカルト論断片」が『方法叙説』一九二五年版序文であること、「ヴォルテール」はソルボンヌ大学での講演であること、そのひとつひとつが興味深く、全篇に注をつけて欲しかったと思う。

ヴァレリーの書誌に手を着けて泣かされるのは、限定版が稀少で些か高価であること。参考までに一点だけ挙げておく。佐藤正彰訳『藝術の概念』〈昭和12年3月・野田書房・百五十部〉。「コルボオ叢書規定」が挿み込まれている。著者及出版社が知己に贈呈、その第六番、架蔵本は限定番号64。

以上はほんのたわむれである。私の提案であるが、今後、近代書誌学に於ては、限定版や豪華版は採録しない、という規則《ルール》を立てたい。大屋幸世は保昌正夫が『機戒』の限定版を書誌に記入しなかったと言って嘲笑したが、書誌学者には多額の贅沢本など縁がないのだから、無理なことはせぬように致しましょう。それとも大屋幸世は、『春琴抄』特装本、六百五十万円、というような本を日常茶飯事の如く買う気かね。

さてヴァレリー書誌に戻る。参考文献についてであるが、第一次全集には「ヴァレリイ全集通信」が一号から七号までついていた筈であるが、私の手許には一号と二号とがない。八号と九号はつけたか否か未詳である。

もうワンセット一号から七号までついているのは第二次の分であろう。そして第三次は全十四号、ただし、これは竹内書誌よりのちの刊行。竹内書誌の研究文献目録は全力を尽くした蒐集である。

しかしこれまた提案したいのであるが、今後、近代書誌学から参考文献目録ははずすべきではないか。どうでもよいぐうたら独りよがりの作文に目録は不要であって、役に立つ研究なら必ず評判となって聞えてくる筈だからである。

橘弘一郎

橘弘一郎編『谷崎潤一郎先生著書総目録』四分冊〈昭和39年7月24日〜41年10月10日・ギャラリー吾八〉は個人書誌のうちでも格別に豪華なうちに数えうる。四六倍判和装山葵色表紙大和綴本文袋綴、四冊一括函入、限定二百三十四部、毎巻付録、心をこめた清爽な造本である。

第壱巻付録の書誌注記にいわく、全集十四巻に大正八年八月単行本『伊香保みやげ』と記すが、この本は高木角治郎編・伊香保書院刊で先生の著に非ず、風巻景次郎・吉田精一編『谷崎潤一郎の文学』の年譜に、大正十三年五月『十五夜物語』芳文堂より、とあり、また中村光夫『谷崎潤一郎論』の年譜に、「十五夜物語」を新劇名作集として芳文堂から出版とあり、いずれも否、これは『新劇名作集』が芳文堂から出版され、先生の「十五夜物語」が巻頭に載った本のことである。

第参巻付録にいわく、著書第百十冊『細雪』上巻は先生が発行者で二百部限定非売品。第百四十二冊『月と狂言師』は三百部限定の孔版印刷本。第百六十九冊『歌々板画巻』は棟方志功との共著。『撫山翁しのぶ草』は先生の著書ではないが、先生が編集者であるという、ただ一つの記録すべき本。

以上で付録の書誌注記を終える。

総目録は全著書の表紙写真に刊記と目次を付記し、特に装幀を明細に伝える。『恋を知る頃』〈大正

3年〉は、全著書中、もっとも安価であるとのこと。『愛すればこそ』は大正十一年六月一日初版発行以来、百六版と版を重ねている。第八十二冊『盲目物語』の解説。はしがきに、「此の書の装幀は作者自身の好みになるものだが、函、表紙、見返し、扉、中扉の紙は、悉く「吉野葛」の中に出て来る大和の国栖《くず》村の手ずきの紙を用ひた」と記されている。コロタイプ印刷の口絵、北野恒富筆「茶茶」が巻頭に挿入されている。函、表紙、扉などの題字は根津夫人の筆である。本文コットン紙使用。
以下は特に解説とことわらない。

第八十四冊　潤一郎自筆本蘆刈

昭和八年四月十五日　創元社発行

菊判横綴二五〇ページ　定価十円

印刷所不詳　桐たとう付　箱あり

内容

蘆　刈

装幀　本格的な和本仕立て本、表紙は濃いネヅミ色のモミ紙、吉野紙に淡墨刷りの題簽貼り。
桐板製、紫色紐つきのたとう入り、題簽は白い紙に墨刷り。

本書は題字の示すとおりの著者自筆本。本文は雁皮紙を使用し袋とじ製本。北野恒富挿画、五百部限定本。本書は先生の番号入り限定本の最初のものである。外箱つき、内に紙片があり左のように印刷されている。

お願ひ

本書「蘆刈」は全頁二百五十頁であります。本文の用紙雁皮紙は特に本書に使用する為に別に漉かせたものであります。表紙の古代モミ紙、見返しの染紙、署名紙の黄紙すべて谷崎先生のお好みによつて別漉にしたものであります。印刷に当りましては谷崎先生にわざわざ当印刷部まで御足労をお願ひして、申分のない墨色が出ますまで幾度でも刷換させ、厳格な御監督の元に漸く出来上つたものであります。刷棄の紙を数万枚無駄にしました事によつても御監督の厳しかつた事が御想像出来ると思ひます。又題簽の吉野紙を表紙のモミ紙にはり付ける技術は表具師の秘法でありまして、此の書物にはさうした細かい点にまで言葉に尽せない苦労と費用とが掛つてゐます。入念に御吟味下さいますやう特にお願ひ申上げます。
猶著者の希望により、お買上の後は必ず此の紙函をお棄て下さい。

第八十六冊　春琴抄
　昭和八年十二月十日　創元社発行
四六判三三八ページ　定価一円九十銭

印刷者井下精一郎　箱あり

内容　目次

装幀　背を黒の布地でつつみ表紙は漆塗りの堅表紙、背文字は金箔押し、表紙は金刷り。箱は生ボール紙紐つき、墨一色印刷。

本書は漆塗り表紙という非常に変った装幀をしているが、装幀者の名は明記されていない、先生の自装と考えていいと思う。題字は松子夫人の筆であろう。本文はコットン紙を使用し、子持枠に表ケイを使って趣味ある組版を見せている。そして各篇とも文中、所どころに変体仮名および草書体を使用して面白い効果を示している。これらの活字は本書のために鋳造したものであろう。「顔世」に樋口富麿筆の挿画が一枚入っている。

本書には数十部の〔朱色漆塗り本〕がある。また二、三部のみといわれる特装本がある。口絵

　　およひ巻末参照。

『春琴抄』には著名な特製版がある。

『浪速書林古書目録』第十五号〈平成元年2月25日〉は、絢爛たる谷崎潤一郎特輯である。

『春琴抄』特装三部の朱塗装で花柳章太郎旧蔵、書簡、函、共箱付。超極美。六、五〇〇、〇〇〇

『春琴抄』朱塗装黒塗装セット、署名小色紙付、函付、極美。六五〇、〇〇〇

『蓼喰ふ虫』初版、署名箋付、函付、極美　一八〇、〇〇〇

以上で浪速書林の項を終える。

　この谷崎書誌に限らず、名声高い作家の個人書誌を、贅沢な造本で作成する風潮もあるが、大抵の場合は単行本の書影に重きをおき、飾窓《ショーウインドウ》のようにきらびやかな本が出来るものの、書誌学的精査がおろそかである場合が少なくない。

田中正明

著述家の作品を愛読するのであれば、手近の流布本で間に合うではないかと、そう言われればそれまでながら、執着の念が強くなれば、出来れば初版本、それが無理なら重版でよいから原本を手にしたくなる。次第に書痴の気分に浸ると、全作品を一冊残らず蒐めたい。しかしよほど没頭しなければ到底無理なので、せめては特定の執筆者を選び、刊行された著作の書影一覧を手許に置きたくなる。書影という言葉は、書誌学関係にも一般辞書にも、どうやら登録されていないようなので、後に述べる田中正明の用い方に倣うとする。

そこで仮に書影と呼んでおくが、この書影書にたって要望したいのは、書誌学的な編集方式である。それが案外おろそかにされているのが惜しまれる。今たまたま手許にあるのに代表させよう。『谷崎潤一郎先生著書総目録』〈昭和41年〉は、この分野では最も豪華な出来栄えであり、写真の優れていること申し分ない。ところが書誌の決め手となる刊記が、活字に組んで別記してあるので、そこに写し間違いがなかったとは言えない。少なくとも無謬の保証はないから、書誌学上の根拠にはならないのである。『藤村書誌』〈48年〉も『荷風書誌』〈60年〉も『書影 花袋書目』〈平成12年〉もみな同じである。このような油断を指して、九仞《きゅうじん》の功《こう》を一簣《いっき》に虧《か》く、と申すのであろう。天野敬太郎は私が写してきた刊記を絶対に信用しなかった。

この厄介な刊記の処理を案じて、記録の方法を解決したのが、田中正明の『柳田国男 書目書影集覧』〈平成6年〉である。まさしくコロンブスの卵であって、刊記そのものを写真にとって、当該書の横または下に組む。これなら現物を手にしているのと一向に変らないから頼りになる。それとは別に主題とする書誌学的注記を加えて行き届いている。ただし田中正明は終始書誌学的観点からの要領に限定し、内容については潔癖に言及を避けている。『時代ト農政』には表紙が緑色の本と、茶褐色の本との、二種類がある、という風に僅かな差をも見逃さない。

『採集手帖』は昭和十一年度版を架蔵しているのだが、初版は昭和九年であると教えられた。『日本の伝説』〈昭和7年〉は最初定価弐拾銭と指摘の通り、架蔵十一年十版では表紙の意匠色彩が変り、改正定価参拾銭となっている。

『集覧』が禁欲的な記録に徹したゆえであるか、『柳田国男の書物』〈平成15年〉には、著者が柳田研究の間に得た興味ある知見が充満している。近年流行の無内容な気分だけの書物雑談とは姿勢を異にする。三村竹清や横山重の正系に連なる近来稀な真正の書物随筆である。柳田本に親しんだ者なら聚精堂を必ず記憶していよう。明治四十三年に創業、『石神問答』が『千載和歌集』『新古今和歌集』と並んで最初の刊行であったという。その後に発行された傾向を概観するに、井上通泰の医書、中川恭次郎の校訂歌集が圧倒的に多く、その間に挟まって柳田や沼田頼輔や三田村玄龍が顔を出している。

聚精堂は『遠野物語』および『山島民譚集』をも引き受けるなど、売れない本にも力を入れて、昭和十二年の『考古学雑誌』に至る。十分な働きを示すことのできた学者や評論家の殆どには、将来を見て後援する出版関係者の姿が見えかくれするものである。

柳田国男が明治三十五年頃から、各私立大学で農政学の講義をしたことは周知である。その時期に柳田はどんな姿勢で臨んだのであろうか。柳田を神の如く尊敬する佐藤信彦が、慶応の文学部講師〈大正13年〜昭和4年〉としての柳田について、今野円助『柳田国男随行記』〈昭和58年〉でこう語っている。

柳田先生の出講の日、たまたま学生が佐藤先生たった一人というときがあった。しかし、柳田先生は、はじめっから終わりまで寸毫もいつもと変わらずに、原稿にしたがって音吐朗々と講義を続け、終わってそのまま静かに教室を出ていかれた。講義内容の結構さはいうまでもなかったが、五〇人・一〇〇人の学生を相手に一対一で話すときと、少しも態度の変わらぬ立派さは、これこそ真に大丈夫の姿だと感激、その後ろ姿を拝みたいほどだったという。

これだけの威厳あって真摯な態度を持するのは、普通の大学教授では為す能わぬ困難事である。その教室なり講堂なりの広い空間を、自分ひとりの気迫を以て、おだやかに厳しく制圧できたからではあるまいか。

谷沢永一

『近代文学論文必携』〈昭和38年6月10日・学燈社〉という本が出て、そのなかに私の書いた「近代文学書誌案内」が、簡単ではあるにしても、近代文献を対象とする研究に必要な、既成の書誌を総覧した嚆矢である。

それよりさき『大正期の文藝評論』〈37年1月30日・塙書房〉を刊行するにあたり、本文と関係のある参考文献を、8ポ一段七十余頁記載した。こんなにうるさく先行文献にこだわったのも、学界では私が初めてである。前後して「明治文藝思潮研究の展望」〈36年8月20日〜37年4月1日『国文学』〉を連載し、先学に片端から批判の矢を放ったので、学界に物議を醸した。そのため学界から完全にボイコットを喰らったけれど、これが私流の書誌学なのである。

ちょうどそのころ若手が集って、近代文学懇談会が出来ており、その月報に求められ、早速また意地のように「文献目録について」〈36年6月〉を書いた。その冒頭は相変らず次の如くである。

近代作家について考察しようとする場合、著作目録及び年譜と共に研究文献目録を普通何よりも先に熟読する必要がある。普通、と特にことわったのは、例えば『名古屋大学国語国文学』に『小説神髄』及び没理想論争について、誰でも知っている論争両者の論旨を悠然と只紹介している鈴村藤一のように、既に積み重ねられてきた優れた研究をロクすっぽ読みもせず、思いつきですらないぐうたら作文を書き流している人達がかなりの数にのぼるからであるが、つまり当時はそういう嘆かわしい情況であったから、私も言いたいことを言う姿勢にならざるをえなかった。

こうして否応なく研究史に執着する結果となり、一応の新機軸を出そうと考えた。研究史である以上は研究文献が長期間に蝟集している主題《テーマ》が望ましい。それなら『小説神髄』が打ってつけである。こうして、「『小説神髄』と「没理想論争」の研究史」〈36年12月25日『関西大学文学論集』〉を書いた。登場文献が多いので六十数頁に達する。論点を系統の筋道に分けて整理したから疑問点がすっかり消えて、それ以後は小説神髄と没理想論争をあげつらう人がいなくなった。研究史書誌には清掃作業の効用が認められる。

それからさまざまな書誌を作成したので題目だけを挙げておく。近代歌人の万葉集研究、斎藤茂吉、舞姫、中野重治、昭和十年代、私小説論、文献目録、国民文学論、小林秀雄、性知識、木村毅、丸山真男、内藤湖南、柳田国男、大衆文学、庄司浅水、大阪出版文壇史、戦後日本思想史、藤沢桓夫、開高健、明治初期の内容見本、町人学者、泉鏡花、日本出版社史類、中村幸彦。紛失して思い出せないのが若干あるにせよ、おおよそ以上の如くで大作はない。目下執筆中の本書が『谷沢永一書誌学研叢』〈昭和61年〉『書誌学的思考』〈平成8年〉に続く三冊目の著書となる。

私が自分から名乗り出ることが出来る貢献としては、まず「木村毅著書目録」〈中公文庫『大衆文学十六講』〉を挙げよう。これは昭和四十一年十一月の私刊草稿にはじまって何度も稿を改め増補した。木村毅の過小評価をなんとか訂したかったのである。次いでは「日本出版社史類目録」〈昭和61年『関西大学文学論集』〉は震災で資料を失ったので未完成であるが、いわゆる社史目録は腐るほどあっても、出版社史目録は絶無である。最後に「中村幸彦書誌」〈『著述集』15〉は、私として納得のゆくまで詳しく記載した。他にコラム『紙つぶて』〈PHP文庫〉および『書物耽溺』〈平成14年〉は私流儀の書誌学である。

辻恭平

小学校三年から映画を見はじめた。最初は「鍔鳴浪人」引き続き「風雲将棋谷」それから「牢獄の花嫁」と、阪妻主演ばかりなのは大阪新世界の日活系三番手の大山館だったからである。成長すると映画の本を買う。津村秀夫より南部圭之助と飯島正が気に入った。橘高広『影絵の国』や石巻良夫『欧米及日本の映画史』〈共に大正14年〉は古いのに惹かれて入手した。

そんな次第であるから、辻恭平の『事典 映画の図書』〈平成元年12月5日・凱風社〉が出るなり飛びついた。四六倍判クロース装カバー付函入五百二十六頁の押し出し堅牢な出で立ち、本文8ポ横組二段に情報量充満、書名索引と著者索引を付す、至れり尽くせり行き届いた書誌の秀作である。

会員一万円納入者にのみ頒つ五百部限定『写真阪妻映画』〈昭和59年7月1日・活動資料研究会〉の最終頁「会員御芳名」欄に辻恭平の名が見えないのに、その本もちゃんと目録に載っている。映画の図書とは名乗りながらも採録の範囲は広く、『権田保之助著作集』全四巻を落さぬ目配りには敬服する。大原社会問題研究所へ、東京帝大から何人も研究員として赴いたが、殆どまともに研究しない怠け者か、型通り公式主義論文を書いてお茶を濁すか、大原が食い物にされていた時代、後世に残る実証的な業績を示したのは、権田保之助と『女給生活の新研究』〈昭和7年〉の大林宗嗣ぐらいではなかろうか。大原社会問題研究所パンフレット5号の権田『社会革命と民衆娯楽』〈大正11年10月10日〉も落さず拾っている。

『日本大学藝術科講座―映画篇』と共に、『日本大学藝術学部五十年史』も出ているので、必要はないかと思うものの、資料として一文を紹介しておこう。

映画科の使命

映画科主任　堀内　敬三

近頃映画の社会的進出は、素晴らしいものである。貴賤、貧富を問わず、容易に観賞することが出来る。世智辛い現代には誠に、あつらえ向きの娯楽機関と云わねばならない。学校や教会、寺院等では、これを教育や教化に活用することが出来よう。地方自治体や公共団体や、又は工場等に於ては、これを慰安とか、修養の為に利用するのも一策であろう。さればこそ各国政府が、国策遂行上の利器ともしているし、国民精神作興の武器となしているのも怪しむに足らない。

この分でゆくと、映画の発展進歩は、殆んど想像を許さぬものがある。勿論映画なるもののからくりは、全く近代科学の粋を蒐めている。それだから、この方面の事情に関係するものは、大した専門的知識を必要とする。所謂興行師型の幼稚な頭や、芝居者の頭脳では到底駄目なのである。それならば、将来の映画界を一体誰が背負ってゆくであろうか。かかる人材を養成する機関は、絶対に他に求められないのである。

このような時代的要求を満たそうとするのが、我が映画科である。即ち、将来無限に要求される優秀な映画専門家を作り出そうとするのが、この映画科なのだ。そこで、その為め教授講師としては、映画界に、多年の経験を有する諸名士が集っている。映画界第一線に立つ人材が網羅されている。映画監督、映画俳優、映画脚本作家、映画企業家、映画批評家等を志す青年学徒は、来りて学ばなければならない。他に、その志を満たし得る道は断じてないであろう。

叢書類のなかから該当項目を引き出すのはなかなか骨だが、日本経済新聞社の『私の履歴書』シリーズから、映画の話題を摘出したのはお手柄である。筈見恒夫の『映画五十年史』の場合、出版元の鱒書房が戦後の新版のあとに改訂版をも出していたとは気がつかなかった。

旗一兵の『喜劇人回り舞台』が、「俳優列記・列伝」の部に加えられているのは優しい。曾我廼家五郎十郎からはじまって、エノケン、サトウハチローに古川緑波を経て森繁久弥時代まで、面白く上品に描かれたこの方面における傑作である。同じ著者が長谷川一夫の歩んだ道をたどる『花の春秋』も出ているが、もう一冊、震災で失ったけれども、美空ひばりの初期を扱った『りんご園の少女』も出ている筈である。

「外国映画シナリオ・物語」の項があり、私は旧い方の「外人部隊」と「女だけの都」とが欲しいのであるが、どうやら刊行されていないようだ。そのかわりとして大事に持っているのは、『大いなる幻影／舞踏会の手帖／望郷』〈昭和13年8月18日・河出書房〉の一冊本である。書誌には主演者にとどまらず、脚本作者と訳者まで記されている。

津田亮一

文献目録にせよ年譜にせよ、初めて作成する時には、着手の折には気付かなかった手続きの、必要が後から後から湧いてくるゆえ、なかなかうまく仕事が渉らず、残念ながら欠陥作品を生んでしまう。ところが津田亮一の『瀧井孝作文学書誌』〈昭和52年9月10日・永田書房〉だけは奇蹟的な例外で、到底処女作とは信じられない完成品であった。菊判厚紙表紙背皮函入、本文三百四十一頁、五百部限定版、題簽瀧井孝作、心が洗われるように清楚に仕上がっている。書誌の第一部は瀧井の全著書を年代順に一頁一冊の余裕をとり、まず書影を掲げ、書物の戸籍を丹念に記す。一例を挙げよう。

折柴句集
初版（三〇〇部）
発行日　昭和六年八月五日
発行所　やぽんな書房（横浜市
　神奈川区立町一七一七番地）
発行者　五十沢二郎

造本　菊判変型(147×198mm)
　渋紙風の茶色の揉み紙装　厚
表紙　角背　背を黒紐でかが
　った和風の異装本　表紙左上
　に千社札ふうの題簽
装幀　五十沢二郎
函　渋色に刷いた厚手の和紙

見返し　刷毛の跡を残した山吹
　色の染め紙
本扉　濃紺の染め紙　白ぬきで
　鍔型輪郭の中に「折柴句集」
副扉　著者自筆
中扉　活版「雅博拿書房梓」
自序　八頁　五号活字

本文（一一八頁）　五号活字
定価　二円五〇銭

厚手の和紙に単式印刷で頁付がない　五八頁目と六八頁目が重複　六八頁の五句が脱落　昭和四十九年刊『瀧井孝作全句集』中の「折柴句集」で補なはれた

内　容

収むる所五百七十七句。大正三年より昭和四年に至る前後十六年に亘る作句を輯め、これを年月順に配列せり。

（中扉裏）

書誌の第二部は「文学全集選集」の部で、入念だがつけたりの感を否めない。そのあと、編著、著作年表、参考文献、索引、と続くが、この段階では博捜よく努めたりというところであった。ところが津田亮一の書誌が一躍成長脱皮するのである。『瀧井孝作全集』の別巻〈54年12月25日・中央公論社〉は、一冊すべてを瀧井孝作書誌にあてた。一般に個人全集の最終巻の更に巻末が書誌の席と決まっているのにこれは珍事である。

中公版書誌はがらりと変って斬新な構想を立てた。年譜の流れを中軸として、各年度に書誌を嵌め込んでゆく。『俳人仲間』等の自伝作品から、当該年度にあった出来事を、摘出するのも忘れない。

そして問題は「参考文献」の章である。瀧井孝作に触れたり論じたりの文章を、総浚いするのは勿論ながら、その一本一本の文献が、如何なる内容を盛っているか、その要約的解説を個別にすべて叙述した。平均して四行、時に五行、編者がこれは大切と思ったゆえか、特別に六行の場合がある。小林秀雄である。どの項も解説というより殆ど文藝時評等からの抜書であるが、読むに値する効き目の部分を引用してあるから、結構つい読まされてしまう。

私は昭和五十三年「文献目録から文献解題へ」〈5月15日『日本古書通信』〉を書き、「捜索と検出が書誌学の中心であった時代は確実に過ぎ去った。採集し得た厖大な文献を比較考量して効果的な解題を付する方法、それを書誌学の視点から独自に探り求めるべき時期が来ているのである」と書いて警告した。その意味では全集版に於ける「参考文献」の注記は、「比較考量して」の条件を満たさない。

そして、津田亮一による三番目の書誌が現れる。津田亮一著『瀧井孝作書誌』〈平成6年8月29日・著者刊行〉。昭和五十二年から数えて約二十年、これが決定版であろうかと推察する。

構成は当初に戻って、再び書誌を独立させた。一頁に一冊ずつの形式は変らないが、すべての書影がカラーとなっている。年譜は著作目録を兼ねること今まで通り、単行書はゴシックで浮き立たせた。

この第三版で決定的に向上したのは「参考文献」欄の構成である。第二版では、主として文藝時評類からの抜き書きであったが、第三版ではがらりと変って、編者独自の見識による叙述となった。これぞ解題書誌学の正道をゆく精進である。それでもかなり引用に頼っているのが惜しまれる。

瀧井孝作氏の「無限抱擁」　川端康成

昭和13年9月20日　改造社版『川端康成選集』第7巻「作家と作品」

書かれると同時に、永久に新しい古典となり得た作品であった。典型的な日本の抒情である。このように強く逞しい抒情は、遥か昔に遡らぬと、日本の文学には稀なのである。

相手が川端康成であるから、すべて頼ってしまうのも無理はない。

名人匠人の気品―「父祖の形見」―　武田麟太郎

昭和13年5月30日　帝国大学新聞　文藝欄

「この記録的文章は藝の極致、民藝品」といい、なお小説の古い藝術性を抹殺してより新しい通俗性を求める人も多かろう、といっている。

けれども武麟が相手であるとかなり気楽になっている。解説はつまり批評の一種であるが、批評は権威に負けない気合が背骨に入っていなければならない。

その意味で第三版と雖も解題書誌学には成り得ていない。そもそも『瀧井孝作書誌』は、瀧井が日本の作家としては非常な寡作であること、人気作家になった経験がないから、彼を論じた評論の、少なくとも真正面から論じた本格的作家論がないこと、以上の条件に支えられて、さほどの緊張を要せずして出来た仕事であることを忘れてはいけないのである。

土屋喬雄

明治十一年八月、岩崎弥太郎は隅田川の舟遊びに渋沢栄一を招き、余人を交じえず二人きりの密談を計画した。

そのとき岩崎は四十五歳、全国の海運業を統括する三菱商会を巨大企業に発展させ、更なる飛躍を期していた。

一方、三十九歳の渋沢栄一は、第一国立銀行を創設して頭取に就任、あらゆる分野に多くの会社を起し、財界の指導者としての地位を確立していた。

そこで岩崎は渋沢に提携を申し入れる。君と僕が手を組めば、日本の実業界はわれわれふたりの思い通りになるではないか。

勢いこむ岩崎を渋沢は冷たく斥《しりぞ》ける。事業は国利民福を目標とすべきものだ。公衆の資金を広く集めて巧みに運用し、利益は公衆に還元しなくてはならない。経営者が事業と利益を独占するのは間違っている。

激昂した岩崎は卓を叩いて渋沢に詰め寄った。夢のような理想論はやめろ。君の言う合本法《がっぽんほう》（株式会社組織）なんて、船頭多くして船山へ上がる、の類いだ。事業は能力のある個人が専制的に経営しない限りうまくいくものではない。

けれども渋沢は頑として所信を曲げない。岩崎は泣かんばかりに口惜《くや》しがったが、談判は最後まで平行線をたどり、物別れに終った。

以後渋沢は本拠とする銀行の株さえ十パーセント以上は持たぬ方針を貫く。そして晩年に述懐していわく、俺にその気があれば三井や三菱に並ぶ財閥になれたところ、敢てその道を選ばなかったのだ、と。

では渋沢栄一の性格は恬淡《てんたん》であったか。どうしてどうして、彼は自分個人の功績を長く後世に伝えるため、そのためにだけ使うべき厖大な私財を残す。明治十九年、龍門社（黄河ノ鯉、龍門ノ激流ヲ越ユルモノハ化シテ龍トナル、の故事に基づく）を設立して『龍門雑誌』を創刊、渋沢一門の事績を丹念に記録してゆく。青淵と号する彼の事業経歴を、まず浩瀚《こうかん》な『青淵先生六十年史』全二巻（明治33年・龍門社）に纏める。副題を「近世実業発達史」と謳い、俺様が明治実業界の牽引者であったのだぞ、という意を籠める。『龍門雑誌』は大正四年一月に二百二十号を出し、昭和二十三年頃まで続いて六百号を越えたらしい。そして驚くべきは『渋沢栄一伝記資料』の編纂刊行事業である。

架蔵本によって簡単に書誌を記す。B5判樺色クロス装、背金文字渋沢筆蹟集字、毎巻各六百乃至九百頁。つまり第一巻について言えば、縦二六・五糎、横一九糎、厚さ四糎、重さ一・五瓩である。それが全六十八巻ある。多分これにて揃いであろうが、或いはその後に増刊が出ているかもしれない。

昭和七年四月より幸田成友に編纂主任を嘱し、十一年四月以降、土屋喬雄に編纂主任を嘱した。前後七年の労を重ね、昭和十八年三月末日を以て編纂を終了する。十九年六月、岩波書店より第一巻刊行、戦争のため中絶、改めて今度は渋沢栄一伝記資料刊行会より、会員頒布制にて、昭和三十年四月三十日、第一巻から順に刊行開始、四十六年五月三十日、別巻第十を以て完結した。

土屋喬雄は周知の如く、日本資本主義論争に於ける労農派の驍将で、実証主義的研究により若くして頭角をあらわし、先輩教授をして、少年学成リ易ク齢取リ難シ、と嘆ぜしめた。

野依秀市編『青淵渋沢栄一翁写真伝』〈昭和16年〉に、

青淵渋沢栄一先生小伝
青淵翁の関係事業・団体・其他一覧
青淵先生編著書並に伝記類目録
青淵渋沢栄一子爵年譜

が掲載されていて役に立つ。

『渋沢栄一伝記資料』全六十八巻は、私のおおまかに見るところ六部に分かれる。

第一部は在郷及び仕官時代、すなわち天保十一年から明治六年、第一巻より第三巻までを充てる。第二部は実業界指導並に社会公共事業尽力時代、すなわち明治六年から四十二年まで、第三巻より第五十五巻までこの間五十三冊。第三部は社会公共事業尽瘁並に実業界後援時代、すなわち明治四十二年から昭和六年まで、第五十六巻より第五十七巻まで、これは二冊に収めた。

第五十八巻は渋沢栄一事業別年譜。以下は別巻となる。その第一第二は日記、第三第四は書簡、第五から第八までは講演と談話、第九は遺墨、第十が写真、以上である。

講演の部は編纂開始以来の蒐集「青淵先生演説集」千三百篇に拠った。談話の蒐集「青淵先生談話集」二千二百余篇二十四冊に拠る。どちらも厖大なため適宜選択されている。

『伝記資料』の本体をなす実業界時代については、すべてナマの資料を手広く集めたウヴの記録である。研究者編纂者の手は入っていない。資料集成は斯くあるべしと思わせる。公共活動に関する資料の少ないのは事柄の性質による。野依秀一作製の一覧によれば、関係した会社および会議所等が四百以上に対し、関与した社会事業は五十を越す。生涯の行動領域が空前絶後である如く、一個人の伝記資料が詳細であること世界記録ではあるまいか。

内藤湖南

内藤湖南は曠世の大学者であるのみならず、比類なく傑出した蒐書家であった。大阪府立図書館が編纂した『恭仁山荘善本書影』〈昭和10年3月26日・小林写真製版所出版部〉には、国宝が九点も収められている。稀代の蔵儲《ぞうちょ》と言わねばならない。

専門は禹域《うき》の学であったから、近代日本とは一応縁がないようでありながら、なにしろ八宗兼学の碩学であるから、目の届くところは遥かに広かった。『日本文化史研究』〈大正13年9月10日・弘文堂書房〉に収める「維新史の資料に就て」は、一見なんでもない論題ではあるが、実は、山川浩の『京都守護職始末』〈明治44年11月20日、大正元年9月25日増訂再版・沼沢七郎刊行〉を紹介しつつ、維新の内幕を語った談話筆記である。

博学宏識ではあるが、漢籍のみならず洋書も疎かにしない。桑原武夫が『ざくろの花』〈昭和21年4月30日・生活社〉に収める「湖南先生」に記すところは以下の如し。「あるとき新刊書が海外から父〈湖南の同僚である同学の桑原隲蔵〉の机上に届いた。父は相当の日数をかけて丁寧にノートを取り、さて教室へ行って紹介すると、生徒が一向に珍らしさうな顔をしない。いぶかしく思つて尋ねると、その本なら十日も前に内藤先生がくはしく論評されたといふ。それでは着本後二三日を出ないのである。

しかもその評言はすべて急所に触れてゐる。内藤君にはかなはんよと父は感心してゐた」。もちろん子息の回想であるから、謙遜の意が籠められているであろうけれども、湖南の学風の一端がしのばれるであろう。

その湖南が『目睹書譚』〈昭和23年9月10日・弘文堂書房〉に収録された「野籟居読書記」〈初出は明治33年7月『日本人』〉に、『大日本人名辞書』と『国書解題』とを批判している。書誌学的論評の範例として引いておきたい。

野籟居読書記

居を移したるは方位の悪しき方にや触れけん、連りに微恙に襲はれぬ。されど読書を廃する程にもあらねば、務めて近刊の者を、手にまかせて繙読しつ。人のものしたる書は、得て瑕疵の見え易き者にて、我知らず数条の札記をば成しける。人の美を成すことを好まぬ小人の益もなきわざなれど、己れ等が批評にて軽重すべき書籍もあるべきやうなければ、此が為に其の声価を墜すべき患はあらじ、愚者が千慮の一得は、著者に取りて案外裨益となるまじきにも限るべからずと、「日本人」の余白を借ることゝなしつ。

一　大日本人名辞書

経済雑誌社の大事業、世を益し社をも益して、こゝに第四版を重ねたり。第三版の二本なるを合して一本と為したる便利のかはりには、五号字の六号字となりたる不便は、免がれ難き乗除なり。前版に比して増補されたる処は、こゝに言ふまでもなし、其の労は誠に想像するに余あり、訂正されたる処も亦少からずと見えたり。余が目に触れし一二を云へば、
葛子琴　の伝、前版は橋本子琴と二箇処に複出したりしを、改めて葛子琴の一に帰したり。
戴曼公　の伝も、前版は独立と複出したりしを、改めて一に帰したり。
かゝること猶あるべし、これ一般の進歩なり。然るに猶ほ複出の訂されざる者あり、即ち
森羅万象　は桂川甫粲と複出なるに、今にそのまゝなり。且つ其のふり仮名を一方にはシムラバンザウとし、一方にはシムラマンザウとしたり。
蘇門山人　は服部蘇門が其の文集に自伝を載せて、五柳先生などの流を気取りし者なるを、服部蘇門の外に、別に蘇門山人の伝を存せり。
又前版には複出せざりしを、今版にて新たに此の誤を犯せし者あり、即ち
原富五郎　の伝は、前版にも今版の正文にも、已に載せられたるを、今版の補遺に、更に同人の藝名なる岡安原富の伝を複出したり。
又葛原の項下に「ジシウ」とありて、慈周の伝は六如の下に在れども、「ジシウ」の項は、全く之なきも疎漏なり。大岡男龍を「オホカヲタツ」と訓みしは、本朝画史の誤を承けたるにや、姓氏録にては、男の字は魏文帝の後なる安貴公の男にて龍といへる者の義なり。巨勢金持、金若などのいぶかしき伝記が、そのまゝに載せられしは、かゝる書の常にて是非もなし。暁鐘成を木村

蒹葭堂として載せたるは、蒹葭堂としては更に有名なる木巽斎にまがひて、検しにくかるべし。出口延佳、延経父子ともに、「デグチ」の項下には見えたるに、度会の項下には、延経のみありて、延佳なきはいかゞ。近人にては品川弥二郎、後藤象二郎、向山黄村ありて、勝海舟なく、白根多助ありて、白根専一なく、佐瀬得所ありて、長三洲なく、古人にては間宮林蔵ありて、最上徳内なきなど、皆五版の折には補てほしき者なり。

二　国書解題

裒然たる大冊にて、打ち見るより其の労苦の思ひやらるゝこと、経済雑誌社の人名辞書、社会事彙などにも劣らじと見ゆるは、佐村八郎氏の国書解題なり。然るに此書ほど無用の労苦を積み、無用の大冊を成就したるは、亦想像の外に在り。著者の盲目的勉強は実に気の毒の至りといふの外なし。著者は実に解題の書を作るに於て、其気力あるのみにて、其の才能と学識とは、全然欠乏せる者なり。此書の如く序文題詞の賑はしきは、近来に未だ見ざる所なるが、木村正辞、井上哲次郎二氏の外は、多くは一通りの無責任なる御世辞をならべたるは、我邦序文の常とて、怪しむにも足らねど、中には之を四庫全書提要に比したるなどあり、著者にして愚物にあらざる限りは、慙汗背に浹ねかかるべし。此書は実に四庫全書提要などに比すべき者にあらざるのみならず、我が従来の解題中、広く世に行はるゝ尾崎雅嘉の群書一覧などに比してさへ遥かに劣れり。この著者の力にては、固より此書に収むる一万五千部の書籍を批評せんなどは思ひも寄らざる所なれば、そは是非もなしとせんも、凡そ書籍の解題に最も要する、其の書の特質を標出することさへも、全く此書によりて得べからず。其の例を挙ぐれば、論語に関する諸書の解題に、

論語繹解（皆川愿）「論語」を註解したるもの。(一)

論語管窺（古賀煜）「論語」を考論したるもの。(二)

論語古義（伊藤維楨）「論語」に詳註したるもの。其の古義を闡揚し、併せて自家畢生の見識を発揮せるものなり。(三)

論語々由（亀井魯）「論語」に詳註して、一家の見解を発揮す、諸本に照し、先儒の説を校閲して、其の善者を取り、以て各章の下に集註す。(四)

論語集解攷異（吉田漢宦）「論語集解」を攷異したる者にて、巻首に原書及び攷異の提要を掲ぐ。(五)

論語大疏（太田元貞）「論語」を詳註し、和漢古今の諸説を集註したる者なり。(六)

論語徴（荻生茂卿）「論語」の古義本領を繹ね、一家の見を披露す。(七)

これだけの間にて、(一)の如きは何れの註にも応用すべく、(二)とても考論の何事なるかを知るに由なく、(三)と(七)との間に何等の差別あるかを看出し難かるべく、(四)と(六)とも亦然り。(五)は論語集解の如何なる書にして、如何に攷異したるかを明かにすべからず。固より仁斎徂徠の学風を知る者には、古義と徴とが如何に差別あるかを誤まるべきに非ず、徂徠学の亀井南溟と、考証学の太田

錦城とも、同じことにて、皆川淇園の字義に特得あり、吉田篁墩の校勘に精しきなど、それ〴〵特色あること、一通り此に心を用ゐる者は、皆知る所なれども、さる人には此の如き解題は、何の益をも与へず、此書によりて始めて、此等の書名を聞く如き人には、此の如き解題、茫として何の便にもなるまじ。其の誤謬、疎鹵、重複等に至りては、毎条に看出すべからざるなく、殆ど一見して厭忌を生ぜしむ。凡そ全く解題の経験なき人にても、かばかり多数の書を、表紙、奥付、目録だけなりとも通覧し行く間には、多少校勘の智識を得て、甚だしき誤謬、疎鹵、重複は之を避くるを得べき者なるに、この著者の頭脳は、全く記憶、比照、概括の能力なきかと疑はるる許りに、麁雑を極めたり。著者にして若し学術界の為に、忠実に「国書解題」なる題目に副ふに足るべき著述を貢献せん熱心あらば、須らく此の成書を焚て、最初より改め編すべきなり。著書の目的は、決して書肆の広告、新聞紙の書籍紹介よりも劣れる反古同然の大冊を徒労して作るのみにはあらざるぞかし。

それでも『国書解題』は増刷を重ね、無邪気な学徒を迷わし続けたのであった。

長尾隆次

我が国の民間に身を置き、進んで吾が資を投じて、終始独立独歩、厖大な社史の蒐集を果したのが、記録的な存在の長尾隆次である。近代蒐書史に特筆大書されるべき貢献であろう。

昭和五十四年三月二十日、蔵書目録の第一輯を刊行したとき収集書は四千数百点であった。第二輯の目録〈55年3月15日〉からは、要望に応えて数行ずつの解題を加えた。第三輯は五十六年十一月、そして第四輯〈59年6月27日〉を以て目録の発行を終了した。昭和二十年代後半から収集をはじめ、収集は八千を越すに至る。

総体から見て蒐書の目的を達した長尾隆次は、意を決してコレクションを龍谷大学図書館に譲渡した。龍大図書館は『龍谷大学図書館蔵長尾文庫目録―社史・団体史・産業史資料―』〈61年3月31日〉をA4判約四百頁の大冊として刊行した。図書館長の序にいわく、

本書は、昭和五十八年に購入した社史・団体史・産業史コレクション　長尾文庫の目録である。長尾文庫は、株式会社大長水産代表取締役　長尾隆次氏（現在信州大学経済学部講師を兼ねる）が三十余年の歳月をかけて収集されたもので、社史を中心に団体史・産業史・人物史・定款・営業報告書・広告資料等を加えた厖大なコレクションである。特に社史は日本で刊行されたものの

大半が収集されており、数十点に及ぶ稿本・未定稿を含め、全国でも有数の規模を誇るものといえる。

このコレクションは、個人コレクションでありながら、マスコミにも取上げられ、質・量ともに全国有数のものとの評価が与えられている。研究者からも強く公開の希望が寄せられたため、長尾氏は、社会的責任からも公的機関への譲渡を決意された。国内外の大学から入手希望が寄せられたが、長尾氏の関西の大学へ、というご希望もあり、本学への譲渡が決定した次第である。その後も図書館が蒐めて補充した二千五百冊を加え、蔵書冊数一万二千余冊に達したのを機に、目録の増補改訂版〈平成2年3月31日〉が出た。斯くして長尾隆次コレクションは安住の地を得たのである。

以上に経過を辿ったように、社史に対する関心が学界で強まると、当然の要望として社史の研究法利用法の探索がはじまる。とりあえずの入口は、近江哲史編『解題付社史についての文献一覧〈第三版〉』〈平成元年5月18日・ユニ・カレッジ〉であろう。但し残念ながら、文献を押せ押せとばかりに並べてあるだけ、分類が念頭にないので、何の当てもなくキョロキョロ探さねばならない。何とも不親切な書誌である。ちなみに私の「日本出版社史類目録」〈61年11月4日『関西大学文学論集』〉が見落されている。

そのような欠点は如何ともしがたいけれども、極く初歩の何も知らない人にとっては、とりあえず杖柱とも頼りにできる案内人文献に、必ず出会えると依存できるところは効能がある。例えば土屋喬雄や中川敬一郎や杉森久英や飯田賢一やといった人々の文章は、読んで決して損はしないであろう。

そのかわり、吉野俊彦などというとことんのゲテ物を挙げたのは、編者が吉野を一行も読んでいない証拠であって、日銀だの山一だのと言っても無学は要するに無学なのである。それはともかく、この本が読ませる内容であることに変りはない。

入門の手続きが済んだら学年を上昇するように、教科書として藤田誠久編『社史の研究』〈平成2年6月20日・有斐閣〉が待っている。但し文章の歯切れが悪いのを難とするが、社史の検討と作成をめぐって、必要な話題を網羅している。網羅はするがスッパリと断定はしないという。いわゆる穏健なお人柄の文章が続く。じれったいけれども学者という人種はこの手で身を保っているのである。

そもそも、社史とは何であろうか。その含意するところは、研究者によっても社史収集機関によっても、かなり異なっている。例えば、前掲『「会社史」入門』では、社史とは「会社の歴史的情報を、内部資料に基づいて客観的かつ体系的に、会社自身の責任において提供するもの」、「企業それ自体の発行する歴史書」と定義されている。これは、われわれが通常想定する社史の狭義の定義であろう。

ところが、前掲『会社史総合目録』では、以上のような定義に合致するもののほか、「会社の歴史を知るうえで参考となるものは広く収録」するという方針を取ったため、ジャーナリストによって刊行された社史や、特殊な目的による既存社史の復刻版も含んでいる。具体的には、一九六〇年代後半から七〇年代初頭にかけてダイヤモンド社から発行された『産業フロンティア物語』のシリーズや、同社の『ポケット社史』シリーズ、さらには一九七〇年代半ばに常盤書院から出版された『日本社史全集』や日本経済評論社の『明治期鉄道史資料』『大正期鉄道史資料』所収の復刻社史を多々含んでいるのである。このような社史の範囲づけは、最広義の定義といえるであろう。

このような狭義の定義と広義の定義のなかで、研究者や所蔵機関によって社史の取扱いはそれぞれ異なっている。例えば、われわれが研究対象としている長尾文庫の目録である『龍谷大学所蔵長尾文庫目録――社史・団体史・産業史資料』では、『会社史総合目録』で収録されている回想録類が社史とは違った扱いを受けている。このような相違は、数え上げればキリがないほどである。

要するに社史とは何かと言いだしながら結論は出さない。まあこんなものだと辛抱することである。藤田誠久が、権威あるものとしきりに気を配っているのは、『増補・改訂版会社史総合目録』〈平成8年10月31日・日本経済史研究所〉であるが、収載量の多きを求めるのあまり、これ以上無愛想にはなれまいと、思わず苦笑するほど、木で鼻をくくったような冷淡な記載である。時代は解題目録へむかっているのに、敢て逆行するのは何の為であろうか。

長沢規矩也

『書誌学論考』〈昭和12年12月31日・松雲堂書店〉が処女作とは思えないほど若くして抜きん出た長沢規矩也は、漢籍書誌学の第一人者として屹立するのみならず、書誌学一般の応用分野を厳しく観察し、最も頼りになる『図書学辞典』〈昭和54年〉をも著して、効用この上なき標識を樹てた。

その長沢規矩也が晩年に「書誌学と図書学と図書館学」〈41年5月『書誌学』、著作集4巻〉という思うところのある標題の論文を書いた。言わんとするところの要旨は次の如くである。

図書学に似た用語に図書館学といふものがある。館界の人々が好んで使ふ語であるが、私は、図書館学という学問は純粋の学問——といはうか、科学といはうか——としては成立する筈がないと思ふ。図書館という機関の下に学という文学を加へても、科学にはなるまい。これが成立するなら博物館学・公民館学どころか、学校学、大学学や文部省学が成立し、内閣学・都道府県庁学から、研究所学も成立することになる。これらは運営法か経営法かであつて、せいぜい運営論・経営論に止まる。図書館学は、所詮は旅館学・ホテル学の一連であつて、学者の列に入れない人々の夢にしかならないと信ずる。彼等の図書館学の内容中の学問的な部分は図書学の中に包含されてよい筈である。

然り、然り、まことに然り。図書館学などというものの、その実体は何もないのである。

我が国でも古くは大正十三年、田中敬の『図書学概論』以来、図書館学という呼称は行われていない。その見識ある伝統に踏み込んで、図書館学というもっともらしいイカサマを世に広げた愚著があって、これが非学問的図書館学流行の源《みなもと》となった。すなわち毛利宮彦の『図書館学綜説』〈昭和24年12月1日初版未見、25年再版・同学社〉である。この本が出たために、植村長三郎は『図書・図書館事典』〈26年〉を『図書館学・書誌学辞典』〈42年〉と改めた。天野敬太郎の古稀記念論集の書名を『図書館学とその周辺』〈46年〉としたのも遺憾である。

『図書館学綜説』には、書物に就いて何も知らぬ国会図書館長金森徳次郎が序を書き、毛利は図書館学について米国で正式な研究を遂げ、更に各種図書館で実務を積みあげ、押しも押されもせぬ斯界の元老であったと讃えた。言葉もあろうに元老とは何事か。その誇張に満ちた権威主義の滑稽には誰もが失笑するであろう。

四百数十頁の肉薄稀薄なこの本に、締まりのない文章で記載されているのは、物体としての書物を事務処理として扱う手続のみであり、文献としての内容価値に即した整理の仕方には風馬牛なのである。

目次だけ明細に見栄を張って賑やかなのは、アメリカで学問した者の通例であるが、『綜説』の目次もまた十八頁約三百項目に達する。貧弱な原稿を細かく細かく割って、これだけの項目をひねくり出すのはさぞ御苦労であったろう。この煩雑な分割主義にはとてもついてゆけないので、なかでも特に滑稽な例を挙げよう。

このような特に修練を要しない単純な事務を、それをベンキョウするのが図書館学であるらしい。図書の註文が陽気や浮気で為し難いのはよく解る。しかしその方法を教えることが果して出来るか。一般論として価値ある書籍を覚えさせたところで、当面する選択の対象は新刊なのだから、未来に出現する文献の、価値を的確に判定する方法を、あらかじめ教えておくことなどできない。

書店価格の問題に至っては噴飯ものである。書物の適正価格を探り出すため、図書館員が海千山千の業者と駈け引きするとでもいうのか。註文事務上の注意とは何だろう。汚れた本を持ってくるなと念を押すのは当り前である。

図書館学がこれこそ我が使命と固執するのは図書の分類で、『綜説』にも数種類の分類法が示してある。しかし分類なんて不要なのだ。中村幸彦〈『著述集』14〉は、「しかし私は本は受入順に書庫に入れ書架に配列するべきだと常に考えている」と分類操作を一掃する。

図書館学は学問ではない。掃除の仕方にちょっと工夫が要る程度の、つまり作業であり事務である。内容は殆ど何もない。それを学問であるとウソを承知で言い立てているのだ。図書館員に必要なのは書誌学である。書誌学の素養を欠く図書館員は要《い》らない。書誌学の勉強は図書館員の義務である。

しかるに現今の図書館員は書誌学を敬遠する。そんな辛い精進は御免だ。それに代って、如何にも学問らしい教科書《テキスト》が欲しい。その空白につけこんで、『アメリカ図書館思想の研究』とか『図書館資料の諸相』とか、実際の役に立たない、いわゆる情報本が氾濫している。むつかしくないから少しかじって知ったかぶりができる。その効能は麻薬そっくりである。つまり、書誌から逃げて落ち行く先が図書館学というマヤカシなのである。

中島河太郎

明治三十四年、二十二歳、最初の評論を発表して以来、昭和三十七年、八十三歳の逝去まで、正宗白鳥の文学活動は六十余年に及び、常に変らず文壇の中枢に位置し、老年に及んでも衰えを見せなかった。谷崎潤一郎が「鍵」第一回〈昭和31年1月〉を発表して世間が大騒ぎとなり、文化勲章を褫《ち》奪《だつ》せよと叫ぶ代議士も出た頃である。漸く第三回目が掲載されたとき、三越劇場に於ける名人会の招待席で、白鳥の横にすわった河盛好蔵が、中入りの時、先生、中央公論の〈鍵〉をお読みになりましたか、と聞くと、うん、読んだ、という返事。そこで、あの作品を、先生はどうお考えになりましたか、と質したら、白鳥は言下に、うん、ジャーナリズムを騒がせるのは、いいことだよ、と言った。いきなり結論を言う人だ、と河盛好蔵は井伏鱒二〈『風貌・姿勢』昭和42年〉に語ったという。白鳥は最後まで若々しかった。

ところで執筆量が並み外れて厖大である白鳥のような場合、歿後に全集の編纂に携わる当事者の思案が難儀である。『保田与重郎全集』四十巻・別巻五のように、後援組織がしっかりしている場合は安心だが、そうでない普通の条件の許では制約が大きい。巻数を縮めるためには収録作品の選択に悩む。絶対的な基準はないのだから、つまりは編集者の決断に俟つしかない。

準備ととのって出現した新潮社の『正宗白鳥全集』十三巻〈昭和40年〉の構成に接したとき、これこそ全集の傑作だ、と喜びに呻いて中島河太郎を賛嘆した。世の中、何事にせよ中途半端が一番いけない。十三巻というのは新潮社が弾きだした採算ぎりぎりの許容量であろう。そこへ小説を戯曲を評論を随筆を回想を詩を翻訳を、という調子で万遍なく少量ずつ入れてゆけば、正月の御節《おせち》料理のように、とりとめのない特色を持たない誓文払いの雑然棚卸しとなるであろう。

『新潮社一〇〇年図書総目録』〈平成8年〉によれば、編集方針は以下の如くであった。「編集は中島河太郎。評論を重視し、できるだけ単行本未収録のものを収め、ジャンル別・年代順の編集方法をとる。各巻末の解題は中島河太郎が担当し」云々、すなわち十三巻本白鳥全集は、中島河太郎が手塩にかけて産み出した独自の作品なのである。なかでも評論に四巻、随筆に二巻、回想に一巻、という編成は大英断であった。作家にはおのおの同じからざる個性がある。その持味を生かすように組み立てるのが全集の役割である。今後も多くの編集者が中島河太郎の断固たる編集方針から何事かを学び続けることであろう。

たまたま福武書店が、創業の地であるゆえを以て、岡山県出身の傑出した作家の全集を出すことになった。今回は巻数の制限がない。中島河太郎に紅野敏郎が加わって、『正宗白鳥全集』三十巻が完成した。評論が七冊、随筆が四冊と、以前からの方針が一貫して守られている。しかも評論を分類しそれぞれの帯の背に、文学論、作家論、作品論、外国文学論、文藝時評、藝術論、宗教・社会論、と記して内容を告示する。今後は全集にも帯をつけて、標識とするのも一案であろう。

一方、中島河太郎と言えば推理小説である。『探偵小説年鑑』をはじめ、戦後ずっと絶え間なく各誌でお目にかかってきた。それが漸く『日本推理小説史』三巻〈平成5年〉に纏まったのは慶賀の至りである。尤も執筆の態度がかなり厳粛で、すべての歴史的由来を明白にすべく、話題が幹線道路のみを疾走するという傾きがないでもない。岡本綺堂が捕物帳を創始した事歴は周知であるが、ほんの少し顔を出すのみの『右門捕物帳』が、飛び抜けて如何に面白かったかに言及して欲しいし、そもそも捕物帳の書かれた分量はどれくらいなのか、捕物帳書誌学が現れて欲しいものである。

昭和十年代の翻訳家と言えば誰でも知っている、伴大矩、の正体が中島河太郎をもってしても未詳とはまことに不思議である。井上良夫訳『その悲劇』〈昭和12年〉は戦後に復刻〈昭和25年〉されて声価を決定したと思う。横溝正史訳『地鉄サム』〈昭和4年〉は推理小説の「埒外」と斥けられていたが、当時は『新青年』の醸す雰囲気に包まれて、オマケだが必要な存在でもあった。推理小説を厳密に純粋に定義してゆくと、今後の発展方向が狭まって痩せてゆく憂いなしとしない。『黒死館殺人事件』〈昭和10年〉や久生十蘭の『金狼』〈11年〉の如き要素を積極的に取り入れてゆくべきではなかろうか。

中津原睦三

内容見本についての記録を、はじめて冊子にまとめたのは中津原睦三である。昭和二十七年の『斎藤茂吉全集』から、昭和四十四年の『現代の発見』まで、約百五十種に及ぶ内容見本を取りあげ、次に掲げる一例の如き要領で、内容見本の内容見本とも言うべき詳記を重ねる。

岩波書店　斎藤茂吉全集　昭和二十七年四月
A5版12頁
岩波書店

『斎藤茂吉全集』刊行にあたって
推薦　歌壇の偉観　小泉信三
民族の感歎　折口信夫
茂吉の散文　河盛好蔵
斎藤氏の研究法　土屋文明
斎藤氏の業績　岡崎義恵
全二十四巻の各巻内容
内容組方見本

『赤光』の一部
『妻』の一部
写真資料
肖像。歌集原稿

体裁　B6版　布製　函入　本文上質紙　平均四二〇頁　口絵一葉　月報付　定価三六〇円
第一回配本　昭和二十七年五月七日　第一巻歌集一

記録すべき事項は落さない、と方針の定まっているのが感じられる。冊子の表紙には、出版内容見本書誌、と称して、この仕事は書誌である旨を明示した。四六倍判を少し縮めたぐらいの大きさで九十七頁、昭和四十六年九月二十日刊行、謄写版刷、六十部限定の私家版である。折口信夫の「民族の感歎」は、この標題《タイトル》では全集に採られていないようである。河盛好蔵の「茂吉の散文」も『私の随想選』に入っていない。こうして眺め渡すと、本にならないまま放置されている文章が、かなり多く浮かびあがってくるのではあるまいか。

推薦文の標題《タイトル》は大変に難しく、たとえば開高健のように巧みな逆説はなかなか見当らない。直截的《ストレート》な作家論としては、『室生犀星全集』に寄せた伊藤整の、「奇蹟のような存在」という短い表現は、伊藤整が真正面から向かっている姿勢を示す。それに較べて『佐藤春夫全集』推薦の七人が、まるでチンドン屋みたいに囃し立てるのみで藝のないのが見劣りする。『藤村全集』に寄せた亀井勝一郎の、

「近代日本の運命を考えた詩人」など、近代誇張批評史の横綱たること間違いなしである。川端康成が昭和七年一月の文藝時評で、「夜明け前」を一刀に仕とめている気合を、少しは学ぶべきであったろう。

『内容見本書誌』の第二集は昭和五十二年十一月十八日の発行である。この時期の注目すべき刊行物に『日本思想大系』がある。我が国の思想史研究が極く一部の碩学を除いて、如何に水準《レベル》が低いかを露呈する結果となった。古典に注をつけるという難しい仕事のわかっていない人が多いのである。推薦者の全員が失格であることは明瞭であろう。秀れた編集としては『古典俳文学大系』が、俳文学界の要請に応えて全力を尽くした。ただし、「一般の教養書としても座右にすすめる」という「編集のことば」は、それは無理というものだろう。重点をそこに置くとするならば、編成に更なる工夫を重ねるべきであった。

その次に中津原睦三は新しい方式を考え、『書誌の試み』〈49年11月3日・五十部〉を刊行した。第一部は近年の書物について、それぞれ紹介あるいは批評の引用を付加する広義の解題である。宮崎郁雨の『函館の砂』や野田宇太郎の『瓦斯燈文藝考』や花田清輝の『鳥獣戯話』その他お気に入りの著作には、身を乗り出して讃辞を記す。第二部は重要な個人全集五種の月報に着目してそれぞれの総目録を丹念に記録する。これらの内容を読みたいなと焦《じ》らすところがミソであろうか。

第四冊目ではまたまた新機軸を出す。すなわち『書物意匠帯書誌』〈51年2月20日・八十部〉と来ましたなあ。内容見本からはじまって、解題から月報へと進み、遂に前人未踏の帯〈腰巻とも言う〉へ到達した。

多彩多種にわたるこころのこもった帯の惹句《キャッチフレーズ》が採りあげられているなかから、名著の名評を探してみよう。

伊藤　整著　求道者と認識者

昭和三十七年十一月三十日発行
新　潮　社　　三六〇円
帯　色　　白

評論と実作に、ユニークな存在を示す著者がはげしく変貌しつつある現代文学の現象と本質を解明し、その進むべき方向を究明しようとする本格的文学論！

目　次

文壇と文学
共産主義と反共産主義
種々の「芸術は必要か」
生活と文学の目標
生活のリアリズムと文学のリアリズム

文壇文学とは何か
愛の世界とは何か
愛というものについて
求道者と認識者
芸術の周辺
現代文学の世代
「純」文学は存在し得るか
日本の社会日本の小説
純文学像の推移
近代日本における「愛」の虚偽
異邦人意識と人類意識
ヨーロッパの性の意識

平野　謙著　文藝時評

昭和三十八年八月二十五日発行
河出書房新社　九八〇円

帯色黒

文藝時評による戦後文学の全貌　年表索引付

文学的人間平野謙　　　　伊藤整

平野謙氏の批評の魅力は、その人が読者の前に坐り、顔をつき合せて語って、自らも納得し、読者をも納得させずにおかぬという、その文学的人間としての一貫した態度にある。

特にこの本は、戦後十八年間の日本文学。個々の作品について、月月の政治情勢、作家の立場と思想の変化、文壇の事情等に則して、最も詳細、具体的に論じたものであり、編年体の文学史として見ても類のないものである。

最も真剣な意味においての文学とは何か、ということを語った書物として先づ推すべきものである。

『文藝時評』という書名の嚆矢は川端康成〈昭和13年12月1日〉で、この書名に適すると見られた二人目が平野謙なのである。

中村幸彦㈠

昭和二十二年、天野敬太郎は、「目録の時代を経て今や索引の時代に進んでいるのである」と『書誌索引論考』に於て呼びかけた。しかし我が国にはどうやら索引を重んじない風潮があるようで、今でも索引が最も遅れているように思われる。原因のひとつは支那の学問が記憶力を重んじるあまり、索引のような便法を軽蔑したその影響が、我が国にも浸みこんだ経過であろう。

もうひとつ理由を按ずるとすれば、近代期になって出版は栄えたが、早飯早糞に加えて早出版とでも言うか、いずれの出版社にも時間の余裕がなく、索引のような手数のかかる操作を、真平御免と斥けてきたからではなかろうか。

ひとくちに索引と言っても、さまざまに異なった方式がある。第一種には、総索引。第二次『折口信夫全集』の総索引の型である。人名も書名も地名も行事も作品名も劇団用語も何も彼も五十音順でごちゃまぜに並べた速成である。検出しにくいこと限りない。こういう索引を作ってはいけないという見本のようなものである。第二種は、人名、地名、書名、という風に整理した分類索引。『森銑三著作集』は人名索引と書名索引の二本立てである。森銑三の場合はそれが似つかわしい。第三種が、事項索引と呼ばれる最高級の仕上がりで、藤井貞文作成の、第一次『折口信夫全集』別巻の「総索引」である。ただし、総索引との名乗りは正確を欠くので、実質的には項目索引である。

このように分類すると、『漱石全集』二十八巻は、和文と欧文とに分けてはあるが、総索引の方式なのであまり感心しない。『日本古典文学大系』別巻の索引は、語句・事項索引と初句索引とに分けてあるから、索引を不得手とする岩波書店にしては上出来である。

此処でちょっと寄り道すると、『全訳漢文大系』全三十三巻〈集英社〉の索引が、まことに学びやすく出来ているのを特筆しておきたい。漢文叢書類の索引と言えば、本文の漢字や熟語を引くためと決まっている。ところが集英社版は構想を新しく切り替えた。本文は当然やさしい現代語現代文に直してあるのだが、その現代語訳文そのものが、索引で簡単に検出できるのである。

人未だ自ら致す者有らず

この章句が索引に出ていて、そこから本文に戻って人が自分を出しつくすことはできないものだ。

いう曾子の言葉を味わい知る。『全訳漢文大系』は索引を巧みに生かした傑作である。

さて、事項作品とは如何なるものか。いちいち説明するより、事項索引の最高傑作をお目にかけよう。『中村幸彦著述集』〈中央公論社〉第十五巻巻末の「総索引」である。実質は徹底した項目索引であること言うまでもない。この書誌はもちろん選ばれた重要項目ばかりであるが、その各項目を他の項目との連繫関係のなかに置いたゆえに意味するところが深まるのである。一例として索引に於ける西鶴の項目を引く。

今まで「筆蹟酷似の人」などを索引に加えた例があろうか。これは史上細密の索引である。

尤もここまで完備した索引の出来たのには理由がある。このとき中村幸彦は健在であった。そこで採るべき項目のすべてを著者が選び出し、著述集全十五巻を門弟十五人に割り当てて整理し、最後に石川八朗が仕上げを担当した。索引を他人《ひと》まかせにしないためには、長寿が必須の条件であると、一同改めて感じ入ったことである。

中村幸彦㈡

目録の学、があるように、索引の学、があって宜しかろうと思われる。参考になる手引書としては、稲村徹元『索引の話』〈昭和52年〉、天野敬太郎『書誌索引論考』〈54年〉、日本索引家協会『索引作成マニュアル』〈58年〉等を見かけるし、そこには既成の索引を少ないながら若干挙げてあるけれども、すべて部分的な説明に関連する例証としてにとどまる。『国歌大観』を別にすれば、著者たちは範とすべき索引を指示していない。この索引を到達の水準と見て方向を定めよという助言がない。つまり書誌学者の殆どは、索引の決定版をまだ見出していないのである。

索引の学は実地の作業であるから、畳水練は何の役にも立たない。しかし意を決して着手するにも、最小限の手掛りがなければ途方に暮れる。そこでこれからの索引学者が見定めるべき目標として、私は次の三点を挙げる。

藤井貞文『折口信夫全集』別巻〈第一次〉「総索引」〈昭和34年〉
西村亨『折口信夫全集ノート編』別巻「総索引」〈昭和49年〉
石川八朗『中村幸彦著述集』第十五巻「総索引」〈平成元年〉

それぞれに総索引と名乗っているが、実質は事項索引であって、索引が今後に必要とされるのはこの分野に於てであることは決定的である。その具体的な一例を第一次『折口信夫全集』から摘出しよう。

北條団水「西鶴名残友」 ⑩四五〇-一
『北條五代記』 ②三二
ぼうど（稲むら） ③七二、七五
「ほうとする話」 ②四一六-四〇
自註 ㉚五〇九
豊年祭 ㉚二六六-七
棒はな ③一二八
「豊明殿」〈歌〉 ㉑二二七
豊明楽 ⇩とよのあかり
保谷 ㉛八八
蓬莱の鬼 ⑮一四〇-一
蓬莱山 ②三七九-八〇
鳳来寺 ②三九七⑰一八九、三四九
「鳳凰風流」 ⑰二七六
保栄茂翁長（ほえもおなが） ⑲三八八
ぼおた ⑮三九一-二
ぼおどれいる ⑲二三九
法人 ⑮四六九
宝楽（ほおらく）（姓） ③一三
ほおんの歳事記 ㉚四六一
外心（ほか―） ⑥三〇四
ほかひ・ほけ（行器） ①一〇一-三、一八一②三九二③三〇、三七、三四三⑦八七-九〇⑨一九三⑫三五
ほかひ（乞士・祝言） ①七四、八二-六、一〇三-六、一四七、一五一②三九二、四〇二-三③一六、一一三、三三⑦六一、六四-五、六八、八七-八⑫三九
神楽と―― ⑦九一
語部と―― ①一〇七
くぐつと―― ①一六一②三九一-二⑫三三五⑯四八〇
ことほぎと―― ③一七二⑮一三七
祝言・乞食者・ものよし ①九三-四、九七-八②三九二③三七⑨一一四、二〇九⑮一三三
巡遊伶人と―― ①一〇三⑩一六四-五
所作と―― ①一〇〇⑦九〇
叙事詩化 ①一〇八、一三
新室の―― ⑫四三
番匠と――神 ③一二
ひひなの家と―― ③三五五
まれびとと―― ⑫三一九
――の詞 ①一二〇-三⑨二〇八
ほかひびと（乞食者） ①九七-一〇三、一五一、一五四、一八一-二、一八五-六、三四二、三五一②四〇二③三一八⑦六四、八七、九〇⑨一一四、一九三-四、二〇八⑫三三五-六、四六二-七⑮七一-四⑯二九九、三八四⑰一六〇
階級 ①一七
海部と―― ②三九一⑰一六三

このように、ひとつの言葉が表現している事項の共通する記載を一括りするには工夫が要る。貴種流離譚は別個に一項目を立ててあり、この折口語の初出が「叙景詩の発生」〈大正15年〉であると知ることができる。そのときは「貴種の流離物語」という表現であった。

第一次『折口信夫全集』の索引は画期的な達成であったが、残念ながら索引作成法についての説明がない。幸い『中村幸彦著述集』総索引のはじめに著者が細やかに「凡例」を記している。この方式が今後の拠るべきところとなるであろう。

凡例

一、この索引は「中村幸彦著述集」全十五巻中に見える、主要な人名、書名、事項の検索のために編集した。
一、配列は、現代仮名遣いに準じた五十音順とし、①…⑮をもって巻数を、一、二、三、…の和数字をもって頁数を示した。ただし、第七巻の影印を掲げた部分は、頁数の前に、「演(1)」等の記号を付した。なお、太字の和数字は、その項目が著述の標題や小題中に見え、主項目として記述されていることを示すものである。
一、人名は通行のものに従ったが、儒者は姓号、俳人は号、戯作者は戯作名、中国人は姓名をもって掲げることを原則とし、別称、別号等は、必要に応じ、見出し項目の下に（　）に入れて掲げた。なお、主要な別称、別号等は、別に仮項目として掲げ、→をもって本項目に導くようにした。
一、書名も通行のものに従って『　』に入れて掲げ、別書名等は、人名の別称等の場合と同様に扱った。その際、角書は原則として省略したが、まぎらわしいものについては、残したものもある。ただし、配列順は、角書を省いた形の順序に置いた。
一、小説等の篇名、文章名、歌謡名等は「　」に入れて掲げた。
一、表記が単一でない場合は、該当する表記の下に（　）に入れて異表記を注記した。
一、親項目のほかに、必要に応じて、親項目の内容を細分化した項目を付載したほか、親項目に関連する複合項目をも、子項目として掲げた。その際、親項目と重複または子項目の前項と重複する部分は「――」をもって省略した。
一、同名異人、同名異書、同名異事項等は、それぞれ別項目とし、（　）内に区別を注記した。
一、前項のほか、項目の性質等を明らかにするために、適宜（　）を用いて注記した。
一、難読と思われるものには、適宜（　）に入れて、小字・割書で読み方を示した。

中村幸彦自身、『古義堂文庫目録』〈昭和31年〉はじめ書誌書目十数点作製のほか、『洒落本大成』、『随筆百花苑』、『上田秋成全集』その他の編纂に、書誌学的見識を示すこと多大であった。なかでも特に『古義堂文庫目録』は多数の草稿を残した伊藤仁斎の、大学定本十七部、中庸発揮十六部、論語古義二十七部、というような複雑な堆積の整理であった。その中村幸彦が指示して出来た索引は、次の如く現在最高の出来栄えであろう。

う

野中敬吾

世を挙げて誹謗貶斥されている人物の真価を顕彰し、同情者の応援を乞わず待たず、ひとり毅然として整然たる弁護の論を張る者こそ、昔風に言うなら男のなかの男であろう。明治十年、西南戦争鎮定の直後、福沢諭吉は西郷隆盛の雪冤を意図して、『明治十年丁丑《ていちゅう》公論』を執筆したが、ひとまず筐底に秘して人に示さず、漸く明治三十四年に公表した。思えば福沢一代の名文であろう。その一節に曰く「結局大義名分は道徳品行とは互に縁なきものと云う可きのみ。今西郷は兵を挙げて大義名分を破りたりと云ふと雖も、其大義名分は今の政府に対しての大義名分なり、天下の道徳品行を害したる者に非ず。官軍も自から称して義の為めに戦ふと云ひ、賊兵も自から称して義の為に死すと云ひ、其心事の在る所は毫も異同なきのみならず、決死冒難、権利を争ふを以て人間の勇気と称す可きものならば、勇徳は却て彼の方に盛なりと云ふも可なり。此事実に由て考ふれば、西郷は立国の大本たる道徳品行の賊にも非ざるなり」。以下滔々たる語勢の気合は、現代と異なって明治の世には、未だ必要があったればこその論陣であったろう。

　今や明治以後の主だった人物で、国民に最も慕われ好意を持たれるのは、引き続き一貫して西郷隆盛であると言われる。或る時まだお元気だった木村毅先生から、我が国で最も多く伝記を書かれたのは、西郷隆盛であると教えられたことがある。『日本人物文献目録』の冒頭には、鹿児島県立図書館編刊『西郷南洲翁と十年の役に関する図書・文献・錦絵目録』〈昭和2年〉および同館編刊『西郷南洲翁関係資料目録』〈昭和32年〉が出ているので、書誌探索はかなり進んでいるのであろう。

しかし一方には組織ではない個人の努力で、独自に蒐書の道を行く野中敬吾もいる。『西郷隆盛関係文献目録稿』〈昭和45年、のち『再訂 西郷隆盛関係文献解題目録稿』・平成元年〉は菊判約三百六十頁謄写版刷、その方針としては、とにかく南洲文献でありさえすれば、それが少年向きのものであれ、一見価値のないような雑本であれ、みな集めることにしている、と記しているが、そのこだわりのない姿勢こそ、蒐書の基本ではなかろうか。そこで『目録稿』の副題に「西郷隆盛観の変遷」と、問題意識の所在を明示している。重要な文献をたくさん逸していることと思うが、と謙遜の辞を前置きしている。そもそも、特定の主題《テーマ》に絞って蒐書をはじめると、最初のうちは目玉になる文献がなかなか寄ってこない。そのうち書物が行き来する道について勘ができる。相当量が蓄積されたあたりで、今度はそれとこれと僅かに摑み損ねた二流三流が、なかなか見つからず焦立つ。まあそんなものである。

実際には謙遜されるまでもない。三宅虎太の『西郷隆盛之伝』は明治十年十月刊、西郷の死は九月二十四日であるから驚くべき迅速である。この本を筆頭に明治の刊本が二十八種ある。勝田孫弥の『西郷隆盛伝』全五巻〈明治27年〉は著者によると西郷研究の古典である。

田中万逸『大西郷秘史』〈大正3年〉は著者が南洲昵懇《じっこん》あるいは関係の深い人々を歴訪した談話を主

とするという。私も手に入れたい。伊藤痴遊『西郷南洲』全四巻〈大正14〜15年〉と『伊藤痴遊全集』の『西郷南洲』前後続終〈昭和5年〉との関係を明記して欲しかった。横山健堂『大西郷兄弟』〈昭和19年〉も広く談話や記事を網羅した。この種の本は役に立つ。

『続目録稿』第二輯〈昭和56年〉では高垣眸『西郷隆盛』〈昭和37年〉が眼に飛びこんできた。池波正太郎『西郷隆盛』〈昭和54年〉も読んでみたい。

第三輯〈昭和60年〉では末松謙澄『孝子伊藤公』〈明治44年〉が目についた。なにしろ事件の禍中にいた当事者である。西南戦役の征討総督本宮付となり、参軍山県有朋の秘書官として、西郷に降伏をすすめる文章を書いたという。

第四輯〈平成元年〉では、まず大久保利謙『明治維新の政治過程』〈昭和61年2月〉が必読である。ただし『大久保利謙歴史著作集』全八巻のうちの一冊であるから、そのすぐ横に挙げられた『佐幕派論議』〈61年5月〉は省かれている。著作集が全集に拡大されたらよいのにと思う。『氷川清話』が講談社文庫版〈昭和49年〉によって本文が正された旨を知った。勝田孫弥『大久保利通伝』上中下〈明治43〜44年〉について、本書は、今日までに刊行された大久保利通の伝記中、最も精細・詳密なものである、と太鼓判を押されているので必ず読もう。私は大久保が見当違いに買い被られていると思う。残忍冷酷な権力欲だけで経済を理解しない独裁者ではなかったろうか。

第五輯〈平成2年〉、第六輯〈5年〉と資料追跡はさらに続く。

深井人詩

現代、最も幅広く活躍している書誌学者は深井人詩である。天野敬太郎が『日本古書通信』に「最近の書誌図書関係文献」を採録して連載に踏み出したのは、昭和二十九年二月であった。日本中の閲覧できる限りの書物から、掲載されている書誌の悉くを天野ひとりのダムで塞き止める企みである。若き日に『本邦書誌ノ書誌』〈昭和8年〉を刊行して以来、発表場所を見つけ次第、書誌を採取しては記録してきた。『書物展望』『図書館研究』を経て、昭和十年から『出版年鑑』に定着し、それが『東京堂月報』『書籍年鑑』『日本出版年鑑』へと変転しながら、遂に『日本古書通信』が根拠地となった。それから連載百五十二回、昭和四十二年四月を以て後輩にバトンタッチした。その後継者に選ばれたのが、ほかならぬ深井人詩である。天野敬太郎の定期的な書誌採集は、遡ればほぼ昭和十年頃からであるから、三十年の経歴が重くのしかかっていたであろう。

かくして歳月まことに矢の如し、深井人詩が協力者の中西裕を得て、『日本古書通信』の名を重からしむるかのように、休みなく連載中の、「最近の書誌図書関係文献」欄は、平成十五年六月号で、早くも五百八十六回に達した。時代の変化に即応してであろうか、老いたる私などから見るとき、これも書誌なのであろうかと、思わず首を傾げるような書物が、堂々と載っていたりするのは、採取の範囲を出来るだけ広げようとする意図であろうか。

そう言えば昨今は折目正して、首尾とととのった書誌がみるみる少なくなっている。勢い拡大解釈へ走るのかもしれない。たとえば、谷崎潤一郎が主題《テーマ》、千葉俊二が筆者、次に『谷崎潤一郎必携』が書名、このように読みとれる表記では、千葉俊二が『必携』の全部、或いは大部分の書誌を担当したと解釈できる。しかし現実に書誌らしき記事は、千葉俊二の「編年体・評伝谷崎潤一郎」だけである。これは筆者本人が言う如く「多くの先学の業績を利用」した切抜き《スクラップ》にすぎない。筆者や編集部がスクラップを好むのは勝手であるが、スクラップを書誌と見做すのは間違っている。錯覚は速やかに反省すべきだ。

深井人詩は『書誌年鑑』二十一冊、『主題書誌索引』『人物書誌索引』計四冊、『図書館情報学研究文献要覧』と『目次総索引』計三冊、『図書館学関係文献目録集成』二冊、まだ見落しがあるかもしれないが、以上の業績を積みあげてきた比類なきベテランである。単に書名を並べただけでは実感がないけれど、各巻に採取された文化界百般の書誌の総量は気が遠くなるほどである。

ただし、たとえば主題索引の場合、最新版のみを挙げて能事畢れりとするか、そこに到るまでの主要な文献を辿って研究史の方向を取るか、これも思案のしどころであろう。男色の項では、岩田準一の初版『男色文献書誌』〈昭和31年〉の出現は衝撃的で、しかも発行が吉田幸一の古典文庫、限定三百五十部という、万事につけて画期的であったことが今に忘れ難い。そして記録されている増補版には、吉田幸一と朝倉治彦の尽力があったことを注記されたい。

深井人詩は更に『早稲田大学図書館紀要』を発表場所として確保し、井伏鱒二、丹羽文雄、森銑三などの書誌調査に力を入れている。恐らく仕事はよほど溜ったであろうから、一書に纏めることをも考慮すべきであろう。

深井人詩には更にまた大きな仕事があって、私はそのすべてを見る機会がないけれども、その精励には及び難いと頭が下がる。それは『文献探索』と題する年刊の集録であって、編集者は深井人詩、発行は文献探索研究会、最新号は平成十四年七月、これは研究会の三十周年記念特集であるが、刊行物としては十年を経ているかと思われる。『探索』は四六倍判、六百十頁乃至六百九十五頁の大冊である。寄稿者は六十名乃至百名に近い。プロの編集者でも難儀するであろう程に多くが集った饗宴である。研究者や図書館員や図書館利用者の文献探索能力の向上を目指す。したがって狭義の書誌学としての達成を必ずしも第一義とは考えない模様である。結果として書誌学の裾野を広げる進歩に貢献するであろうが、今のところは寺子屋で師匠がひとり汗をかいて引っ張っているという段階である。「特定主題アンソロジー目録」は主題に最適の書物を広く選んだのではなく、あらかじめ思い入れの本を提出するために主題を設定したのであって、筆者が自分の趣味嗜好を一方的に披露したお遊びにすぎないのである。

保昌正夫

保昌正夫《『横光利一全集随伴記』昭和62年》が遥か以前に「年譜勉強」〈42年〉という文章を書いていて、読んだ時から感銘ふかく、書誌学者必読の忠告であると考えている。作家、評論家の年譜を作ろうとするとき、どのような手筈を踏んでゆくべきか、その難しさが至ってさりげなく、経験に照らして語られる。歓迎されなくても親族に、会わねばならぬ場合も少なくない。むかし柳田泉は明治期の故人となった作家を調べるのに、専ら未亡人を歴訪したので、大阪の桂春団治を連想した人から、これまた、後家殺し、と呼ばれたりしたともいう。

けれども作家の出身地や生まれ育った環境を、微に入り細を穿って知り尽くしたところで、そこから作家の基本的な性格や気質が、誤りなく理解できるという保証はない。保昌正夫の熟慮するところ、要はやはり年譜といえども、その作家が為し得た作品に、作品そのものに基本を置くべきであろう。いくら直接に会って話を聴いても、その作家の暮らした土地に出かけ、旧知から散発的に聞き書きをとっても、所詮それはそれだけのことである。肝心要《かなめ》の作品をほとんど読んでいない、つまりその作家、評論家とそれほどにつきあっていない距離のある作成者の、仕事として編んだ年譜ほどあじけないものはない。近頃は文学全集ブームのおりから〈もちろん今は昔の話である〉、お体裁だけの年譜もおりおり見かける。以上は保昌正夫がこらえきれずに洩らした溜息である。

『現代日本文学全集』〈筑摩書房〉の『牧野信一集』〈昭和30年〉の年譜を編んだのが、保昌正夫に於ける年譜勉強の着手であったという。続いて『日本現代文学全集』〈講談社〉が刊行されるや、信用された保昌は俄かにせわしなくなる。

昭和三十六年　横光利一
　三十六年　川端康成
　三十七年　小林秀雄
　三十八年　高見順　武田麟太郎
　三十九年　河上徹太郎　田畑修一郎
　四十年　平野謙　川崎長太郎
　四十一年　瀧井孝作　網野菊
　四十二年　中山義秀　牧野信一
　四十三年　田村泰次郎　中島健蔵
　四十三年　新感覚派文学集〈一部分〉
　四十四年　プロレタリア文学集〈一部分〉

こうして保昌正夫の周囲にも、次第に年譜勉強の意欲が高まっていった。保昌は後輩に優しかったから、自然に成長してゆく人たちについては、いかにも頼もしげに紹介する。平野謙については栗坪良樹、鷗外では山崎一穎、武田麟太郎は薬師寺章明といった顔触れであった。

しかるに十年、二十年ちかくを経て、年譜と参考文献を改訂増補する運びとなり、その仕事にあたってみると、全く以て勝手が違い、あわてふためく結果となった。十年前、二十年ちかく前のようには、小マメに仕事が運ばない。年譜仕事は体力仕事でもあったことを、あらためて痛感した。あとあとまでの面倒見に、文字どおり右往左往したのである。

今東光はその後の仕事が少なくないので、旧稿をいかに整したらよいか。鈴木彦次郎については、盛岡の浦田敬三が、増補リストを送ってきた。小林秀雄については吉田凞生のような超ヴェテランが控えている。瀧井孝作なら津田亮一が打ちこんでいる。平野謙と高見順にかけては青山毅が専門である。また別に高見順の『混濁の海』の解題を担当している。牧野信一については初めての文庫本である『鬼涙村他十一篇』〈旺文社文庫〉に柳沢孝子が独自の年譜をつけている。

書誌学のうちでも考証や発掘のような新機軸は、滅多なことで引っくりかえりはしないが、年譜および参考文献は、絶え間なく材料が増えてゆくから、本当の意味における完成はありえない。おそらく今後は文学の世界で、年譜および参考文献の需要がなくなるのではあるまいか。書誌の書誌も具体的な使い道がなくなること目前に見えているように思われる。

保昌正夫は『定本横光利一全集』全十六巻の推進者として知られる。ここに持ってくるまでの経過は『横光利一抄』『横光利一全集随伴記』『横光利一とその周辺』『横光利一見聞録』等に詳しい。文学史としては『近代日本文学 随処随考』各章に光彩がある。『13人の作家』では小島政二郎をとりたい。『和田芳恵抄』『牧野信一と結城信一』『牧野英二』は菊半截前後の小型で瀟洒な造本の趣味を喜ばれた。

批評家としての保昌正夫が並み並みならぬ炯眼を示したのは、「北原武夫・井上友一郎・田村泰次郎入門」〈昭和43年・『日本現代文学全集94』解説〉の次の如き北原武夫評に於てであろう。

なおこの時期で看過し得ないのは評論活動である。『文学と倫理』（十五年）、『創造する意志』（十七年）の二つの評論集がある。昭和十年代の北原武夫は評論家として第一線に在った具眼の士であった。文藝時評のようなものにも重いものがある。横光利一をほとんど完膚なきまでに叩いている「思想の剝製」（十四年『文藝』七月号）などがそれで、そのきびしい筆づかいは戦下にあって貴重な、こわもての効力を発揮している。「思想の剝製」にもアランの「幸福論」からの引用があったりするが、さきに挙げた心理主義、モラリストへの関心が、この時期の評論活動には縦横に活用されている印象がある。

スタイリストということが、このころの北原については しきりと言われた。その評論にしても辻褄をあわせすぎると考えられた。そのことでかえって作品が書けなくなってきているのではないかとも懸念された。しかし、そのスタイルとは高見順の指摘（『文藝随感』所収「北原武夫」）

にもあるとおり、いわば「思考の方法」であって、戦争末期、報道班員としての徴用から解放されると取りくんでいる「マタイ伝」なども、その「思考」の成果にほかならない。随筆を書こうとしても評論になってしまうという述懐（二十三年『三田文学』五月号「熱海雑記」）もこの意味からうなずけないことではない。あるいはのちの宇野千代との訣別もこの一種几帳面な性格に由来するであろうか。

細川嘉六

『明治文化全集』は社会主義編を加えるに至らなかったので、その方面では文献探究が未だしであった。その欠を補う最初の試みが、大原社会問題研究所編刊の『日本社会主義文献』第一集〈昭和4年9月18日・同人社書店発売〉である。昭和四年の刊行であるにも拘らず、採録文献が、明治十五年から大正三年までに限定されているのは何故かわからない。続編となる筈の第二輯は出なかった模様である。

書誌を担当したのは内藤赳夫であるが、主として蒐集に力を注いだらしい。文献の内容については素人である。上篇単行本の部には一冊ごとに注を付すが、それは当該書籍の目次か部分的引用にとどまり、概要を知るための解説にはなっていない。下篇定期刊行物の部も同然である。簡単な索引のついているのを取柄としよう。しかし書誌学的業績に数えることができないほど程度が低い。

三年を経て刊行された『日本資本主義発達史講座』全七巻函入〈昭和7年5月20日～昭和8年8月26日〉には念入りに書誌が四点収録されている。

大塚金之助『世界資本主義発達史文献解題』

細川嘉六『日本社会主義文献解説』

大内兵衛・土屋喬雄『明治財政・経済史文献』

『索引』事項索引・統計索引・批判論点索引

大塚金之助は主題の都合上、研究史解題を旨とする。そして細川嘉六の労作は、社会主義文献書誌の嚆矢と見るべき完成度を示している。

まず採録の範囲が広く、明治十四年四月から昭和二年九月に及ぶ。大原書誌が見落している文献が冒頭から続々と出現する。そして解説は形式的書誌の域を越えて、思想史的問題意識に基づいている。斯波貞吉の『国家的社会論』〈明治25年〉の解説を比較しよう。

大原書誌

斯波　貞吉著　国家的社会論　四六版一〇八頁　冨　山　房・二〇

【目次】一、社会主義ノ歴史　二、諸種ノ社会主義　三、真正社会主義及国家的社会主義　四、日本ニ国家的社会主義ノ必要ナル所以　五、虚無党ハ社会主義ナリヤ　六、社会主義ト土地　七、社会主義ト労働　八、労働上ノ制限　九、労働者ノ保険　十、政府ノ取ルベキ生産事業　十一、租税論　十二、諸種ノ社会組織　十三、結論。

【備考】此書は世人が社会党の恐怖すべきを知りて社会主義の真相を知るもの少きを慨嘆し学理上より其性質を説明し各派に亘りて国家社会主義を述べたるもの、本邦社会主義を説く此書を以って嚆矢とすと。当時の東京朝日新聞評に云ふ、社会主義の歴史、及種々の社会主義を説き次に真正社会主義国家社会主義を論じ延て我国に社会主義に必要なる所以を論ず……。

朝日評を引いたのは資料として参考になるものの、内容説明は平板に過ぎて要を得ない。

細川書誌

斯波貞吉著「国家的社会論」

明治二十五年冨山房発行。明治二十二、三年以来社会主義思想は、その以前に比較して躍進的に紹介され、同じく二十五年にはビスマルクの国家社会政策を説明したヘンリー・ドーソン著 Bismark and State Socialism 光吉光次郎訳『国家社会制』が出版された当時において、日本の知識階級者自身によって日本の支配階級に適応した社会主義に関する著書の公刊されることはむしろ自然である。斯波貞吉の『国家的社会論』はこの時の最初の産物である。この著者の序文は「頃日空想的社会主義を口にする者次第に増加する」事態を指摘し、この事態に慨してこの著書を成すと述べてゐる。この著書は謂はば和製のドーソン著『国家社会制』と言ふべきものである。この和製『国家的社会論』の内容構成は、一、社会主義の歴史、二、諸種の社会主義、三、真正社会主義及国家的社会主義、四、日本に国家的社会主義の必要なる所以、五、虚無党は社会主義なりや、六、社会主義と土地、七、社会主義と労働、八、労働上の制限、九、労働者の保険、十、政府の取るべき生産事業、十一、租税論、十二、諸種の社会組織、十三、結論である。著者は空想的社会主義に三種——真正社会主義（ドイツ社会民主党を指す）、無政府主義及び共産主義

——ありと区別し、真正社会主義の外は今日殆んどその跡を絶たんとしてゐると述べ、実際日本に適応さるべきものはビスマルク流の国家社会主義であると主張してゐる。著者が社会主義を理解した程度は、空想的社会主義の分類の示す如くであるが、更にマルクスの共産主義は他の共産主義の論者と異らずと断じ、共産主義とは「既に生産せられて現存する所の富を平等に分配するを目的として富を研究するものなり、而して富に関せざることは此主義の範囲に非るなり」と述べてゐる程度である。だがこの和製ドーソンもマルクスとラサールとの主張を比較し「マークスは、ラサールが国民的及改良的の社会主義に反して万国同盟的且革命的なりき」と区別することを忘れなかつたことはこの著書の価値を高めたとも言はれやう。

もちろん細川の解説は党派的であるけれども、一家言として聞くに値するは否めない。

翻訳についても細川書誌は見渡し広く、山本一蔵遺著『飼山遺稿』〈大正3年6月15日・泰平館書店〉に、クロポトキン「相互扶助論」が収録されていることも見逃さない。また河上肇を高く評価する点では人後に落ちず、『貧乏物語』および『社会問題管見』の紹介に6号活字で二十行を費す熱の入れ方である。更にまた次の如く高畠素之の功績を讃える。

カウツキー原著 高畠素之訳 **『マルクス資本論解説』**

大正八年五月十九日売文社出版部発行、同年五月二十五日再版。本書の発行は、従来マルクスの『資本論』が一部篤学者に書斎で読まれるに止り、一般大衆はその多少の解説を読むに過ぎない状態を一変し、この解説書一巻により『資本論』の全面が一般大衆によつて学び得られる状態たらしめた。この功績は実に著大である。同年山川均によつてエドワード・アヴエリングの『スチユデント・マルクス』を台本とし『マルクス資本論大綱』が出版されたこともマルクス『資本論』の読まれた狭い旧状態を打破するに少からざる効果を与へたものである。

『マルクス資本論解説』は同年六月十四日四版、改造社版『改訳資本論解説』〈昭和2年3月10日改訂版〉となる。

また『マルクス学研究』が、大正八年版、昭和三年版、昭和六年版、と刊行されている。

細川は櫛田民蔵を評価しており、偏らない中正な見方で筋を通している。

櫛田民蔵論文「唯物史観の公式に於ける『生産』及び『生産方法』」

大正十二年大原社会問題研究所雑誌第一巻第一号に発表されたもの、論者は更にこれにつゞいて同誌上に「マルクス価値論に関する一考察」等の諸論文を発表し、更に『改造』等に同種の論文を発表し、河上肇のマルクス主義解説に於ける理解の不十分、ブルジョア人道主義による歪曲等について批評した。櫛田の論文に限らず当時一般にこの種の研究論文の発表されるに至つたことは、日本に於けるマルクス主義思想の精確なる研究への前進を表示するものである。

天野敬太郎の『河上肇博士文献志』〈昭和31年〉は河上櫛田論争を詳しく記録している。日本マルクス主義史の重要な事件である。

また細川は雑誌『マルクス主義』にも重きを置く。

『マルクス主義』（発行所　希望閣、大正十三年三月第一巻第一号発行）

「本誌はあくまで研究雑誌として進みたいと思ひます。けれども社会主義は無産階級の思想であり、マルクス主義は階級闘争の理論です。その実現の欲求を離れて社会主義、マルクス主義の研究のあらう筈はありませぬ。この意味に於て、本誌の研究は出来るだけ実際運動と離れないものであり、戦争的無産階級の血と肉とになるべきものでありたいと思ひます。」

以上の目的の下に雑誌『マルクス主義』は大正十三年五月一日に創刊されたが、資本家政府の絶えざる弾圧と、財政の危機にのぞみながらも、弾圧を蹴飛ばし、財政の危機を克服して、昭和四年四月まで発行された。尤も本誌は此期間に於て、数回の休刊を余儀なくされてはゐる。即ち在来毎月十五日であつた発行日を一日に変更する為めに、昭和二年六月号を七月号と合併して、六、七号として発行して居り、昭和三年五月には三、一五事件の余波を受けて休刊し、同年九、十、十一、十二月号もこれ又×××検挙の余沫を受けて休刊の余儀なきに至つて居る。昭和四年二月に第五十四号を発行し四月第五十六号まで発行したが、それを最後として休刊した。恐らく四、一六事件の余波を受けて休刊の余儀なきに至つたものであらう。

本誌はその発行当初において、「実際運動と結びついた研究を発表する事」を目標として居つたが、第一号より第二巻第五号―大正十四年五月―頃まではマルクス主義学説の紹介、解説等がその内容の大部分を占めて居る。大正十四年四月の総同盟の分裂によつて左翼労働組合としての日本労働組合評議会が創立されるや、改良主義的指導者に対する闘争、左翼労働組合の指導等の為めに、運動の方針に関する、また、具体的な戦術に関する研究が必要とせられるに至つたので、本誌の内容も従つて実際運動に関する理論的記事が、其の大部分を占めるに至つた。この傾向は日本の社会運動内に於ける左右両翼の対立の激化、運動の大衆的政治運動への転回に伴うて、より強められ第五巻第三号―大正十五年九月―頃からは、その全ページが、その時々に生起する問題に関する理論的記事によつて占められるまでになつた。

本誌を、創刊以後昭和四年四月の第五十六号に至るまでの期間において、其の指導理論と云ふ点から観測すると、大体において創刊当時より第四巻第一号頃までを、在来の社会主義理論――その中心は山川均――による時代、第四巻第二号より以後―（第四巻第二号に福本和夫は「山川均氏の方向転換論の転換より始めざるべからず」を発表してゐる）―昭和二年十二月号―通冊第四号までを福本イズムの時代、昭和三年一月号―通冊第四十五号―以後を正しきマルクス主義による指導の時代と観る事が出来る。

後半に入ると翻訳についておろそかになり、スターリン・ブハーリン著作集やキルポーチンやヴァルガや多数の翻訳書が省かれているのが惜しまれる。のち細川監修、渡部義通・塩田庄兵衛篇『日本社会主義文献解説』〈昭和33年2月20日・大月書店〉が出ているのは周知であろう。

堀内達夫

書誌の主人公に密着して著作と行動を跡づけながら、同時代の文学状況を丹念に記録したのは、吉田凞生・堀内達夫編『書誌小林秀雄』〈昭和42年〉の独創である。第一部「作品・文献年表」を吉田凞生、第二部「書誌」を堀内達夫が担当する。巻末の索引は徹底した網羅主義で二十七頁に及ぶ。見るだけで用の済む書誌ではなく、両者が編纂したそれぞれの部分を、読みこなせばまた一段と興が湧く。

堀内達夫の「書誌」は小林秀雄の全著作を総浚いするのみならず、その分類と記載の方針を入念に定めて「書誌凡例」を明確に定める。

書誌凡例

一、この書誌は三部に分ける。（昭和四一年一二月までの調査整理）

㈠は著訳書及び一部収録書

㈡は他著者に序・跋文をよせたもの

㈢は他者編集による文学読本類

二、排列は各部毎に原則として発行年代順とし、書名下の（　）内に発行順ランニング・ナンバーで示した。

但し全集等は一括扱いとした。

三、解説用語の一部について

○初刊……新収録文章を含む新編集による著訳書を意味する。
○重刊……初刊と同一内容で（改題を含む）、造本形態或は発行所を異にする場合を意味する。
○新録……一部に小林秀雄の文章を新収録するものを指し、それのみを〔収録〕として記録した。
○軽装……表紙の材質を問わず、見返紙の一部が表紙ヒラと貼合せである製本。
○仮函……材質をとわず、針金綴じによる製函。
○頁数は印刷によるノンブルの記録である。
四、目次（内容）の記載は主として本文により、改題の場合はその旧題の最近のものを挙げた。
五、書物の性格を示し、初出との対照研究の便利のため、年表編と重複するが、目次下の（　）内に発表年月日を和暦で統一し次の要領で注記した。
(イ)新収録の場合は編者調査による初出誌及び初出年月日を大正（大）、昭和（昭）に洋数字で注記、
(ロ)既収録の場合は初出誌・紙名を省き、大正（T）、昭和（S）で注記、
(ハ)末尾の和数字によるものは原記載（初出ではない）を示す。ただし(イ)(ロ)と同年の場合はこれを略した。
　また「無記」は原記載のないものである。
(ニ)いわゆる〝小林集〟の場合、参考と思われる一部のみを挙げ他は省略した。
六、初出紙名の略記は作品年表編凡例と同じであるが、更に次の雑誌名を省略した。
　中公……中央公論　　文春……文藝春秋

凡例のない書誌は玄関のない半壊家屋である。ただし細部に拘りすぎた詳細は迷惑である。凡例のイノチは簡明であり、質実《シンプル》な省略法が必要であろう。

単行本の書誌もまた要を得て可能な限り圧縮する必要がある。一例を稀覯の書にとろう。

エドガー・ポー（1・初刊）　原著シャルル・ボードレール

昭和二年五月一五日刊

日向新しき村出版部発行（発行者　瀬古和七）『村の本』第一〇篇　新しき村印刷部　初刷二千部（再刷の明記なく、同月二〇日発行本がある）

〔造本〕菊半截判厚口クラフト紙様表紙仮綴装（書名濃茶色刷）本文・上質紙9ポ活字未截断折九三頁　序・小林秀雄　〔定価〕二〇銭

〔内　容〕目次なし

序

エドガー・ポー　その生涯と作品

再びエドガー・ポーに就いて

〔参　考〕「序」前文

此の二つの評論は、Calmann L'evy 版のボードレール全集のポーの翻訳の部、第五巻 'Histoires Extraordinaires' 及び第六巻 Nouvelles Histoires Extraordinaires, の巻頭にある評論、'Edgard Poe, sa vie et son oeuvre' 及び 'Notes nouvelles sur Edgard Poe' を訳したものであ

ります。

ボードレールは、ポーの最初の詮表者であります。この小論は、ポーの死後、最初に現はれた、最もすばらしい評論であります。この創造の重要部を二十五歳以前に完成して了つたボードレールは、残る二十三年を殆んどポーの為に費したと言つてよろしい。ボードレールがこの小論に於て定著したものは、その繊鋭な解析に調理された、ポーの天才に対する讃美と、ポーを殺した世俗に対する厭嫌であります。諸君は、こゝに相擁して昇天する二人の殉教者の魂を見ればよいのでありませう。ポーが午前に死んだか、午後に死んだかおしらべになり度いなら、恐らく、もつと便利な本があります。また、「宇宙論《ユーレカ》」の講演をするポーの声が、如何んなに慄えたかなどといふ事に興味のない方には、用のない本でありませう。

この評論は、僕には、非常に難解でした。わからない処を教へて下さつた辰野隆先生に感謝します。

〔補　記〕

本書は小林秀雄の処女出版であり、また、本邦初訳に当るものである。

以上で書誌的事項の記載は終ったが、このあと堀内は二十数行を費して、小林とポオとのかかわりあいを詳しく述べる。最後に必要事項として『村の本』既刊全十五冊の書目を加えたのには感心せざるをえない。周知の如くこの小型叢書はなかなか手に入らないのである。

ついでながら『村の本』とは別個に『新しき村叢書』が曠野社から刊行されていて、第一篇の武者小路実篤『自分の人生観』〈大正9年〉一冊だけ辛うじて私の許に眠っている。

『文藝評論』〈昭和6年〉についてもまた書誌は詳しい。けれども外型をのみ扱うのが書誌ではない。本文の印刷も用紙も綴じ方も、通例として検討に値するのに、それが此処では欠けているのである。

文藝評論（4・初刊）

昭和六年七月一〇日刊

白水社発行（発行者　福岡セイ）　大倉印刷所　中野製本所

〔造本〕菊判丸背白唐紙軽装（書名書き文字）茶色和紙貼函入　装幀装画・青山二郎　本文・舶来上質紙四号活字二四八頁　〔定価〕二円八〇銭

〔目　次〕

からくり——或る日（S5・2　一月）

様々なる意匠（改造　昭4・9　四月）

志賀直哉——世の若く新しい人々へ（思想　昭4・12　一〇月）

アシルと亀の子㈠・文藝時評（文春　昭5・4　四月）

アシルと亀の子㈡——旋毛曲りに語る／三木清氏へ・文藝時評（文春　昭5・5　五月）

〈後略〉

以下は冒頭の第一節である。

様々なる意匠

一九二九・四

懐疑は、恐らくは叡智の始かも知れない、然し、叡智の始まる處に藝術は終るのだ。

アンドレ・ジイド

一

吾々にとつて幸福な事か不幸な事か知らないが、世に一つとして簡單に片付く問題はない。遠い昔、人間が意識と共に與へられた言葉といふ吾々思索の唯一の武器は、依然として昔乍らの魔術を止めない。劣惡を指嗾しない如何なる崇高な言葉もなく、崇高を指嗾しない如何なる劣惡な言葉もない。而も、若し言葉がその眩惑の魔術を捨てたら恐らく影に過ぎまい。

我が国に文藝評論がはじまって以来の、14ポイントベタ組10ポアキという版面はやはり格別であり、特筆に値するのではなかろうか。のちに花田清輝が『復興期の精神』『錯乱の論理』『二つの世界』で踏襲した。それはともかく堀内の細心な「覚書」は、小林を深く読むために忘れてならぬ貢献である。

前田貞昭

一般に書誌が有効であるためには、表記が明細であるのみならず、表記の仕方が如何にすれば解り易いか、組版と活字の用い方における工夫が肝要である。天野敬太郎はまず原稿用紙を何種類も用意して主題《テーマ》にふさわしいのを選った。書き上げた原稿には、朱で割り付けを施して編集者に渡す。たとえば「日本におけるクローデル文献」と「マルサス文献目録」と「芥川龍之介書誌案内」では、いずれも組み方の指定を異にする。升田幸三とまったく同じ、天野敬太郎もまた新手一生であった。

林望がケンブリッジ大学所蔵日本古典籍の目録を編纂した時も、御本人は専門家であるから、書物の正体不明で迷うことなんかない。カードに採録するのは労を要するだけで順調に捗どる。しかしこの厖大な蔵書の一冊一冊につき、書誌として記載すべき要点は何か、その一覧を印刷にまわすとき、シルシ物を活用するなどして、どれほど簡潔《コンパクト》に収め得るか、思案工夫のすべてはそこに注がれたのである。

前田貞昭による井伏鱒二の「著作目録」〈『井伏鱒二全集』別巻二・平成12年〉は、発表時の掲載目録に限定され、総体には書誌という呼称を避け、しかし一方では「書誌」と銘打って、東郷克美による「単行本」の目録と並行して掲げるという、異様な処遇を受けている。これほど奇妙な記載は今まで全く見たことがない。

個人書誌の場合は、初出と刊行という、この切っても切れない関係を綜合的に見渡すべく、一人の書誌学者がすべて引き受けるのが常道である。それをふたつに割って分担するとは何と御念の入ったことか。更にまた、著作目録は書誌である。単行本目録も書誌である。しかるに前田貞昭の仕事は書誌でなく、東郷克美の記述だけが書誌であるという、この露骨な差別は一体何を意味しているのだろうか。この神秘的な措置が行われた由来について、雑誌『ちくま』の埋草にでも一言説明していただきたいものである。

以下は前田貞昭の労作についての寸感である。作品を発表された年代順に、整然と列挙してゆきながら、一カ月ごとに縦線で区切ったのは、何でもないようでまことに有効な工夫である。たとえば『現代日本文学大年表』〈明治書院〉を繰って行くと、やはり同じく一カ月ごとに区切ってはあるものの、これは全国に広がる作品群であるから、一カ月だけでも甚だ多く、時間をかけて行を追うのが大儀である。それに較べて前田書誌は井伏ひとりの作品であるから、自然に簡明な効果を挙げている。

ところで前田書誌は実に細密であるのだが、発表誌の頁数を入れてないのが惜しまれる。浦西和彦は『徳永直』〈昭和57年〉からであろうか、著作目録はもちろん参考文献目録に至るまで、悉く初出の頁数を記しはじめた。「ロダンの藝術観」『新潮』38年10号 p81〜82、という要領であって、特に辛苦せずとも順当に記録してゆけるであろう。しかしその効用は絶大であって、頁数をちょっと見るだけで、このエッセイは標題《タイトル》で気張っているけれども、特に探して読むまでもないと解るからである。小説なら長篇か中篇か短篇かの見当がつく。この数字による口上《メッセージ》は、どうしてなかなか軽んじられないのである。

そして最も重要な課題として、これからの書誌学に要求されるのは、記録した項目について知っておく方が好もしい情報《データ》を、よく選んで書き加える配慮である。木で鼻を括ったように無愛想では、近未来の書誌とは言えない。

手近な範例としては、『新潮社一〇〇年図書目録』〈平成8年〉が適当であろう。たとえば大正六年五月十日『新進作家叢書』を刊行するが、本文には全四十五冊の一覧を、各巻の刊行年月日と頁数と定価にまで及んで明記する。そして上欄注釈欄には次の如く出版の意図を示す。

三年十一月に刊行を始めた『代表的名作選集』に対応する企画として、本叢書は新たに文壇に抬頭した新進作家の代表作を収める。この二叢書によって明治、大正期文学は殆んどその精鋭を網羅する。

このような情勢をわきまえているのが、本当の書誌学者であり、文学史家なのである。この注記が本造りの興味を惹くのに較べると、前田書誌は花も実もない荒野を行く如く淋しいではないか。昭和十八年二月、大木惇夫との対談で、『海原にありて歌へる』〈昭和18年〉の詩人と井伏との間に、どんな会話が交わされたか、ちょっと暗示《ヒント》になるような注記があれば、書誌は生き生きとして明るくなるのではあるまいか。

町田三郎

神田喜一郎は『明治文学全集62 明治漢詩文集』〈昭和58年〉に、「明治時代は、漢文はともかく、漢詩は空前の発達を遂げた」と評価し、木下彪もまた同巻月報で、「千年の伝統を有する漢詩は、明治に至つて未曾有の発達を遂げ、明治十年前後から三十年代初期まで其の全盛を極め、以後は衰落の一途をたどつた」と観察している。

この概括を補って、明治漢学の盛況を、書誌学的に解明すべく、町田三郎は『明治年間における漢学研究史・漢学論』〈56年〉『明治の文人と漢文学』〈62年〉『明治の漢学者たち』『明治の漢学』『明治漢学史』〈以上三冊平成10年〉を通じて、明治の漢学が如何に進展したかの道筋を明細に辿り、「現実には明治一代はむしろ漢学の隆盛期であった」と判定している。

国文学の叢書が博文館から、『日本文学全書』〈明治23年〉『日本歌学全書』共に正続二十四冊、『近古文藝温知叢書』『日本文庫』等々と刊行されるのに対し、漢文学の方はかなり遅れて、田岡嶺雲の『和訳漢文叢書』〈明治43年〉、『漢籍国字解全書』〈明治43年〉『校注漢文叢書』〈博文館〉『漢文叢書』〈有明堂〉と類書は現れたものの牽引力に欠けていた。このとき漢学の基本図書を系統的に、定評のある注釈を加えて刊行しようと一念発起した三人組がある。発案者は冨山房社主坂本嘉治馬四十一歳、命名者芳賀矢一四十歳、編集担当服部宇之吉四十一歳。かくして今に需要の絶えない『漢文大系』二十二巻が、明治四十二年十二月を以て刊行を開始した。

服部宇之吉は、幕末から明治にかけての邦儒の秀れた研究業績を大系に組み入れて世間に知らしむるべく努力する。全斎太田方の『韓非子翼毳』が貧困のなか一家協力して二十部を刊行した話は有名であるが、それを第八巻に入れた計らいは、大いに功を奏して利用されている。町田三郎の見るところ、『翼毳』の注釈態度は、博引旁証による一字一句の校訂からはじまって、同じ要素を含んだ説話を多く拾いあげつつ、時代に共通する精神を求め、次いで内容そのものから、韓非子本来の思想の闡明と、それ以外のものの峻別へと進んでいる。並みの注釈とは基本方針を異にするのである。

日本漢学の成果として、大系に取り入れられた注釈研究は他にも少なくない。岡谷甕谷の『楚辞考』は『荘子考』と共に稿本として伝わり、子息二人が小部数刊行したものの行き渡らず、大系に再録されなかったら湮滅したであろう。このように『漢文大系』は原文《テキスト》をも兼ねつつ実は幕末日本に於ける漢学研究の成果保存をも意味しているのである。

一方、明治二十八年に創設された早稲田大学出版部は、明治四十二年から大正六年にかけて『漢籍国字解全書』四十五冊を刊行した。江戸時代に書かれた先哲遺著を中心として、必要な部分には新たな注釈を加えた大がかりの叢書である。市島春城の後援で出版に踏み切ったところ、一万に垂《なんな》んとする予約者を得て、出版部の不況を一変するを得た。

我が国の漢学は元禄から享保にかけて、最も昂揚したとも見られるが、盛況ではなくても幕末に至って、最も緻密になったとも評し得よう。ただし、元禄享保にあっては、注釈そのものが精神史また時代史でもあった。その遺産を重んじて集大成した『国字解』は、懐古的なようではあっても、明治漢学の意欲を示す事業である。更に各巻の付録には、山本焦逸の『童子通』、猪飼敬所の『管子補正』、榊原篁洲の『易学啓蒙』その他多くが収められているのが貴重であり、入手困難な書物が生きて伝えられている。

それら先哲の遺著に交じって、新進の学徒による新釈も少なからず、菊地晩香、牧野藻洲、松平康国、桂湖村らが『全書』の刊行を支えていた。町田三郎の見るところ『漢籍国字解全書』は、江戸から明治大正に至る漢学史の資料であるにとどまらず、日本近代の学術文化を探り得べき格好の資料集なのである。

その後の刊行物に『国訳漢文大成』八十三巻があり、『資治通鑑』十八巻を含む。現在最も巻数が多いのは『新釈漢文大系』〈明治書院〉であるが、その間に出た『全訳漢文大系』三十三巻〈集英社〉は、語釈訳文もっともわかりやすく頼りになる。

明治を知るためには、入谷仙介『近代文学としての明治漢詩』〈平成元年〉、村山吉広『漢学者はいかに生きたか』〈平成11年〉等がある。

万里小路通宗

主題別の文献目録は、研究の着手に、必ずしも必須とまでは言わぬにしても、すでに目録が出来ている場合、何よりの手引を与えられるのだから、その恩恵には測り知れないものがある。そもそも文献目録の作成には、非常な努力と根気を必要とする。孜々《しし》としてこの道にいそしむ書誌学者に対して、研究者はもっともっと敬意と謝意を表しなければならない。

一方、文献目録の作成に志す者は、出版情勢および研究動向に即応して、常に問題意識を高めながら、いつも新しい工夫を凝らしてゆかねばならぬ。天野敬太郎は「書誌とともに三十五年」〈昭和37年12月『日本古書通信』〉と題して次のように述べている。

書誌を作ることは楽な仕事ではない。一夜漬けで出来ないこともないが、発表に自信が持てない。それ故に、大がかりのものは五年以上十五年間カードを蓄積してからかかることにしている。ずい分気の長い話である。このように工夫に工夫を重ねて進んできたのであるが、その心境は、画家や作家と同じく、次には異った主題のものを、改良した方法で現わしたくなり、構想を練るのである。

このさりげない述懐を、決して忘れてはならぬのだ。

書誌というものは、一歩一歩「工夫を重ね」次々に「改良した方法」を試み、あれこれと「構想を練」ってこそ、より有効な作品ができるのである。書誌のための書誌ほど愚劣なものはない。怠惰と自己満足は、常に書誌の敵である。何に役立てるための書誌であるかを鮮明に意識したうえで、はじめて「工夫」と「方法」と「講想」が定まるであろう。

万里小路通宗の「西田幾多郎文献目録（日本篇）」〈昭和53年1月『理想』〉は、書誌学の根本精神を欠如した手抜き作業の見本である。新聞に発表されたものは、後日単行本に収められたものに限定した、と冒頭の凡例で格好をつけているが、新聞を調査するのは臆劫だと、なぜ正直に言わないのか。厖大な古新聞を繰るのは辛くて堪らぬ。切り捨てもやむをえない。ただ、率直とは反対の悪気取が卑しいのである。

次に編者は文献の実物を確認したのか、それが怪しい。植田清次『西田哲学とデューイ哲学』の刊行を、編者は昭和二十二年二月、と記録する。私の見た本の奥付は、二十二年九月三十日発行となっている。重版を初版に見せかけたのか。しかし、この本の「はしがき」の日付は二十二年六月十六日である。もし二月版があるとすれば、二月初版のあと、六月づけ「はしがき」を新たに加えた九月版が出たという運びとなる。再刊や改装版まで入念に注記する筆者のことだから、以上の経緯に注目すべきであろう。

それほど一方で年月明記に拘りながら、他方では滝沢克巳や柳田謙十郎の著書にはケロリと年月を空白にする。他の文献目録や出版年鑑から安易に転記した場合にこの種の不統一が生じ易い。

文献転載過程の追跡調査でも編者は鈍感である。西田幾多郎の「無の自覚的限定」に対して、戸坂潤が「〈無の論理〉は論理であるか」を以て批判した。この論文を編者は初出からいきなり『戸坂潤選集』『戸坂潤全集』に収録されたと記している。戸坂は世を避けて奥地にひきこもっている隠者ではない。ジャーナリズムの一角に同志を率いて、唯物論研究会を代表して論陣を張っているのだ。当然のこと時期がくれば論文集が出る。編者は評論家がどのような手筈で著作活動をするか、そのあたりの呼吸を知らないし知ろうともしない。それゆえ問題の論文が、『日本イデオロギー論』に、まず収録されているとは思ってもみない。書誌学は題目《タイトル》をカードに採るだけが能ではない。文壇にしろ論壇にせよ、ものを書くという仕事の周辺を、会得していなければ仕事にならないであろう。

加えてまた編者は西田批判の文献をどれも読んでいない。題目《タイトル》に西田の名を掲げた論文だけを採っている。ということは内容に目を通さず、何かの論文目録から西田と記された文献だけを、ただ機械的に釣り上げた便宜主義を意味する。

たとえば林達夫「思想の文学的形態」〈『著作集』4〉は、私の見るところ、西田哲学検討史上に、逸すべからざる最重要文献であるが、題目《タイトル》に西田という名を用いていないから見捨てられている。万里小路通宗が世に問うている文献リストは、何かの目録から、題名の西田のみを引っ張り出して並べた玩具《おもちゃ》である。このように無意味な悪戯《いたずら》を書誌学とは呼ばないのである。

丸山信

『福沢諭吉とその門下書誌』〈昭和45年〉という、広く利用価値のある有意義な書誌の、独創的な構想を実現したのは、ひとり丸山信のみである。「その門下」と概括できるほど末広がりの人材が、世に出てそれぞれの働きを示しているからこそ、この画期的な新機軸が可能であった。その環境と条件を鋭敏に探知して、新しい書誌の可能を悟ったのは、丸山信の他に例を見ない書誌学的感覚である。

『門下書誌』は菊判横組二百四十七頁に、活字の大小を駆使して読み易く能率的に記載し、終始一貫して簡明に要を得るべく努めている。凡例は実に詳しいが、緻密に過ぎるかと思われるので、省略に従う。本文の章節区分もまた行き届いているが、敢て分類を止むを得ず簡略に紹介する。

第一部「福沢諭吉の著作と研究文献」は個別に洩らさず順を追う。それに付随する「福沢諭吉研究文献」もまた、草の根分けてもの精神で、大小いかんに拘らず隈なく採集した成果である。あまりにも大量であるから、『伝記』昭和九年十一月『福沢諭吉記念号』や『福沢諭吉とその周囲』〈39年〉などは省かれたのかもしれない。伊藤正雄『『学問のすゝめ』講読』〈43年〉も一冊に纏まっている。「研究文献」は諭吉の著作によって細かく仕切ってあるので、内容の見当をつけるのにこのうえなく便利で、例えば渋沢栄一の「福沢先生及独立自尊論」などは、目録の標題が目に入っただけで、たちまち内容が読みたくなるではないか。研究文献も四方八方より採録する明細なること六十頁に垂《なんなん》として、通覧してゆくだけでも知見の得るところ数えきれない。

第二部「門下生の著作と略歴」は嘗て前例のない丸山信の創始であり、編者のとりわけ労多き書誌学の傑作である。採りあげられた門下生はとりあえず二部に分けられた。その第一編「鉄砲洲時代」は前期新銭座時代をも含んで、文久三年春より慶応四年三月までを区切る。この在学卒業年度による分類は他の学校に見られぬかもしれない。以下は一覧にでも整理しないと冗漫に流れよう。

第二篇、新銭座時代、明治四年まで

第三篇、三田移転から明治十三年まで

第四篇、明治十四年より二十二年まで

第五篇、大学部創設より福沢諭吉の歿年まで

この間に於ける門下生の通し番号二八〇、番外六九、併せてほぼ三百五十名を、個別に調べあげた執心は、この道に見出すこと稀な精励であろう。

真先に印象深いのは小幡篤次郎であろうか。中津藩士の次男で、慶応義塾塾長を勤めるなど福沢の城代家老たる勤めを果しながら、教科書に用うべき著述と訳書にも精を出した。馬場辰猪については周知であるが、英語日本語による著述も多く、重要な論策は『明治文化全集』に収められている。早《は》矢仕有的《やしゆうてき》は学生なら誰でも知る、丸善の創業者である。

中上川《なかみがわ》彦次郎は井上馨に見出されて山陽鉄道会社社長、のち招聘されて傾きかけの三井を独力で立て直した。積極的に入社させた慶応出身の人材は、のち業界を支える大物となってゆく。

朝吹英二は鐘紡、三井工業所、王子製紙取締役会長、三井銀行監査役等を歴任した。尾崎行雄は憲政の神様と称されるが、言論記述は人並み以上でも、政治に如何なる功績あったか疑問である。武藤山治は鐘紡社長、労使問題の合理化に勤めた。著作すこぶる多し。石河幹明は浩瀚な福沢伝を遺した。竹越与三郎は最も批判的な『新日本史』上中〈下は未刊〉によって歓迎された。続いて『二千五百年史』は通史として秀れ、大正八年には『日本経済史』八巻を刊行、史家としての足跡は大きい。

黒岩周六、涙香と号す。微温湯《ぬるまゆ》のような新聞界に刺激を与える『万《よろず》朝報』を創刊、また海外の探偵小説から秀作を選び、独特の訳文で人気を博した。和田豊治は富士紡を再建拡張した。人の世話に積極的な人柄を以て知られる。福沢桃介は群を抜いた美男子で、福沢諭吉の二女ふさと結婚して入婿となった。株式取引の天才で必ず儲けるが、或る程度で手を引く習いであった。はじめ鉄道で成功したが、のち水力発電の必要を感じてダムを開拓、たちまち電力王の異名を得た。藤原銀次郎は三井銀行、三井物産を経て王子製糸社長、のち商相、国務相、軍需相を歴任した。福沢諭吉とその門下については、和田日出吉『福沢諭吉と弟子達』〈昭和9年〉、小島直記『福沢山脈』〈42年〉、加藤寛編『福沢山脈の経営者たち』〈59年〉、西川俊作『福沢諭吉の横顔』〈63年〉などがある。

万字屋書店

万字屋書店の『万字屋古書目録』第十九号〈昭和33年〉は、『文学を主とする明治大正文献在庫書誌』である。菊判二百三十二頁に明治大正の文学書のみを以て充たした壮観は、古書目録史上空前絶後の壮挙であった。目録の第九号は『明治大正文藝書特輯』であった由ながら、当時の私はまだ若くて送られてこない。その後は私も助手に採用されて、古書肆の多くと縁を結んでいたから恵送にあずかったのであろう。しかし綺羅星の如き逸品揃いに殆ど手が出せず、若干の心易い数点を拾い出して漸くお茶を濁したと記憶する。巻頭の「御挨拶」に、「かなり長期に亘り蒐集してまいりましたもので、殊に稀覯本の蒐集については不断の努力を払ったつもりです」と述懐する如く、一口物ではない営々たる仕入れの精進が偲ばれる。聞くところによれば目玉の稀本は、多く天理図書館の蔵に帰したという。

巻頭にはさすがに近代文藝史きっての華、『明星』の殆ど揃ったのを置いて豪華である。第一期第二期は完本、殊に「現今入手絶望と見られる創刊第一号―五号（新聞様式判）を有するは蓋し優秀なるセットと謂うべし」と謳うのも宜なる哉である。これに『文壇照魔鏡』〈明治34年〉がついていたら面白いと思うのだが戯談《じょうだん》にすぎるであろうか。『明星』に次いで輝く『文学界』は見事に五十八冊揃いで、「明治文壇史上最も記念すべき文学雑誌なり」と誇るのも当然、この二大誌を並べて、右近の橘左近の桜の景が成った。

『スバル』六十冊もよく揃ったが、「悪魔的耽美派の英才谷崎潤一郎の小説は本誌により発見された」と注するのは必ずしも然らず、永井荷風の「谷崎潤一郎氏の作品」〈明治44年〉では、「象」「刺青」「麒麟」に重きを置き、『スバル』掲載の「少年」および「幇間」はその次に置かれている。『女学雑誌』では「最後の五百十一号―五百十六号（終刊）迄揃は非常に稀らしい」と注記している。

雑誌『文壇』九冊揃〈明治23年～24年〉は「巷間寡聞にして全く未見のものであったが、数年前上野図書館で未整理品中から六号迄が発見され識者間に近来にない吉報であると騒がれた稀覯品である」と注する通り、現在も『日本近代文学大事典』および杉本邦子『明治の文藝雑誌』〈平成11年〉に記載されていない。『文章世界』〈明治39年創刊〉が僅か五号しかないのは、明治文学研究に必見の資料であるだけに惜しまれる。

書物雑誌では『愛書趣味』『書物往来』『書物展望』、それに台湾の『愛書』など主役を揃えているが、明治大正ものとしては『書物礼讃』『書誌』『文献』等の顔が見たかった。

圧倒されたのは、大正期刊行雑誌創刊号四百五十種および明治大正期刊行雑誌六百三十種である。これはコレクターのウブ口であろう。私もカズオ書店の『追悼号書目』〈紛失〉等を参考にぼつぼつ集めていただけに大打撃であった。『学燈』に載った上田敏の「沙翁書史」bibliography の意味で書史の語を用いた最初であろうか。『アララギ』の『万葉集檜嬬手』は釈迢空解題と注記すべきであった。性雑誌が若干出ているが、資料としては『談奇党』『匂へる園』が役に立つであろう。

溝口白羊の家庭新詩が四種出ているが、他に『己が罪の歌』〈明治39年〉がある。流行であるらしく、菊池暁汀『魔風恋風の詩』〈明治39年〉、緑葉山人『新調己が罪の歌』『教訓新詩恋の魔風』『新調金色夜叉の歌』〈以上明治42年〉等がある。詩集歌集には力を入れているが、全体としてかなり『アララギ』寄りと見えて、釈迢空は値段を気張ってあるものの、『春のことぶれ』一冊しかないのが惜しい。

胡蝶本極美二十四冊は別格の出品で、「本品は神戸の〈入江文庫〉の旧蔵書で、愛書家入江氏が戦前十数年間に渉り時間と費用を惜しまず、何回となく買替を重ね、苦心と努力を払った結果遂に蒐集を完成した超極美の逸品ヒットであり、恐らく今日、今後共これ以上の条件付極美本は世に出ないであろう」と注記する。恐らく然らん、今は何処に蔵されているやら。田口掬汀著作五種に『魔詩人』〈明治35年〉改題『魔詩人天野詩星』〈44年〉が欠けているのは惜しい。これにて明治文学史の謎がひとつ解けるのである。女に関する文献三十二種はその方面の書物をおおよそ蒐めているが、その参考資料として、花園歌子〈正岡容夫人〉の『女性文化研究資料一覧』〈昭和6年〉を加えたら画竜点睛となっていたであろう。

水木直箭

大阪府立天王寺中学にカンスケという渾名の、生徒に慕われる名物教諭がいた。漢助は漢文助兵衛の意である。水木直箭は柳田国男と折口信夫の高弟で、民俗学に詳しいから、時として話が性に触れるのでスケがついたけれど、生徒は面白がって尊敬している。

柳田国男と折口信夫の両者から、こよなく信頼され可愛がられるのは至難であるのに、大和郡山《やまとこおりやま》という遠方に住んでいるせいもあって、両御大は何時の頃からか、我が著作を蒐集保存してくれているのは〝郡山〟だ、とひとり決めしていたようである。だから〝郡山〟が御両所の著作を管理しカードをとり、来たるべき全集編纂に備えていたこと言うまでもない。

その水木直箭の『随筆折口信夫』〈昭和48年12月20日・角川書店〉は珍重すべき名著である。折口信夫関係の単行本は、昭和六十三年までに早くも六十九冊を越えた〈石内徹編『折口信夫』〉由であるから、その後の増加は測り知れない。それらすべてを対照できるわけもなく、通常なら口を噤むべきところながら、今は勝手な独白として、折口信夫を知ること最も深いのが水木直箭ではないかと呟きたい。エッセイのすべてが折口の気分を把握しているうえに、「折口信夫編著目録解題」が、折口の神経叢をいとも細やかに伝えている。人間像を描いてこれほど脈搏を感じとった例があろうか。目録を読み辿れば私など如何に多くを入手し得ていないか。暗澹とする。『後期王朝文学史』は未見。『上代葬儀の精神』も『機織の話』も残念。『古典研究』は『古典の研究』が正しい。『万葉集選釈』も無縁。『古代感愛集〈未製本版〉』は幸い手に入った。『神道宗教化の意義』も原本を手にした。水木直箭の編纂した、迢空先生逸文集、折口信夫先生文学史講義のうと、この二冊は見たことがない。しかし、歌集ひとりして、の複製は手許にある。また、現代短歌全集〈昭和4年〉の抜刷本、釈迢空集は趣のある造本である。『橘守部遺著 万葉集檜嬬手』は手に入れたが、大正八年の万葉集講義には手が届かない。

『隠岐本新古今和歌集』〈昭和2年〉を入手した時は感無量であった。この本は新古今の古写本の校定本である。柳瀬本を底本とし、諸本によって校本を作ったが、主たる目的は柳瀬本を伝えることにある。要するに書誌学に属する刊行物である。そこで解説の三名は、

新古今集各歌の撰定　三矢重松
新古今和歌集の成立とその諸伝本　武田祐吉
新古今集及び隠岐本の文学史価値　折口信夫

右の三篇を寄せている。このうち三矢と武田の論文はお行儀よろしく書誌の方式を守った。折口の論文だけは立脚の場が違う。書誌なんかに気兼ねせず遠慮せず、勝手気儘に自分勝手の文体を通す。この文章がすなわち『古代研究』〈昭和4年〉に収められて有名な「女房文学から隠者文学へ」なのである。この一篇を読んで、これが新古今の校本の解説であったと、思い到る人があるわけなかろう。折

口は書きたいことを書きたいように書き、場所がらなんて一切気にしなかったのである。

『国文学註釈叢書』全十九巻についての紛争は不幸であった。それに関連して疑問の本がある。『古事記伝』全六巻〈昭和5年・日本名著刊行会〉に、折口がどの程度かかわっていたのか、ということである。第一巻の凡例に一箇所

一、古事記伝の終に、橘守部の著、難古事記伝を附して、さらに古事記註釈の完全を期した。

一、本書刊行に当り、多大なる賛助と後援とを賜はりし、五十嵐力・上田万年・折口信夫・笹川種郎・関根正直・橘純一・筑土鈴寛・三上参次・横山重・和田万吉の諸先生に、謹んで敬意を表す。

一、本書の校正に際して、田中市郎衛門・小田喜禎両君を煩はした事を記して、感謝の意を表す。

こう記す以外、毎巻の何処にも折口の名は見えない。しかるに本文が終る第五巻に、突然次のチラシが挿入されている。

御　挨　拶

読者諸賢の、多大なる御援助と、御鞭韃とによつて、古訓古事記、古事記伝、難古事記伝を輯めた、全五冊の普及版が、こゝに完成いたしました。

御賛助を賜つた諸先生、並びに読者諸賢に、深く感謝いたします。

◇　◇　◇　◇

索引の作成

目下、折口信夫先生御指導のもとに、古事記伝の索引を作成して居ります。この索引は、従来の索引の増補に非ず、その踏襲に非ず、全く新に企てたものにして、語句・歌謡・引用歌・引用書名・神名・地名・人名・本草・評論・卓見等々、凡そ古事記伝を通じて、本居学に通達せんとする者の為、又古語の検索の容易さの為に、あらゆる方面から、その細目に亘って網羅して居ります。従って、日本名著刊行会本たる古事記伝の特質の最大なるものは、実はこの索引の完成にあるのです。換言すれば、この古事記伝の整理と普及は、完全に近い索引作成を目標として居るのであります。私どもは、この索引を手にせられた読者諸氏の、満足な微笑を期待しつゝ、幾多思ひを労して居ります。

この索引は、ある意味に於ける、古代語辞典たり得る事を信じて居ります。

索引の作成に当って、さらに御鞭韃と御後援とを希ふ次第であります。

校訂者敬白

（裏面乞御一覧）

索引は無事刊行された。しかし折口が索引作成の指導をしている格好なんか想像もつかない。

水木直箭は昭和十年『柳田国男先生著作目録』を出し、その道の人の間で引っ張りだこになった。昭和二十八年の『折口信夫先生著述年譜稿』を全集編纂のための資料として送った。まことに篤実篤学謙虚な人であった。

三橋猛雄

『明治前期思想史文献』〈昭和51年〉と簡潔平明な標題を掲げる。慶応三年から明治二十二年までを明治前期と見做し、その間の刊行単行本のうち思想史文献と見らるるものについてまず形態を記し、内容を知る手がかりとして、目次、凡例或いは序跋、本文を抄出し、更に後年への影響など関連事項を付記する。典籍の紹介および解明の方法として間然するところなき手筈である。

形態から記すと、菊判濃紺布表紙、背金文字。本文二段組、一段は三十字詰約三十行。本文千五十六頁、索引七十二頁。これ以上は印刷不可能と思えるほど詰めて圧縮を旨とする。しかし細身の活字を用いているので甚だ読み易い。

本書掲載の文献はすべて著者三橋猛雄の家蔵書のみということは蒐書も三橋猛雄と見て間違いあるまい。目分量で推定して三千余冊、主題《テーマ》をはっきり絞ったうえ、これだけ手許へ寄せるには、業界に身を置く有利さはあるにしても、並み大抵の努力ではないと感嘆する。

私は三宅雪嶺の著作はすべて蒐めたいのだが、『日本仏教史第一冊』『基督教小史第一冊』ばかりはとてもお目にかかれるまいと思っていたところ、その二冊が二冊とも載っているのは口惜しくて羨ましい。『日本仏教史』の問題意識が実は記紀批判にありということは、この本を所持する家永三郎が雑誌『文藝』に得意満面で紹介していた。とすれば、記紀批判の濫觴は山片蟠桃の『夢之代』で、次が雪嶺、そして津田左右吉の『古事記及び日本書紀の新研究』〈大正8年〉という順になると解してよかろうか。

慶応三年『西洋蒙求』刊。『蒙求』の箋註校本はかなり多いが『本朝蒙求』〈貞享3年〉も出ている。田中義廉『日本史畧』〈明治10年〉は「普通史ヲ基トシ」と念を押していることろ興味を惹く。田口卯吉『日本開化小史』の刊行年月について三橋猛雄の考証が詳しい。北川藤太『日本文明史』〈11年〉は、田口の『日本開化小史』が半分も刊行されぬうちに一応完結したので、公刊された最初の日本文明史となる。欠陥もあり着眼点もある由。渡辺恒吉訳『官民権限論』〈12年〉の緒言に「蓋シ国家ノ経済上ニ関シテ政府干渉ノ主義及ヒ其影響ヲ極論シ以テ官民ノ権限ヲ明晰暁暢スルニ在ルノミ」と言う。『交詢社社則』〈12年〉、二十五頁の小冊子、歴史的に重要な資料であるから何とか手に入れてみたい。

『哲学字彙』は、飛田良文編『訳語総索引』〈昭和54年〉が出ている。『佳人之奇遇』の冊数はいろいろ書かれているが、本書に記す、和本全十六冊、が正しい。徳富蘇峰が熊本で刊行した私家版三点、『明治廿三年後ノ政治家ノ資格ヲ論ズ』〈17年〉、『自由、道徳、及儒教主義』〈17年〉、『第十九世紀日本ノ青年及其教育』〈18年〉の姿が見えないのは、この三書が如何に稀覯であるかを痛感させる。『将来之日本』および『新日本之青年』に至って登場する。

小中村義象の『大政三遷史』〈21年〉は、大化改新、建武中興、明治維新を以て三遷とするが、どう見ても、伊達千広の『大勢三転考』三冊〈嘉永元年〉の焼直しとしか思えない。『新聞記者列伝』初篇二篇〈13年〉および『新聞記者奇行伝』〈14年〉が顔を出しているので、事のついでに加えるとするなら、久我懋正『新聞穴探記者品評』第壱編〈15年〉、高瀬紫峯『全国新聞雑誌評判記』〈16年〉が刊行されているのを付け加えよう。また日付を欠く写本であるが当時の人物を評した『明治豪傑物語』二冊がある。

いずれにせよ三橋猛雄の精進は驚くべき緻密周到、明治前期文献の蒐集解題に於て前人未踏の域に達している。文献探索に徹底するのみならず、その書物に関して可能な限り詮索する書誌学的調査のかくも到れること他に例を見ない。例えば『玉乃判事演説書』〈刊年不明〉について、まず本文引用四十数行、次いで『同時代史』『司法沿革誌』『明治政史』他数点の参考書から要点を採ること三頁、調べ尽くしたりの感がある。

松原岩五郎『文明疑問』上篇〈21年〉については本文の要所を引用すること四頁、孤立した著作であろうから関連文献はない。続いて西村天囚の『奴隷世界』にも四頁を割く。館野芳之介『自由東道』〈22年〉にも三頁半、これらの摘出引用と関連文献探索に、どれだけの労を要したか想像するだけで粛然となる。今後志ある学徒にとっては、明治文献に慣れ親しむために、まずこの一巻を丹念に読破し、それから『明治文化全集』『明治文化資料叢書』に就くのが効果的ではなかろうか。

宮崎芳三㈠

英国小説を対象とする学術論文の書誌である。宮崎芳三、榎本太、中川忠、水越久哉がチームを組んで仕事にとりかかったのが昭和三十九年。その第一冊が『日本における英国小説研究書誌（自昭和43年至昭和47年）』〈昭和49年初版未見、55年再版〉である。

この嘆賞すべき未曾有の書誌は意欲的な方針をはっきりと立てている。或る論文が何処に発表されていても、学問上に貢献するところのない駄文であれば、その標題や掲載場所等を事務的に記載して済ます。一方、その論文に何等かの取柄がある場合は、「今日手に入れることができるもっともすぐれたMurdoch手引き書となっている」という風に率直な讃辞を呈する。特に優れた著書であれば、約百五十行を費して、その本の内容と研究史上の位置づけを詳細に解明する。主として学界向けに熱意をこめているが、表現の固すぎるのが惜しまれる。最後にこれまた或る論文が、無能怠惰ゆえの無意味《ナンセンス》にとどまらず、真当な学問を拗じ曲げるような毒を吐いている場合、これは放置して見逃すわけにいかないから容赦なく筆誅を加える。例えば、「とにかく作品のあらすじをたどりながら著者が思いついたことがいろいろと書かれているのだが、研究と称するその論議の中で当該作家・作品にかんする内外研究文献がまったくと言っていいくらいあげられていないのはふしぎである。そして学術書の体裁をとっていて巻末に参考文献書誌なく索引もないのもまたふしぎである」という調子であって、これなど至っておだやかな部類に属する。

以上が宮崎グループのはじめた作業のプリンシプルである。勇壮なるかな、断乎たるかな。研究文献の書誌は斯くの如くでなければならない。日本ではじめて遂行された気魄の壮挙である。我が国の各学界がこの厳しい査定方式を見習う日は何時であろうか。

宮崎芳三の「あとがき」によれば、集まった論文のうち非常に多くが「小説作品の鑑賞文であること」が印象的であった。すなわち「彼らの論拠はその感覚に訴えてくる印象であり、おそらく当人にも単なる思いつきと区別がつかないだろうような論点が、彼らの気分の流れに沿ってつぎつぎに提出されるというぐあいである。おのずから用語は誇張されがちとなり、たとえば『筆舌を絶した恐怖と戦慄と苦悩』などという言い方まで出てくる。彼らがその気分の高まりに乗じて、自分が信じている(らしい――本当かどうかはわからない。本当ならたいしたことだ)道徳的主張をその叙述にまぎれこませようとするのは自然なことだ」と、苦々しげに総括評を書き記している。

そのような若い学究に感情への閉じこもりが一方にあれば、相当な年長者の場合でも、「奇妙なことに、アイルランド対英国という、民族的、政治的問題は、まるでタブーであるかのようにすっぽりと抜けてしまっている」と批判される。

しかしまた一方ではなるべく褒めたい。「大沢氏の Hardy に対する敬愛の念は時に公平さを欠くのではないかと思わせるところがある。Hardy 愛好家としての面目躍如たるものがあるが、他方ではかえって評者などはその態度について行けないものを感じる」という評語などは、無理に無理を重ねての評価であろう。

このように肯定するとなればケチケチしないのがグループの特色である。「全体として、第一に The Ambassadors という難解な作品を理解する上で示唆に富んでおり、第二にこれを読むと19世紀から20世紀にかけてのイギリス文学伝統をたしかな手ごたえで実感できるように書かれている」とまで言うのは過大評価であるけれども、思いきった批評であるから気分が宜しい。

また、こういう一節があってちょっと首を傾げる。「鈴木氏にあるのは、小説の世界にのめりこみ『その中に生きる』ことができる一種のきわめて純粋な、ういういしいほどの正直であり、それはじつはめったに（とくに学者の世界では）お目にかかれないものなのである」。要するに宮崎グループにも、いささか好みの偏りがあるのではないかと思ってしまう。

最後に無条件で処遇された著作についての評を置こう。「巻頭の吉田健一氏の『人の生涯』は読者に書き手の自由な精神の働きを感じさせずにはおかない。筆者は Waugh の生活をたどりながら、同時におよそ文学にかんする基本的な問題に対する自分の明確な考えを遠慮なしに書いている」。

宮崎芳三(二)

天野敬太郎は昭和二十二年、「目録の時代を経て今や索引の時代に進んでいるのである」《『書誌索引論考』》と記した。網羅的な目録が無意味になったという判定には賛成であるけれども、一足飛びに索引へ赴き、それを書誌学の主流とすることは無理だと思った。その間に為すべき事が段階的にあるだろう。私はその期間の経験に基づき、「文献目録から文献解題へ」を提唱し、それに関連して「文献目録の反省期」「書誌解題のむつかしさ」「解題書誌学の勧め」《『書誌学的思考』》などを書いた。昭和五十三年から五十五年にかけての頃であった。しかるに私の提案は滑稽にも六日のあやめであって、宮崎芳三グループは、早くも実に昭和四十三年から、我が国では最も先進的な、学者を励ます効用を含んだ研究文献の検討作業をはじめていたのである。

その『日本における《にほんにおける》英国小説研究書誌』は、昭和四十年度から五十六年度まで継続し、全四巻を以て終了した。英国小説を研究の主題とする論文に限るとはいえ、この分野で発表される論文の悉くを蒐め、一篇一篇を入念に検討して講評を付すのであるから、その労たるや軽々しくは表現できない。酬いられることなき献身には頭が下がる。終了したとはいえこの四巻本は、日本書誌学の最高峰であり、書誌学者の誰もが座右に備えるべきである。

『日本における英国小説研究書誌』の二冊目に進むと、評者グループは、論文各編に将来へ発展する緒口を見出すことに努めようとの態度が増してきたと思える。例えば「いま評者（宮崎）が、この全体をふりかえってつよく感じるのは、著者の書きものに、業績点数かせぎ的なところが少しもないというありがたさである（この点数かせぎ的精神は、現在の多くの研究者を毒しているのである）」という評価などは、書いた人に根性があって結構ではあるけれども、元来それが当然なのであるから、些か甘やかしに過ぎるのではないかと思う。

しかしまた尤もな指摘も散在する。「着眼のするどさといい、引用の適切さといい、また推論のすきのなさといい、どの点をとっても感嘆の他ないみごとな論文」と一息に締め括る短評の呼吸が、今後の解題目録に活用されるであろう。また、「論文には多くの注がついているが、その中に重要な指摘が含まれている」と口出しするところは親切である。

更に、「Dickens 文学の魅力のまとめとして『ユーモアとペーソス』について説明している章では、いちいちその具体例をあげ、なるほどと思わせるように書いてあるのが注目をひく」と指摘するあたり、当然の手続きに感心しているかの如くでありながら、それを実現するにはどれだけ細心の読解が必要であるかを評者は十分にわきまえている。

この『研究書誌』四巻は、時に厳しく批判に及びながらも、根本の問題意識としては、一見きびしい判定を通じて、文学研究に効用あらしむる方途は何か、この難問についての自問自答である。『研究書誌』は単なる評価や検討に非ず、すぐれて一貫した文学研究方法論なのである。

　この『研究書誌』を卓越した先駆とし先覚として、今後、学問的な興味と注意力をもって、解題書誌学の萌芽が逞しく成長するのを希望とする。その方式の第一段階は、当該著作の目指すところを的確に読み取り、繁雑に過ぎぬよう分類する操作である。そのおおまかな仕分けだけでも、研究の推進にどれだけ役に立つかわからない。それのみにしても努力の甲斐あって満足するに値する。

　そのうえ望蜀の言を弄するようであるが、当面する著作が些か難解であるような場合、まずはその論考が何と何とを下敷とし、如何なる学派に所属するかを見抜くべきであろう。そこではじめてその立論が、真に独創的であるか否かが、自然にあぶりだされるであろう。

　要請ばかりを並べ立てて恐縮であるが、解題書誌学の到り着くべき究極は何か。それは当該研究成果が正味のところ、文学研究の如何なる分野の如何なる問題設定に呼応して、良薬名薬の如く効きめを発揮するかを値踏みする操作である。それはまだ難しいと忌避されるのも至極ごもっともではあるけれども、むつかしいと定評のある楽曲でも、回を重ねて聴くのを厭わなければ、次第に自然に馴染んでくるのと同じである。私の結論は甚だもって呆気《あっけ》なく、要するに、習うより慣れよ、その一言に尽きてあっさり終るようである。

武藤康史

武藤康史の『国語辞典の名語釈』〈平成14年〉は一読巻を措く能わざる快著である。提燈に釣鐘、という諺がある。突然自分と相手とを提燈に釣鐘と評したら只では済まない。しかし縁談を断って当家を卑下する場合なら通用する。ところが『広辞苑』第五版は、形は似ているが、軽重の差がはなはだしく、くらべものにならないこと、と訳す。提燈と釣鐘の「形は似ているが」とは妙適《みょうてき》であるが、そのあとに「縁談などにいう」と加えた意味が曖昧である。

悪女の深情を『大日本国語辞典』はとことん憎んで、「美人は多く情薄く、醜婦は却りて情深きこと」と決めつける。深情は女が男に愛着して離さない執着であるから、彼女を醜婦に定める理由はない。『広辞林』は「醜婦の多くは、愛情しつこくして嫉妬深しといふこと」と断じるが、醜婦でなければ嫉妬しないのかね。

というような変哲辞書の巡礼は打止めにして、武藤康史の代表作である「吉田健一書誌」〈『吉田健一集成』別巻、平成6年〉の構成を精査しよう。さきに『吉田健一著作集』第三十二巻〈昭和56年〉が刊行され、清水徹による「吉田健一年譜」百余頁が備わっているので、それを前提として新たにまた「吉田健一年譜」を作成するのは気骨の折れる作業であろう。武藤康史の方針としては、「年譜」と

「書誌」を別個に切り離す。対照としてあらかじめ清水年譜の凡例を示す。

凡　例

一、この年譜は、いわゆる年譜事項と書誌を含めた総合年譜である。
一、年譜事項には、吉田健一自身、及び他の筆者による吉田健一に関する回想の一部を引用し、年譜事項を補い、かつ当時の生活を示した。引用文は〈〉で示し、（）によって出典を示す。但し吉田健一自ら書いたものは、筆者名を掲げない。掲載誌紙、発表年月日のないものは、本著作集に収録されていることを示す。なお、文字は新字とし、仮名遣いは原文通りとする。
一、書目は日本語で書かれた全著作を掲げた。英文で発表されたもの（英訳を含む）はその殆どが初出誌紙、初出刊行年月日が不明であり、ここでは省いた。
一、記載書目は、全て新字とし、外国人名、片仮名表記は著者慣用の表記で統一した。従って現実に掲載されたものと、表記は必ずしも同じではない。
一、記載書目は、発表年月に従い、月ごとに配列した。但し雑誌の場合は表記された月名に従い、四月号なら四月の項に入れた。実際の刊行月にはよっていない。原則として同じ月の中では、新聞、雑誌、単行本の順に配列した（各項の一番上の算用数字が月名を示す）。
一、連載は原則として、第一回掲載のみ記し、連載終結の年月日ないし、号数、月号を掲げた。但し、各回に副題が付され、しかもテーマの独立性が強いものは、その限りではない。
一、再刊書、再録書は原則として省いた。但し重要なものは、その限りではない。
一、記載書目は、刊行月、書目、翻訳の場合は原著者名、掲載誌紙名、掲載月日または号数・月号、単行本の場合は刊行出版社名の順に示す。なお、座談会、書評、翻訳、インタビュー、掲載コラム欄名などは、その旨示した。連載の場合、必要に応じて全回数を示した。

一、本著作集に収録されているものは、記載項目の最後に○数字で巻数を示し、改題されたものは↓によって示した。

一、匿名による文章は確実な証拠のあるもののみ採った。

一、初出誌紙不明ものは、執筆の年月のわかるものはそれによって、当該月の場所においた。

清水徹の行き方とは反対に、武藤康史は年譜と書誌を切り離す。武藤年譜の大綱は次の如くである。記するところは努めて詳細に充実している。

凡　例

一、この年譜は『吉田健一著作集』補巻Ⅱ（集英社、81年7月4日刊）の清水徹編「吉田健一年譜」をもとにしつつ、歿後の資料を加え、生前の事項も補って新たに編んだものである。

二、集英社版の年譜に掲げてあった書籍・雑誌・新聞などのすべてについて実物を確認し、必要に応じて特集名・副題・見出しなどを補い、また説明を加えるなどした。目次と本文で題が異なる場合は本文から採っている。集英社版の年譜に示された該当号に吉田健一の文章がない場合は、可能な限り訂したが、正しい号をたどれなかったものは載せなかった。「初出誌未詳」として配せられていた事項も載せなかった。実物を見られなかった場合は「未確認」と断って載せた。

三、批評・随筆・小説以外のものには、各項の頭に〔翻訳〕〔談話〕〔対談〕〔談話筆録〕〔アンケート回答〕などを加えた。雑誌では「鼎談」と表示されているものも〔座談会〕とした。

四、書評として書かれているものは〔書評〕の表示のあと書評の対象となった著者名・書名を挙げ、題や見出しは省いた。

五、連載として書かれているものは初回のところで〔連載開始〕と表示し、連載の全体について説明した。二回や三回なら連載というより分載であるが、区別しにくいのですべて〔連載開始〕とした。

六、本巻にすべて収録されている「批評」「聲」の編集後記、「東京新聞」の「大波小波」への執筆については、一つ一つ挙げることはしなかった。

七、吉田健一の著書名はゴチック体にした。

八、選集・講座類に再録された文章も区別せず掲げたが、必要と思われるもののみ「再録」と注記し、一部には初出を示した。

九、伝記的な事項などは○のあとにしるした。集英社版の年譜は吉田健一の手帳の記載から拾ったという旅行の記録などを含み、また全体にわたって信子夫人の校閲を仰いだものであることから踏襲したものが多い。

十、当時の日記や書簡で吉田健一の名があらわれるものを広く集めた。引用にあたっては適宜ふりがなを加えた。出典は末尾に掲げるが、一部は年譜の中で注記した。また年譜作成にあたって参考にした文献も掲げている。

十一、いくつかの点について吉田家ならびに清水徹氏に御示教を忝なくした。

以上が武藤年譜の基本である。武藤書誌は文献を四種に分類する。すなわち、著作の単行本（文庫を含む）、共著・対談・筆録、全集類、翻訳、以上の如く整理した。

広義における書誌の編成法として、清水徹の年譜書誌総合方式と、武藤康史の年譜書誌分離方式と、どちらにも一長一短あり、優劣は決められない。ただし、文学全集類に付載の場合は、よほどの例外を除いて総合型にならざるをえない。分離型はほぼ個人全集に限られよう。いずれにせよ形式より表記法の解り易さがモノを言うのではあるまいか。いくら詳しくても難読では用をなさない。

その観点からすれば、武藤康史が著作の単行本を書名の五十音順に並べた措置は果して便利であろうか。これでは書名を確実に記憶している者にしか役立たない。それならいっそ主題《テーマ》別に処理した方が早く探しだせる。例えばアシモフを黒後家蜘蛛と鋼鉄と化学入門と世界史年表と自伝と、それぞれの系列に分けるようなものである。正確であることは何よりも大切であるが、それに劣らずリーダブルであることを目指さねばならぬ。辞書の語義に詳しい人に向かって釈迦に説法を許されたい。

『明解国語辞典』〈昭和18年〉の復刻版〈平成9年〉を手がけて解説を記した武藤康史は、辞書に関する話題として今まで一番面白い『明解物語』〈平成13年〉によって十分に興味をかきたてた。復刻版の武藤解説は冒頭に一息の判断を下す。昭和十八年に刊行された『明解国語辞典』は日本で最初の現代語中心の小型〈縦一五粍、横一〇・五粍、厚さ二・五粍〉国語辞書であった。その新しいスタイルはその後多くの国語辞書の追随するところとなった。長らく市場を独占した辞書でもある『辞林』〈明治40年〉『広辞林』〈大正14年〉の流れを受けて誕生し、『三省堂国語辞典』〈昭和35年〉『新明解国語辞典』〈昭和47年〉を派生せしめた重要な辞書である。それを縦横に検討しながら言葉の意味を掘り下げるべく、武藤康史は『クイズ新明解国語辞典』正続〈平成9年〉によって私どもを試しているかのようである。

森銑三

長沢規矩也は、書誌学よりも図書学の方が名称として最適であると考える。そのため『図書学辞典』〈昭和54年〉では、図書学という呼称の起りとして、田中敬『図書学概論』〈大正13年〉を挙げている。恐らく然りであろう。田中敬は「序」に次の如く述べる。「〈前略〉予の初めて職を図書館に奉ずるや図書に関する基本的知識を修得することの頗る急務なるを感じ、或は之を師友に質し、或は之を文籍に索め、訪捜甚だ努めたりと雖も、不幸にして未だ図書に関する知識の系統的に叙述されたるものあるを聞かず。予深く之を憾とし、自ら揣《はか》らず図書学の新建設を以て念となすに至りぬ。爾来これが材料の蒐集と思想の整理とに努むること数年、近者髣髴として稍々其の体系を得るものの如く、乃ち筆を執つて是れが叙述を試みんとするや疑問百出、再調三査を要するものあり、牛歩遅々の感なくんばあらず、漸くにして稿成り之を読過するに、未だ意に満たざる所尠しとせず〈後略〉」。その筆意から、図書学の名を創めたことがうかがえる。

それで気が済んだか、長沢規矩也は、書誌学、の名の由来について甚だ冷淡で、書誌を図書学の旧称、と決めつけたのは些か勇断に過ぎるのではなかろうか。一応の由来を記しているが、関連する他の語とのつながりを検討せねばならぬので、長沢解題を一括して掲げる。まず書誌学 Bibliography

から。

説明　もと、わが国では、史学の補助学として、書史学と称していたが、書物の歴史ばかりでなく、書物全体についての学問であるというので、大正末期から、こうよぶようになった。

しょしがく　書史学　書誌学の旧称。

もくろくがく　目録学　清代以降、書誌学的研究を指した漢語。

説明　この称は、清代の学者王鳴盛が、十七史商権巻一の中で初めて使った語であるといわれ、彼は、目録の学は、あらゆる学問の入門の学として大切なものであると言った。

はんぽんがく　版本学　目録学の俗語。

注意　「版本」というが、写本をも含む。

こうかんがく　校勘学　校讐学。㈠同一書の各種伝本間における字句の異同を調べ、できるだけ、その本の原本の姿を再現しようとする学問。㈡清代の学者章学誠が信摭という著書の中で、目録学とほぼ同義に使った称。

注意　後人は専ら第一義として使い、第二義には使わない。第一義は、清代に盛行した考証学の一派で、顧広圻のごときは、これを専業とした。

ぶんけんがく　文献学　文献を対象とする学問。

正誤　わが国文学界では昭和初頭以来、書誌学とほぼ同じ意味に使われているが、正確ではない。
説明　文献にもいろいろ意味があるが、この場合、言葉に対して、書いたものの意。
参考　わが国文学界で文献学の称を使うのは、昭和初頭に書誌学的研究を始めた池田亀鑑博士が、図書館界と全く没交渉であったからで、これに反して、漢文学界では私が、図書館界と密接な関係を作ったので、早くから、書誌学という称呼を使って来たのである。

としょ　図書　㈠今は書物と同義。㈡史記

いろいろ問題があるので順を追って考える。

まず書誌学の呼び名が大正末期からという件については後に述べる。目録学という呼称を長沢は採らないようであるが、例えば洒落本の全貌が不明であった時代に、そのすべてを探索して記録する必要があるというような研究分野には、書誌学の一領域として目録学の名を残してもよいのではないか。現に倉石武四郎の『目録学』〈昭和48年〉は評価があり、方面を異にして志村尚夫『目録学序説』〈53年〉渋川雅俊『目録の歴史』〈60年〉等がある。

次に文献学の問題もこんぐらがっている。口火をつけたのは和辻哲郎で、「枕草紙について」〈大正11～15年〉に於て、本文批判・原典批評を大いに鼓吹した。それに反応した池田亀鑑〈昭和3年〉村岡典嗣〈7年〉らによって原典接近操作が国文学の王道になった。羽仁五郎は『佐藤信淵に関する基礎的研究』〈4年〉で、基礎的研究とは、第一、伝記的叙述、第二、文献批判、第三、歴史的理解、以

上を意味すると説明した。池田亀鑑は『古典の批判的処置に関する研究』〈16年〉の「序」に、この本に於ける仕事を、古典的文献の「その本文を文献学的に批判した処置」と意味づけ「文献批判」「文献学」「理論体系」などの語を用いているが、いずれも書誌学を指してはいない。池田亀鑑の仕事は「書誌学的研究」とは別個である。芳賀矢一の明治四十年度の講義が遺著『日本文献学』〈3年〉として刊行されて以来、東京大学国文学科では、この名称が幅を利かしていたにせよ、それは神棚の御札程度にすぎなかった。書誌学が文献学と呼ばれたことはない。

それでは書誌学の名称は何時からか。森銑三〈昭和33年〉があっさり解明している。それによると『ビブリア』十号の座談会で、書誌学は誰による訳語かと問題になり、寿岳文章が『書誌学とは何か』〈昭和5年〉を刊行したとき、自分自身の考えであゝいう訳語が出たのです、と語っている由である。森銑三はその思い違いを訂正すべく、雑誌『書誌』が大正十四年十月創刊、昭和二年十二月廃刊、二年間に七冊出ていることを指摘する。即座に思い出したのも当然、森銑三自身も執筆している。この『書誌』の中心であった植松安《やすし》から、文部省図書館講習にて、森銑三は「日本書誌学」「支那書誌学」「西洋書誌学」の講義を聴いた。課目の名称には、はっきり書誌学とあって、書史学でも書志学でもなかったことを記憶しているという。

森銑三は講習所の第五期入所であった。第三期の大正十二年に植松安が「日本文学書誌」「西洋文学書誌」出講の予報が出ている。第一期の大正十年は久松潜一の「書史学」、第二期は不明、第三期の大正十二年から植松安によって「書誌学」が定着に向かったのであろう。

明治四十二年八月に東京で図書館科講習会が開催されたときには、赤堀又次郎が「書史学」を講じている。それから二十余年経って『書誌学』と名乗る雑誌が昭和八年一月創刊された。昭和六年七月創刊の『書物展望』と平行して、書物雑誌の最も栄えた時代であった。

矢野貫一

特定の主題をあらかじめ選んで、それに関係のある文献の、題目や刊記を記録してゆく、いわゆる文献目録は役に立たなくなった。文運隆盛と言いたいところながら、実際には今や文献が氾濫しているので、標題を見たのみでは内容の見当がつかず、玉石混淆の弁別も不可能である。そこで要請される作業としては、第一に文献の明細な分類であり、第二に、個々の文献一点ずつについての解説であり解題である。

今までのところ文献目録とは称していても、編者は各文献の題目だけをチラリと見て、あわただしく所要事項のみカードに書き込み、本文を読み込む労を怠り、いったい何が書いてあるのか無関心のまま、機械的に自動的に、目録の形式だけを整える、早取り写真《スナップショット》の方式が多かった。

しかし、あらゆる書物は究極のところ、読むために必要とするゆえ、その手掛りを求めて目録に近づくのである。したがって、書物の外面《そとづら》について、事細かに何を知っても意味がない。ほかならぬ書物の中味と、その取り柄となる勘所を、的確に報告する発信が、いちばん役に立つこと疑いを容れない。世は今や確実に、解題書誌学の時代へと進みつつある。

矢野貫一の『近代戦争文学事典』既刊七輯〈平成4年11月25日～14年5月25日・和泉書院〉は、時代の

要請に応える解題書誌学の傑作である。一冊一冊ごとを気配り細やかに扱い、書誌学的探査が行き届いているのみならず、その一冊一冊に何事が書かれているかを、微に入り細を穿ち数十行も費して、手にとる気分に導くよう具体的に紹介する。大抵の解説解題はそこまでで終るのだが、矢野貫一は更に一歩も二歩も踏み込み、その書物が誰によって何時何処で、いかように評価されたかまでを詳細に伝える。もうこれ以上に要求すべき欠けた部分が見当らない。この至れり尽くせりの博捜調査は、解題学という労多き領域での、一方に於ける範例となっている。発刊以来すでに十年、後続の書誌学者はもう現れてもよいのではないか。

戦争文学と称するのは簡潔を主とする便宜的呼称であり、実質は広く軍事に関する書籍を網羅し、文学か否かの詮議に拘らず包括的に取りあげる。記載は刊行年代順に整えて通し番号を付す。第一号は、柳河春三の『西洋軍制』で明治二年、第二号は明治三年兵学寮刊『造営法』と辿ってゆけば、蒐書法の範囲が如何に広大であるかが察しられよう。現在は五百九号に達している。

有名な杉本五郎の『大義』の解説は約五十五行、本書は8ポ二段組であるから、この長文をとても紹介できない。斎藤茂吉の『寒雲』は約五十行、目配り宜しく中野重治が『斎藤茂吉ノオト』で問題にした歌を引用している。同じく中野重治が論じた『渡辺直己歌集』に至っては約八十行に達する。

日野草城の『新航路』には当時の論争が言及され、京三、白泉、楸邨が登場する。編者は単なる書誌の域を越えて、広く文化界を見渡している。いわゆる戦争文学に跼蹐していないのである。『新風十年』は当時の歌壇に広く影響を与えた文学史的事件であっただけに重要視して百五十行を越す。大獄康子の『野戦病院』を前作『病院船』に較べ、文章には一段の進境が認められるのに、感動が稀薄となっている、と評する。編者が取りあげた書物を十分に読み込んでいることの証しが至るところに現れている。

小林秀雄の『歴史と文学』についていは、内容を丁寧に紹介してのち、次の如く評を下す。

小林秀雄は、唯物論の影響から脱しきれぬインテリゲンチャの観念や理論を非難した。それはさしく時勢を鋭く衝くものではあった。だが、彼の批判は、非常時に便乗した理論武装を衝き崩すと同時に、戦争に抵抗する思想の防波堤までも崩すことになる。

なんと見事に小林の弱点《ウイークポイント》を衝いた飛刃一閃であることか。小林の発言が絢爛としながら常に読者の精神を麻痺させる副作用を持つ所以が洞察されている。釈迢空の『天地に宣《の》る』の主導調を解釈して、

釈迢空にとって、大東亜戦争は、神の怒りであり、神のまつりごとであり、また神々の顕現であった。

と読みとっているのは、敬服すべき感応であり、釈迢空の想念に即応した感受性の柔軟さには並み並みならぬものがあると共鳴する。

矢作勝美

読者がいま御覧になっている活字を明朝《ミンチヨウ》と呼ぶ。活字は他《ほか》に何種類もあるので、先走りながら見本を出しておこう。

五號明朝假名交リ書體見本
(SMALL PICA BODY)

本邦の文字は音標文字と記號文字と
の二種より成る音標文字は本邦假名
文字にして記號文字は漢字なり上代
我國に文字なし以後漢字渡來し文字
の妙用を悟り漢字にて事物を記載す
るとゝなれりされどそは制度律令の
類のみにして未だ世間一般に行はれ

活版ハ文祿中既ニ朝鮮法ヲ傳ヘテ印
行セシモ皆木字ノミナリキ其後德川
家康ノトキ銅字ヲ鑄リテ用ヰシモ此
法漸々衰ヘテ用ヰルモノ少クナリシ
ガ德川氏ノ末嘉永四年ノコロ長崎ノ
和蘭通詞本木昌造ハジメテ西洋ノ流
シ込ミ鉛製ノ字ヲツクリテ印行セシ

81 『活版見本』(築地活版所・5号)

(『明朝活字』p110)

我が国の近代に於ける文字文化は、明朝活字によって表現・記録・伝達されてきた。この明朝優位に落ち着いた経緯を、矢作勝美は『明朝活字』〈昭和51年12月20日・平凡社〉に幅広く探索している。

近代的活版印刷の基礎は、明治二年、本木昌造によって確立された。活版印刷になって明朝体が活字に取り入れられると、日本語をあらわす文字言語の代表的地位を占める。明朝体はなにを要因として洗練され、精巧で美しく読み易いレベルに達したのか。矢作勝美の見るところ、直接的な要因は、近代文学の成立とその発展である。近代文学は、近代社会に適応した人間観の思想によって、文学の内的実質の転換をはかるとともに、それにふさわしい言文一致の文体が創造された模索の末に成立を見た。そして文学的内容が横溢すればするほど、日本語の表現領域が広がり、いっそう豊かになってゆく。近代社会に生きる複雑微妙な人間の心理や、ますます繊細に赴く人間感情が表現を求める。付け加えて注記するなら、例えば二葉亭四迷の訳した「あひゞき」〈明治21年〉が、文壇の殆どを覆わんばかりに甚大な影響を与えたのは、明治の世を写しだす新鮮な文体を、求めてもなお直ちに得られない焦燥が、特に作家の間にみなぎっていたからではあるまいか。

矢作勝美の叙述に戻って、近代社会では社会科学や自然科学が発達する。それゆえ次第に厳密で明晰な表現が求められてきた。明朝活字は、そのような時代の要請に応える資格を持っていた。

その基本的な特徴は何か。それまで用いられていた漢字仮名交じり文の場合、平仮名に特有の、ぼってりとした肉付きスタイルの活字が主となり、毛筆書きの感覚をひきずって、もたもたしていた切れ味の悪さから、脱出することができたからである。明朝体は縦画〈縦線〉が太く、横画〈横線〉が細い。書体として均斉がとれているのは、しっかりと地についた安定感にもよるだろうか。

本木昌造が活版印刷を創始するとき、平仮名の活字書体に採用したのは、和様と言われる毛筆の草書であった。しかし、平仮名の草書体は、硬質の明朝体のなかにおくと、泥鰌が泳ぎまわっているようで、甚だ不似合に見える。そこで草書の字体を整え、明朝体と調和するように創意工夫が施され、今日見られるような平仮名の書体が出来あがったのである。

文字のすがたかたちを現すのが書体である。その構成要素が字体である。書体は字体のうえに形成される。つまり、字体に一貫した或る種の傾向や特徴を持たせることによって創られるのが書体である。同じ漢字の字体を基本にして、書体の異なる明朝体、清朝体、ゴシック体が創られた。

明朝は明朝でも均一ではない。現在の本文用の8ポイント、9ポイントの明朝体は、太型と細型に大別できる。太型の場合は、横線の幅一に対し縦線の幅三ないし三・五。細型の場合は、横線の幅一に対し縦線の幅二ないし二・五。縦線や横線の幅は画数によって調整される。

明治期には同じ活字をケースに戻し、反復して使用されていたから、活字がへたって誌面を薄黒くしている場合が少なくない。活字の一回使用が一般に実施されるようになったのは昭和十年前後からである。活版印刷に取り入れられた明朝書体は、独自の世界を創りあげてゆく。明治十八年に出発した築地活版所に於て小倉吉蔵を中心に改刻を進めた。小倉吉蔵は素質に恵まれ、字母製造の技術はひときわ抜きん出ていたという。

山内祥史

近代では個人全集の嚆矢が『透谷集』〈明治27年〉で、それに次ぐのが『一葉全集』〈30年〉、ここまでは一巻仕立であるが、『樗牛全集』〈37年〉は五巻、『眉山全集』〈明治42年〉は変則で、春陽堂書店から三巻、博文館から四巻と、分担しての出版であった。以上はすべて早く亡くなったゆえの刊行である。作家健在のうちに出た全集としては『荷風全集』六巻〈大正7年〉が最初であろう。

同一作家の全集が重ね編まれた回数では、『樗牛全集』の三回が先駆で、最多記録は江戸川乱歩の十二種が他を引き離す勢いであるところ、それを追い抜いたのが、太宰治の十四種である。このなかには回数だけを云々しては不適当な、有意義な手間のかかった新企画が加えられている。すなわち全作品を悉く初出本文で統一した初出版『太宰治全集』全十三巻〈平成4年〉である。太宰の全集では年期の入った発想であり、加えてこれを編集したのが、太宰書誌学と呼ぶべき精励専心の権化、この世界で知らぬ者のない山内祥史そのひとである。本文の読み易い組み方から詳細な「解題」まで、神経の細やかな本造りは、手触りまでやさしく行き届き、愛蔵の意欲をそれとなくそそられる。

そもそも山内祥史は太宰存世の時分から、太宰に関する資料であれば是非を問わず、徹底的に蒐集する決意を固め、その触手は想像もできぬ遠いところまで達していた。私など気の弱い怠け者は、その破格の熱意に感嘆するとともに、近づいたら火傷するぞと恐れ戦《おのの》く思いであった。

以来、何十年を経たが、その間、太宰についての資料を借覧せねばならぬ出版界は、結局、山内資料の恩恵をアテにせざるをえなかった。日本近代文学館や大宅壮一文庫が資料の宝庫であるように、山内祥史文庫は太宰治の、山野博史文庫は司馬遼太郎の、多少とも関係ある資料の貯蔵庫なのである。そもそも書誌学は文献を検討する学問である。文献がなければ書誌学もない。したがってなんらか価値のある文献を発掘する努力は、書誌学の基礎であると考えられる。文献を探し求める苦労を知らずして、そこいらに有り合わせの本で間に合わすようでは、所詮、書誌学とは無縁であろう。

山内祥史の探求は文献のみにとどまらない。幾重にも書き加えて豊富に成長した「年譜」を一覧すれば、どうしてこれほどまでに人間関係のあやちを探知し得たのか、途中で溜息をついて呆然たらざるをえない。昭和十四年の章。

「若草」十月号に「ア、秋」（昭和十四年八月二十三、四日頃までに脱稿）を、各々発表した。十月十八日付発行の「月刊文章」編輯部編『わが小説修業』（厚生閣）に、「答案落第」を収載。十月十九日付発行の「文藝世紀」十一月号に「デカダン抗議」（昭和十四年九月下旬頃脱稿）を発表した。十月二十五日付発行の国民新聞社学藝部編『短篇小説コンクール』（砂子屋書房）に「黄金風景」を収載。十月中旬後半か下旬前半かに「女の決闘（中篇）連載第一回」を起稿し、十月三十日頃脱稿した。この作品は、親戚から借りて来た『鷗外全集第十六巻』（鷗外全集刊行会、大正十三年五月三十日発行）収載の森鷗外訳「女の決闘」に拠って書いたもので、原作者 Herbert Eulenberg については、芳賀檀に問い合せたという。十一月一日付発行の「婦人画報」十一月号に「おしやれ童子」（昭和十四年九月末日までに脱稿）を、同日付発行の「文学界」十一月号に「皮膚と心」（昭和十四年九月末日までに脱稿）を発表した。十一月二日夜、山本（渡辺）惣助、阿部合成、和島某などが訪れ、十二時頃まで大いに飲み談じた。山本惣助は、昭和七年十二月特高に逮捕されたあと、懲役五年の判決を受けて服役し、昭和十三年十二月二十五日に出所。当時、結婚して、杉並区成宗三丁目三百四十六番地に一戸を借りて、岩波書店編輯部に勤務していた。翌十一月三日には、新田精治が訪れ、その後、山本惣助が夫人同伴で昨夜の礼を兼ねて来訪。二日飲み続けて、四升の酒を整理するのに成功した。この頃「原稿の注文は次第に多くなって、十四年の十一、十二月には予定表を作って調整をしなければならぬほど」であった。十一月四、五日頃「酒ぎらひ」十五枚を脱稿し、十一月十三日「困惑の弁」十枚を脱稿。十一月十三日起稿の「俗天使」二十枚を十一月十五日に脱稿した。同じ十一月十五日に「読売新聞」の随筆五枚半を脱稿。これは、昭和十五年一月の発表予定であったが、掲載紙見当らず、未詳である。十一月十五、六日頃起稿の「美しい兄たち」二十枚を十一月二十日頃に脱稿した。この間の十一月中旬、北原武夫「純粋といふこと―太宰治氏の手紙―」（「三田文学」昭和十四年十二月号）を読んで、小石川区林町六十二番地の北原武夫宅を訪れ歓談した。十一月二十、二十一日頃起稿の「短片集」十枚を十一月二十五日頃脱稿。十一月二十五、六日頃起稿の「鷗」三十枚を十一月三十日頃脱稿した。十二月一日付発行の「文藝日本」十二月号に「市井喧争」（昭和十四年十月下旬頃脱稿）を発表。十一月三十日か翌十二月一日頃起稿の「女の決闘（中篇）連載第二回」十五枚を十二月五日頃脱稿した。十二月十二日、杉並区阿佐ヶ谷二丁目六百三番地の青柳瑞穂宅で、阿佐ヶ谷将棋会が開催され出席。九名出席し、太宰治は二勝二敗であった。会後「双葉」で宴会。十二月、「駈込み訴へ」を、「二度くらゐにわけ」て、「炬燵に当つて、盃を含み乍ら、全部」美知子に口述して筆記させ脱稿した。年末、「女生徒」の日記の主有明淑子を訪ねた。当時東洋経済新報社編輯部に勤務していた塩月赳から結婚の世話役を依頼されたためであった。翌年三月、太宰治夫妻が付添い同席して見合いしたが、話は不調に終わったという。

掲載紙見当らず、と記すまでに、どれだけ発見すべく努めたであろうか、深く同情する。北原武夫の「純粋といふこと」を是非読みたいのだが、北原の評論集にも全集にも入っていないのが残念である。

山内祥史の編集で、『太宰治論集』が、同時代篇十一冊、作家論篇十冊、が出ている由であるから、或いはそこに見つかるかも知れない。なお山内祥史の著作に、『日本現代文学考』〈平成13年〉以外、『太宰治』〈近代文学資料〉『太宰治』〈人物書誌大系〉、『太宰治著述総覧』〈平成9年〉『太宰治文学と死』〈昭和60年〉、編『太宰治に出会った日』〈平成10年〉がある由を聞き及ぶ。

さて「年譜」に続いて「参考文献目録」が二百余頁を占める。この目録の特色は、いくつかの基準を設けて分類した方式である。第一部では研究的性格の文献で単行本に纏められているのを一括して先に出す。それと分けて刊本一部収載のものを別にしてある理由がわからない。次が太宰の本に付された解説その他、また分ける。更に月報類をも別にする。以上三種は文壇の常識としては同じく評論のつもりで書くのだから分類の必要はない。山内方式の分類が生きるのは、昭和十年にはじまる「雑誌・新聞の類」であって、雑然とした内容をなるべく割り切って、小項目に分類してあるのは非常に便利である。欲を言うなら必読の独創性ある文献を厳しく選んで印をつけていただけたらと思う。

山野博史

殆ど小説のみを収録する『司馬遼太郎全集』六十八巻が、文藝春秋の総力をあげて平成十二年三月完結した。すると待ってましたとばかりに新潮社が、エッセイ全集『司馬遼太郎が考えたこと』全十五巻の刊行を始める。全集は四六判貼函入であったが、こちらは同じく四六判ながら寛いだ感覚のカバーを司馬さんのスケッチで飾り、紺色厚紙表紙に司馬さんの原稿を金色に押して引き立たせる。造本の新潮社と謳われるにふさわしい出来栄えであろう。

装幀はなるほど結構であるにせよ、問題は内容を如何にして埋めるかである。小説なら作品を掲載した新聞雑誌の編集者が大切に管理しているから、尋ねれば必ずあるべきところにある。小説の全集を編纂するのに、探して駈けまわる労は要らない。

ところがエッセイとなるや事情がすっかり逆転する。エッセイの原稿を保存している編集者はいない。司馬さんのように無頓着な人は自分で整理なんてするものか。手許にないのみならず何時何処に何事を書いたかよく覚えていないし、「街道をゆく」などは別にして、メモやノートは身辺にさして見当らぬ筈だ。斯くの如くすっからかんに散逸してしまったエッセイの掲載誌を探し出す手立てがあるだろうか。やっぱり方法は考えればあるのだ。魔法のようにポケットからいくらでも出現するかのように探索発見の超人的異能、それが山野博史である。

真先に数字で納得していただこう。『考えたこと』全十五巻に収録したエッセイは約千篇。うち四百篇は所在がわかっていた。残りの六百篇は、そもそも世にあるのかどうかも心許ないほどなので新潮社には塵カケラもない。その謎の六百篇を東奔西走、到るところから山野博史は摑み出して来た。

魔法にトリックがある如く、山野流手品にも種がある。物を探すのは正攻法でゆく。司馬さんは小説連載の前後に読者に語りかける弁を書いた。本にする時は省かれる。まずそれらを総浚いする。出身は大阪外大、律気な司馬さんが無縁でいるわけはない。外大の刊行物を探せ。司馬さんの住居は東大阪市、探したら医師会雑誌に書いていた。司馬さんは交際《つきあい》がいい。だから鴨居玲個展パンフ。司馬さんは若いとき産経新聞の宗教担当だった。そこで受け持ちの寺を片っ端からあたると、『真宗第七百九十号』に遭遇した。

大阪万博、放っとくわけがない。「幻想の大光景」が見つかった。『歳月』の「あとがき」が難儀で、初版にはなく、二刷以降に載り、文庫版にはない。観世能パンフでは、船弁慶について「平知盛」、『ハウジング』に「門のことなど」、また「わが街」。藤沢桓夫『人生師友』の帯に一文。岩田専太郎画集には「とびぬけた画業」。なにわ会展記念画集カタログに「充実した歳月」。歌誌『白玉』の安田章生と懇意であったから、三百号記念特集に寄稿。司馬さんが利用していたタクシー会社「新東宝」の組合発行『あすなろ』に「新東宝人物銘々記」。

お寺を山野名探偵が丹念にまわって奈良へ赴く。上司海雲《かみつかさかいうん》。東大寺管長就任記念文集に執筆。村松梢風『新輯 本朝画人伝』の内容見本に推薦文。富士正晴『往生記』に跋文。大阪市のリーフレット『町いきいき』に「市民意識の低い大阪」。

ざっとこういう呼吸である。『考えたこと』十五巻は実質上の編者が山野博史である。必要であり大切である文献資料を探索する名人は、発掘書誌学の要を得た感覚の人である。

しかし山野博史は間口が広く、発掘を本職と呼ぶわけにはいかない。

順序を逆に言うならば、まず古書の蒐集家として天下一の嗅覚と実績を持っている。この名探偵のもとに稀覯の司馬資料が、流れるように入ってゆくのは、全国の懇意な古書肆との親密な交遊がモノをいっているからであろうと私は睨んでいる。

その次に文献を操作し組み合わせる高度の書誌学が感覚のなかに出来上がっている見事さである。『発掘 司馬遼太郎』〈文藝春秋〉は、全集第三期の月報に連載されて好評を博した労作である。趣向は山野書痴らしく、毎回登場する彼氏彼女の原稿を、ただ平板に並べるのではなく、適当な内容の文章をこれまた探索し、少ないめの惜しまれるくらいの長さに切り、ちょうど司馬さんとの挨拶、やりとり問答のかたちに組み合わせた。本来なら容易に拍子の合わないところ、それがぴったり照合するのだから不思議である。『本は異なもの味なもの』『三酔人書国悠遊』『知的生活の流儀』『泣菫随筆』などの著作にますます年期が入ってきている。

吉田精一

昭和三十六年六月、関良一はたまりかねた調子で、学界に向かって、次の様な警告を発した〈『立教大学日本文学』6号「『浮雲』の発想」〉。

いったい、近代文学の学界においては、私自身もその誤りをしばしば犯してはいるのだが、一つの問題を取り上げる場合、それに関する先行研究のすべてを――すべてではなくても主要な説を摂取し、検討し、必要に応じて批判し、その上に立って（もしもそれ以外の説を提出する必要が生じたならば、そこで）自説を提出するという学問的なルールが、充分に守られていない嫌いがある。たとえば、右の柳田〈泉〉氏の論なども、それが掲載された機関誌〈早大『明治文学』〉が限られた範囲にしか配布されなかったものだったとはいえ、その後ほとんど引用されることも、言及されることもなく現在にいたっているのは、一つには、このルールが充分に守られていないことに関わっているのではなかろうか。

平素は至って引っ込み思案の関良一が、思いきって学界への批判に出たのは、私が「文献目録について」〈36年6月『近代文学懇談会会報』〉に次の如く書いたのが刺戟になったのであると思う。

近代作家について考察しようとする場合、著作目録及び年譜と共に研究文献目録を普通何よりも先に熟読する必要がある。普通、と特にことわったのは、例えば『名古屋大学国語国文学』に『小説神髄』及び没理想論争について、誰でも知っている論争両者の論旨を悠然と只紹介している鈴村藤一のように、既に積み重ねられてきた優れた研究をロクすっぽ読みもせず、思いつきですらないぐうたら作文を書き流している人達がかなりの数にのぼるからであるが、そういう例外は別にして、どんなに簡略な覚え書きであっても、当該作家について研究文献目録が既に誰かによって作られてあると否とでは大変な違いである。筑摩書房の『現代日本文学全集月報』が吉田精一編集の「研究書目・参考文献」を掲載しはじめて以来、多くの貴重な文献目録が続々と作成され、天野敬太郎がそれら研究文献目録の目録を近く作成する予定と聞くが、自分で作ったことのある人でないと解らぬ程非常な手間と勉強を要するこの文献目録作成の仕事が今後より効果的に進められる事を願って、ここに二、三の注文を記しておきたいと思う。

入江春行編『与謝野晶子書誌』の「序」に安田章生は「同君の言によると」「晶子書誌の方は、完璧かと思はれる域に達したとのことである」と書いているが、非常な苦心に堪えて完成した入江の自恃は勿論解るものの、やはり目録作成者が第一に自戒すべきは、自分の編纂事業の限界という事であろう。目録の序言や凡例には、自分の目の届かなかった諸点についての明白な記載が望ましく、それが厳密に実行されてこそ後進による増補が可能となる。その点、真先に始めるべきは、編纂者が自分で現物を確認した文献と、他者の記載によってその存在は教えられたが現物にはあたっていない文献とを、印をつけてはっきり区別する操作である。例えば昭和二十九年に野間光辰が『国語国文』に発表した「浮世草子年表」で、現物未見のものには「書名の上部に×印を附して、その所拠を註記」しているのと同じ手続きが、近代文学の場合にもこれから実行されねばならない。

更に、文学現象を左右する要因としてのジャーナリズムの問題は今後益々重要視されて行くに違いないが、そのような考察角度に堪え得るように目録の各項をなす箇々の論文がどのような注文や企画に応じ、いかなる読者層を目指して書かれたのか、出来るだけそれが推定可能な記載方法を考える必要がある。少くとも当該論文を含む特集企画の表題が書き添えられてあるだけでさえどれだけ助かることか。『一葉全集』第七巻の「一葉研究書誌」や『明治大正文学研究』二十四号の「北村透谷研究文献書誌」など関良一の仕事がこの種目録類中比較を絶して卓越しているのは、単にその驚くべき博捜によるだけでなく、記載方法の入念細密があずかって大いに力があるのだと私は敬服している。

このように、先行文献を重じよと言い出したのは、学界史はじめてであったから、関良一は敢て念を押したかったのか。ちょうど時代の気分もその方角に向かっていたのであろう。

文学全集の月報に「主要研究書目・参考文献」欄を付載した最初は第一次『昭和文学全集』〈昭和27年11月〜30年5月・角川書店〉六十巻であった。書誌は無署名ながら恐らく吉田精一の指揮によるのではないかと思う。そして、より本格的には『現代日本文学全集』〈筑摩書房〉の月報〈昭和29年7月の15号から33年9月の97号〉に、吉田精一の名によって、「研究書目・参考文献」を連載した。筑摩版の方が形式も整って力が入っている。この筑摩版全集では、のちに、全月報を最終決定巻数順に再編成して、定本限定版『現代日本文学全集』別巻3として『月報合本』〈42年11月〉が刊行された。書誌の系譜に記録されるべき取り計らいである。

書誌の尊重すべきであることを具体的な手続きによって明示し、率先して書誌編成の手掛りを与えたのは、吉田精一の画期的な業績である。もちろん多くの門弟を動員して、人海戦術に訴えたであろうことは察し得るが、指揮者《コンダクター》としての腕は格別である。吉田精一のおかげで、文学全集に書誌はつきものという習慣が出来たのである。

『日本現代文学全集』に至って、書誌は月報から本巻の巻尾にと位置を遷し、毎巻の担当者が名を記すようになった。『現代日本文学大系』ではまた月報に位置を占め、書誌は研究案内に変身した。『日本近代文学大系』および『明治文学全集』では、また書誌が本巻に遷って分量も増える。『新日本古典文学大系明治編』に至って書誌を省いて解説に替えた。精選して評価する責任の逃避である。

また、吉田精一が秘蔵の資料を提出して、『現代文学論大系』八巻を編集したのもひとかたならぬ貢献である。それまで軽く低く見られていた評論の、文学史を動かす役割を、無視すべからずと実地に訴えた。殊に第二巻の自然主義編は、これだけ多く選り抜きの評論を蒐めて見せられると、時代の動向が圧力となってのしかかる。適切な編集にこめられた意欲には響くところ大なるものがあった。

それでは勢い少なからざる文藝評論なるもの、文壇に如何なる貢献または動揺を与えたか。文学史に於ける評論の力学を、解きあかして見せた者はまだいない。

高須芳次郎　日本現代文学十二講〈大正13年、評論重視〉

土方定一　近代日本文学評論史〈昭和11年〉

原田芳起　日本小説評論史序説〈昭和13年〉

関良一　現代評論〈昭和31年〉

これらにも視線をおくりながら吉田精一は、『近代文藝評論史』明治篇大正篇〈昭和50〜55年〉を書き続けた。

吉田評論史の特色は、どちらかと言えば、抽象論理をふりかざす哲学趣味の硬派に重きを置きすぎる傾向であって、作品に密着した読解論文が貶《おと》しめられる固苦しさが評論文にそぐはない。

しかし殆ど流布していない明治大正の評論書を、隅々まで取り蒐めた執念は見事である。吉田評論史は蒐書の努力に支えられているので、蒐書を足場として成り立つ研究であり、書誌の上に乗った論文であるともいえよう。

その後、私の『現代評論』〈昭和58年〉『近代評論の構造』〈平成7年〉『論争心勝法』〈平成14年〉『大人の国語』『文豪たちの大喧嘩』〈共に平成15年〉が刊行された。

吉田凞生

作品の記述と述作の精密な記録としてのみならず、刊行発表の周囲にも目を注ぎ、同時代の文学的環境をも視野に入れたところ、『書誌 小林秀雄』〈昭和42年〉の、並み並みならぬ工夫と下準備の周到さがうかがえる。全体の構成はこの時期にあってめざましい新機軸であった。

第一部は吉田凞生による「作品・文献年表」である。一頁を三段に仕切る組み方が簡略で明確に読みとれる。上段は、小林の作品・著訳書・座談会を年月順に並べるが、小説「蛸の自殺」だけは不明とせざるをえなかった。しかし富永太郎宛書簡の日付は明白である。中段は「研究資料・参考文献」であるが、当初は富永太郎・中原中也はじめ来翰の並ぶなかに、志賀直哉の大正十五年一月の日記が取りあげられている。

同じく中段に年月不明ながら中原中也の「小林秀雄小論」を掲げるが、これは昭和二年頃の作と想像されるが確証はなく、「小林秀雄宛私信に同封されたものと言われる」〈『論集・小林秀雄Ⅰ』〉。したがって公表された史上最初の論評は、横光利一が「控へ目な感想（一）小林秀雄」〈昭和3年3月『創作時代』〉に於て、「批評そのものが、近来かくも美事な端正さをもつて天道へ通じてゐるのを見たことがない」と讃嘆した数行であろう。

第三段は「略年譜・備考」。小林の行動を細かく辿ってゆくと同時に、「『バルザック伝』〈文藝春秋〉無署名未完、小林作かどうか疑問」と慎重を期する。これもまた昭和三年としかわからぬらしいが、「関西学院で〈文学に於ける写実と象徴〉と題して講演」と記されているのは、小林の「処女講演」〈昭和15年11月〉に拠ったのであろう。さらにこの年、「ファーブル『宇宙の話』などの下訳をしたといわれる」と書き留められているところから見れば、他にも下訳の仕事があったのであろうか。

さて再び上段にもどるとすれば、ボードレールの『エドガー・ポー』〈2年5月〉を訳してのちは、『文藝春秋』に我が物顔の連載を続け、「アルチュル・ランボオ伝」を九回、「シャルル・ボオドレール伝」を十五回、悠々として書き続けていたのを見れば、おそらく小林を菊池寛が、只者ならずと許していたか。編集者たる菊池の見通しが当った。昭和四年九月、「様々なる意匠」一篇を以て小林は世に出た。そして五年四月、小林は「アシルと亀の子」と題する文藝時評を開始、標題を変えながら六年六月まで〈6年4月～6月『改造』〉、十五回にわたる記録的な大当りとなった。

その間に於ける中段を見れば、小林に対する肯定否定、同感反撥、応援攻撃、感服毒舌、ありとあらゆる方面からの発声が、文壇の隅々まで動揺させ、余震未だおさまらずの観がある。文藝界の主流であるとは言えない文藝時評が、これほどまでに文壇を騒然たらしめたのは、後にも先にも見られぬ光景であった。

下段を見ると昭和六年「一年間にわたる『文藝春秋』の時評連載を終る。批評家としての地位を確立した」と注記する。昭和七年「明治大学文藝科講師に就任、〈文学概論〉を担当」する。ちなみに明治大学は昭和七年文藝科を創設し、山本有三を初代科長に迎えた。前後して舟橋聖一は明治大学教授の肩書で『明治文藝評論』〈昭和8年〉を刊行している。同年、小林は横光利一とともに江川書房顧問となる。八年三月『新潮』座談会「藝術界は何う動くだらうか」に参加したが発言しない。八年六月頃、鎌倉町扇ヶ谷三九一に転居、九年五月、森喜代美と結婚、鎌倉町扇ヶ谷四〇三に転居した。

また上段に戻って八年十二月、ドストエフスキー論を書きはじめる。さかのぼって『文藝評論』〈6年〉、『続文藝評論』〈7年〉、訳『酩酊船』〈6年〉、訳『テスト氏』〈7年〉、さらに『続々文藝評論』〈9年〉、『様々なる意匠』〈9年〉、『私小説論』〈10年〉、訳『パリュウド』〈10年〉と、著作の順を追ってみれば、精励の気配が確かである。

中段はあまりにも賑やかであるため、そのごく一部に触れるしかない。

文藝懇話会というどこか胡散くさい組織の是非がとやかく問題になっていたとき、中野重治は「ある日の感想」〈昭和11年〉で小林秀雄を真向から批判した。すなわちトルストイの非妥協やボードレールの反凡俗主義をかかげている当人が、「僕は先づ俗論党だな。文藝懇話会があつた方が利益か無かつた方が利益か、どつちか解らんと思つてゐるよ。〈中略〉文学が大衆化したといふ実益を齎してゐるんだよ」という小林秀雄の俗論中の俗論、折衷主義中の折衷主義、論点推移による猪口才《ちょこざい》なごまかしに手をかしているロマン主義者林房雄を罵った。この問題に関する限り中野の批判は的確であった。

吉野作造

明治以後に刊行された多種多様な叢書のうち、最も文化史的価値の高いのは『明治文化全集』二十四巻〈昭和2年10月5日〜5年7月25日・日本評論社〉であると讃えても過言ではあるまい。

この大事業が発案された事の起りを、吉野作造〈『閑談の閑談』〉が「明治文化の研究に志せし動機」〈大正15年4月『新旧時代』〉に次の如く語っている。大正七年、東京帝大法科の同僚間に、国家学会創立満三十年を記念するため、明治の憲政ならびに経済財政の、基本に直接関与した先輩の、談話を集めて信頼すべき記録を、残して置こうとの議が纏り、その結果として『日本憲政経済史論』が出来た。福岡孝悌以下七人は快く協力したが、ただひとり何を差し措いても此の人の談話が必要であると考えて口説いたけれども、その伊東巳代治だけは承諾しなかった。伊藤博文を助けて憲法の起草に与った人々のうち、伊東巳代治は最も深く実際の機密に接して、最も多く献策したのである。その枢要にあった重要人物が、今日それを公表するのは機の宜しきを得ないと沈黙を守った。そこで吉野作造は思案する。この頑固な古い老人たちの迷妄を、新しい時代に沿うよう拓かねばならぬ。それには歴史的な政治思想の変遷を解き明かし、時勢の背景が新旧異なる所以を写し出して納得させるべきである。このような経緯があって吉野作造は、明治政治思想の変遷史を研究の主題に定め、今は世に散らばっている明治文献の蒐集を開始する。その成果が『明治文化全集』となり、その豊富な資料の効用に感嘆した人々から、海東の四庫全書また明治の群書類従と讃えられたのである。

斯くして吉野作造は大正十三年十一月、明治文化研究会を結成した。当初の編集同人は、石井研堂、石川巌、井上和雄、尾佐竹猛〈二代目会長〉、小野秀雄、吉野作造、宮武外骨、藤井甚太郎の八名で、吉野作造が編集担当代表として事実上の会長となる。暫くして木村毅〈三代目会長〉が加わった。機関誌として『新旧時代』を刊行し、史的資料の豊富な探索で最も充実した雑誌となった。

「明治文化全集」の編集意図については、内容見本に於ける刊行の辞が、委曲を尽くす。

「明治文化全集」刊行に際し
全日本の識者に檄す

吉野作造博士が日本政治史大成の道程として其の最も重要期たる明治年代の研究に夙に着目せられ、多年その資料文献の蒐集に努め、近くは尾佐竹猛氏、廃姓外骨氏其他斯道の権威を糾合して明治文化研究会を起され、機関雑誌「新旧時代」を発行し、孜々として研鑽倦む所無きは、学界周知の事実であります。今や明治文化の研究は博士を中心とする同志諸学者の独壇場たる観ありと云つても、失当ではありますまい。思ふに明治は日本国民生活の更新復興の一大転換期であり、東西新旧の文物こゝに錯綜し、世態人情の複雑なる、其の推移発展の急激なる、実に世界稀に見るの偉観を呈し、現代日本文化発祥の一大酵母をなせるは、こゝに贅言を要しません。現代哲学を知らんには先づカントに帰れ、現代経済学を究めんには先づマルクスを叩けと叫ばれる如く、現代日本に自覚的合理的生活をなさんには先づ明治を知らねばならぬ。さればこそ徳富蘇峰氏は老来、明治大帝御宇史の大成を思ひ立たれて今や其の前提として日本国民史の修輯に全力を傾倒せられ、同業改造社は劃期的冒険の下に明治以後の現代日本文学全集の公刊を敢行し、今や明治は全国民の心に新しく甦らうとしてゐます。小社が明治文化全集の刊行を大成せんとする、蓋しまた故なきではないのです。

今や明治の文献は次第に湮滅しようとしてゐます。否、大正震火災は、大半之を烏有に帰せしめたのです。現代之を蒐集せんとすれば、たゞに数千円の金を抛たねばならぬのみならず、また十年二十年の歳月を待たねばなりますまい。吉野博士蒐集の明治文献書が危く震火を免れて其大半を保存され得た事は、実に学界の大慶です。茲に小社は博士に乞うて其の一大秘庫を天下民衆の前に開かれん事を求めたのです。幸ひに博士は快諾されましたが、たゞ、此の事業を企てる以上は書肆として多少の犠牲は忍んでも完全なる定本を天下に供給するの覚悟を以て事に当つて貰ひたいとの御希望でした。小社は之を諒としました。思ふに此の事業たる、決して一時の投機的事業ではなく、永遠の文化的大事業です。書肆としての利害の打算もさる事ですが、本全集の完成に当るは小社の光栄であり、また社会的責任であると自覚します。営利また関する所ではありません、小社はこゝに一大決心を以て奮起したのであります。

博士もまた編輯の責任を一身に負うて起たれ、広く知己交友に稀書珍本の提供を求められ、また斯界の諸権威に校訂解題を依頼せられ、別に穂積重遠、土方成美、吉田熊次の諸博士並びに河合栄治郎、本位田祥男教授に諮って編輯分擔を定め、斯くて名実共に吉野博士等の苦心経営になる全集の出現を見るに至ったのです。斯くて本全集は同博士の責任編輯であり、其多年の蒐集研鑽の総決算であると云っても決して過言ではありません。『私は他人の仕事に名を貸した事も無く、また自分の仕事に他人の名を借りた事も無い』と云はれる博士にして始めて期し得る、学者的良心の行き渡った明治文献大集成である事をこゝに断言して憚らないのであります。

翻って思ふに、当今一円本全盛の時代に一冊三円の予約刊行を企てるは冒険たるを免れません。併し何分数十万の大衆に訴へ得らるべき性質のものではなく、而も一冊二段組六百余頁の厖大なもので、且つ原本の挿絵は残らず入れるのですから、之を一円本とする事は事実上全く不可能であり、と云って天下の識者の要望に添ふべき本全集の刊行は今や一日も忽諸に附すべからず、こゝに熟慮の結果多くの犠牲を覚悟して三円本の予約を敢行した次第です。小社の苦衷の存する所を認めて、偏に諸賢の御後援をお願ひします。本全集の権威、内容、体裁、分量を以てすれば、一円本よりなほ廉価なる事は小社の私かに信じて疑はぬ所であります。

ここに記されている様に、吉野作造自身が博学宏識の熱心な蒐集家であったのみならず、尾佐竹猛はじめ一同には古書を漁る勘の鋭さにかけては誰にも引けをとらぬ猛者が揃っていた。『明治文化全集』

は単なる回顧趣味とは無縁で、それぞれの分野に於て効め手となる文献のみを選りすぐって復刻している。内容見本の「書目解題」は恐らく吉野作造の執筆であろう。具体例を挙げる。

交易問答（加藤弘之著）明治二年刊

外国貿易の有利なる旨を説いた啓蒙的著述。当時排外攘夷の思想強く外国と和親することすらが国民多数の烈く反対する所であった。此風潮を緩和するに本書の大に与って力あったことは人の知る所である。福沢先生の「唐人往来」と共に歴史上頗る貴重すべき文献である。

泰西商会法則（神田孝平訳）
商社規則（通商局）　｝明治二年刊

前者は和蘭商法中・会社に関する部分の翻訳、合名・合資・株式の三組織に家名仲間・業名仲間・金主仲間の訳字をあてて居るなど頗る面白い。後者は通商局の規定に係る通商会社并に為替会社の規則である。之に基いて色々の会社の起ったことは云ふまでもない。

丸屋商社之記　明治二年刊

丸屋は今の丸善の前身である。明治二年に出来たものであるが、その組織経営から利益配当の方法や社員の救恤等について頗る新しい施設の加へられてあるのが面白い。

万事この調子であるから、内容見本を一覧するだけでも興味が湧き起る。文学全集の内容見本でもこれより面白く読めるのを見たことがない。

書誌学入門文献

一　参考書目

田中敬　図書学概論　大正13年
植松安　本邦書誌学要　昭和4年
寿岳文章　書誌学とは何か　5年
小宮山寿海　書誌学　6年
橘井清三郎　西洋書誌学要略　7年
水谷不倒　明治大正古書価之研究　8年
古典社　書物語辞典　11年
近藤杢　支那辞書の梗概　12年
矢島玄亮　和漢古書目録の知識　13年
阮元　図書基本叢書四庫未収書目提要　15年
和田万吉　日本書誌学概略　19年
幸田成友　書誌学〈一・二〉　24年

日本印刷学会　英和印刷書誌百科辞典　24年

小島勝治　日本統計文化史序説　47年

林達夫著作集〈六〉書籍の周囲　47年

幸田成友著作集〈六・七〉書誌・雑纂　47年

倉石武四郎　目録学　48年

水谷不倒著作集〈五〉古版小説挿絵史　48年

山岸徳平　書誌学序説　52年

天野敬太郎訳　九ケ国対訳書籍用語辞典　52年改訂

天野敬太郎　書誌索引論考　54年

幸田成友　書誌学の話　54年

粟田元治　書誌学の発達　54年

エリク・ド・グロリエ　大塚幸男訳　書物の歴史　55年

G・ノーマン・ナイト　藤野幸雄訳　索引—作成の理論と実際—　56年

L・N・マルクレス　藤野幸雄訳　書誌　56年

精興社　和文活字　57年

ロバート・B・ハーモン　長沢雅男監訳　書誌学入門　59年

中村幸彦著述集〈十四〉書誌聚談　58年

金岡秀他　日本仏教典籍大事典　61年

書誌作成マニュアル〈日本索引家協会編〉　平成元年

藤井隆　日本古典書誌学総説　3年

清水茂　中国目録学　3年

紅野謙介　書物の近代　4年

陳国慶　漢籍版本入門　6年

中野三敏　書誌学談義 江戸の板本　7年

橋本不美男　原典をめざして 古典文学のための書誌　7年新装版

海野敏他　書誌をつくる〈上・下〉　9年

木村三四吾　書物散策　10年

長友千代治他　日本書誌学を学ぶ人のために　10年

井上宗雄他　日本古典籍書誌学辞典　11年

杉浦克己　書誌学　11年

根岸茂夫　江戸版本解読大字典　12年

長友千代治　江戸時代の書物と読書　13年

二　長沢規矩也

書誌学論考　昭和12年
支那学術文藝史　13年
支那書籍解題　書目書誌之部　15年
支那学入門書略解　15年新訂版
支那文学概観　26年
和漢古書目録記述法附鑑別法　31年
書誌学序説　35年
和漢古書目録法〈他に増訂版と新編版あり〉　35年
版本の考察　35年
版本の鑑定　35年
和漢古書分類法〈他に新編版と増訂版あり〉　37年
日本書誌学史　38年
漢籍整理法　49年
図解図書学〈正続〉　49～51年

図解古書目録法〈別冊解説〉 49年
図解和漢印刷史〈別冊解説〉 51年
古書のはなし—書誌学入門— 51年
和刻本漢籍分類目録 51年
図書学参考図録〈一〜五〉 48〜52年
図書学辞典 54年
図書学略説 54年
長沢規矩也著作集 全十巻・別巻一 57〜平成元年

三 川瀬一馬

日本書誌学之研究 昭和18年
日本書誌学概説 47年増訂版
古辞書概説 52年
日本書誌学用語辞典 57年
日本における書籍蒐蔵の歴史 平成11年
書誌学入門〈岡崎久司編〉 13年

四　杉原四郎

近代日本の経済思想　昭和46年
西欧経済学と近代日本　47年
マルクス・エンゲルス文献抄　47年
日本経済思想史論集　55年
近代日本経済思想文献抄　55年
日本の経済思想家たち　平成2年
思想家の書誌―研究ノート　2年
日本の経済学史　4年
日本の経済思想史　13年

近代書誌学綱要

書誌学は、他の何物にも従属しない独立の学問である。特定の書物を外から内から検討して、その成立過程に内在する疑問とすべき事項を見出し、確実な証拠に基づいて、未だ分明でなかった問題を解決するのが使命である。この探索を以て書誌学の根抵とする。

其処から出発して書誌学の技能が発揮する効用の分野は多様に広がる。

第一、古典から現代に及ぶ作品および文書の読解に、拠りどころとなる資料を提供する。この一面に於てのみ、書誌学は補助学としての機能を果す。

第二、現存する書物を熟知すれば、その学識が手掛りとなって、未だ世に姿を現さぬ所在の埋もれている文献の見当がつき浮かびあがる。すなわち発掘書誌学である。

第三、近代書誌学は研究文献目録から出発した。当初は文献が少ないので網羅を旨として疑わない。初歩的な網羅書誌学の時代である。但し、網羅のみでは効用がないから厳密な分類を必要とする。

第四、発表論文の数量が増加し、当然、論文の水準が総体に低下し、学問的存在理由を欠く無意味な愚論曲文痴鈍感想文が湧いて出るに及んで、網羅書誌学の時代が終る。それまで標題をチラッと見てカードを増やしていた作業は打ち止めである。

第五、研究に役立つ内容の濃い文献だけを記録する選択書誌学の時代が来た。その為に書誌学者は特定の領域に於ける研究水準を会得して、論文の価値を判定し得る労力を以て臨まなければならない。

第六、学力を身につけた書誌学者は、その蘊蓄を生かして、各文献の核心を把握して、選び出した個々の文献に解題を施して、研究の進展に貢献し得る。すなわち解題書誌学が主流となるであろう。

書誌は独立した有用の学問である。学問としての効用を発揮する為には、最少限、以上に列挙した資格を備えていなければならない。この配慮を欠いた無効な機械的陳列は、書誌学に似て非なる根性の卑しい点数稼ぎにすぎない。

後記――私の書誌学事始

私が幼いながらも書誌学の真似事を始めたのは、古本屋を廻って一寸でも安価《やす》く欲しい本を蒐めるために、必要不可欠の準備として、全集や雑誌など揃いものそれぞれの、欠本を丹念に書きこんだ作業が最初である。取り外しの出来る手帖に一覧を作って、何時でもポケットから出しては、本屋の在庫と照らし合わせる。これは非常に便利であった。

小学校五年の昭和十五年頃からであったと記憶する。その頃は古書店にばら売りが多く、円本にしても、既に品薄になっていたけれど、これらは一冊ごとに値がついていた。日本名著全集などは大抵の人が、一冊ずつ買うのを常としたように思う。雑誌などは殆ど均一で重ねてあった。そのなかから気に入ったのを探し出すのは、まことに楽しい拾いものであった。この作業はかなりの齢になるまで続いた。

昭和二十五年といえば大学の三年である。このとき仲間と同人雑誌を始めた。『えんぴつ』という謄写刷である。此処から開高健が出たものだから、そのおかげで渺たる同人雑誌が『日本近代文学大事典』に登載されている。そのうち同人の連中で研究会をやろうということになり、野間宏や椎名麟三や芥川龍之介やカミュやサルトルやとテーマを予定してみんな勉強した。そういうことなら、と私が乗り出して、毎回の主題《テーマ》についての参考文献を、もちろん私の知り得た限りであるが、僅少ながらそのたびごとに掲載した。これが私に於ける文献目録の、まことにささやかな手始めであった。

浦西和彦編『人物書誌大系13 谷沢永一』〈昭和61年〉を繰ると、私が多少ともまともな発表機関に載せた書誌は「斎藤茂吉研究文献目録㈠㈡」〈昭和27〜28年〉であると記録されている。その次が「近代歌人による万葉集研究の文献目録㈠㈡」〈昭和31年〉となっている。今から見ればお粗末きわまる試作であるが、敢て負け惜しみを言わせていただくとすれば、両者ともその領域に於ては始めての書誌であったということが、まあせめてもの取柄であったろうか。

そういう手習い草紙で遊んでいるうち、全く偶然にも書誌学の師匠に出会うことになった。私が勤務する関西大学の、図書館図書課長に天野敬太郎先生が居られた。恐る恐る押しかけ入門したかたちになったけれども、忙しい先生はいちいち私の相手などしておられない。しかし幸いにも天野先生の薫陶を受けた図書館事務職員の竹内〈旧姓宮中〉市子さんが、天野先生独特の呼吸を私に伝えてくれた。したがって私は天野門下というより竹内門下となったのである。

このような経過を経て、私も漸く文献探索に進み、「没理想論争研究文献」〈昭和32年〉を作成し、次いで「鷗外『舞姫』研究文献」〈昭和32年〉および「『小説神髄』と「没理想論争」の研究史」〈昭和36年〉に、多少とも新機軸を出すことができた。そして「近代文学書誌案内」〈昭和38年〉を書くめぐりあわせとなった。この一篇が近代書誌学展望の嚆矢をなしたことはお認めいただけると思う。

しかし、ひとつごとに集中できない私は、それ以後、書誌学に没頭できなかった。したがって私は書誌学の専門家ではない。私にとっての書誌学は、所詮、趣味であり道楽である。専門家ではないが趣味家として、その僅かな知見を纏めてみたのが本書である。

それゆえ、視野が狭く、見聞に乏しいので、近代書誌学の秀れた業績を、非常に多く見落していると思う。私が取り上げるのを怠った俊傑の皆さまがたには、私の不行届きを深くお詫び申しあげる。ただ、しかし、近代書誌のあるべき姿、進み行くべき方向については、然るべく記述し得たと自認する次第である。

私の書誌学勉強は、今のところ、次のようなかたちになるかと思われる。

序説　本はこうして選ぶ買う　東洋経済新報社　平成15年12月
各論　日本近代書誌学細見　本書
総論　日本近代書誌学綱要　未定　平成16年予定
余論　読書参考文献備要　未定　平成16年予定

最後に、このような手間のかかる書物の出版を引き受けて下さり、入念に仕上げていただいた和泉書院の廣橋研三さんの御厚情に心から御礼申しあげる。

著者紹介

谷沢《たにざわ》 永一《えいいち》　　専攻は日本近代文学、書誌学。

昭和４年大阪市生れ。昭和32年関西大学大学院国文学専攻課程修了。関西大学助手、専任講師、助教授、教授を経て、平成３年名誉教授。文学博士。サントリー学藝賞、大阪市民表彰文化功労、大阪文化賞。サントリー文化財団理事。昭和27年処女作『大正期の文藝評論』、平成８年論文集『日本近代文学研叢』全５巻その他研究書10数冊。昭和53年コラム『完本紙つぶて』以下読書評論20数冊。平成元年『皇室伝統』以下社会評論『反日的日本人の思想』『天皇制という呼称を使うべきでない理由』『官僚もういいかげんにせんかい』『歴史が遺してくれた日本人の誇り』『勇気凛々こんな人生』。近刊に『大人の国語』『文豪たちの大喧嘩』『高橋亀吉エコノミストの気概』『教養が試される341語』『こんな人生を送ってみたい』などがある。

日本近代書誌学細見

2003年11月25日　初版第一刷発行©

著　者　谷沢永一

発行者　廣橋研三

発行所　和泉書院

〒543-0002　大阪市天王寺区上汐５―３―８

電話06-6771-1467／振替00970-８-15043

印刷　亜細亜印刷／製本　渋谷文泉閣／装訂　濱崎実幸

ISBN４-7576-0228-６　C1000　定価はカバーに表示

谷沢永一

日本近代文学研叢　全五巻

近代文学史の構想　本体一〇〇〇〇円

近代小説の構成　品切

近代評論の構造　八五〇〇円

方法論論争　品切

書誌学的思考　一二〇〇〇円

和泉書院刊